Manfred Reitz

Spione, die die Welt bewegten
von den Pharaonen bis Mata Hari

Manfred Reitz

Spione, die die Welt bewegten

von den Pharaonen
bis Mata Hari

THEISS

Bibliografische Information Der Deutschen Bibliothek
Die Deutsche Bibliothek verzeichnet diese Publikation in der
Deutschen Nationalbibliografie; detaillierte bibliografische
Daten sind im Internet über http://dnb.ddb.de abrufbar.

Umschlaggestaltung: Stefan Schmid, Stuttgart

© Konrad Theiss Verlag GmbH, Stuttgart 2006
Alle Rechte vorbehalten
Lektorat: Ursula Kohaupt, München
Gestaltung und Satz: ew print & medien service gmbh, Würzburg
Druck und Bindung: Druckpartner Rübelmann, Hemsbach
ISBN-10: 3-8062-2002-6
ISBN-13: 978-3-8062-2002-5

Besuchen Sie uns im Internet: www.theiss.de

Inhalt

Vorwort 7

Die Falle von Kadesch – *Spionage im alten Ägypten* 11

Verrat an den Thermopylen – *Griechen und Perser* 21

Geheimaktionen nach außen und nach innen – *Alexander der Große* 33

Als Rom wankte – *Hannibals Spione* 41

„Ich liebe den Verrat, doch ich hasse den Verräter" –
Spionagedienste der römischen Imperatoren 51

Wirtschaft und militärische Stärke – *Spionagedrehscheibe Byzanz* 65

Legate, Mönche, Missionare – *Spionage der Päpste* 75

Der Krieg der hundert Jahre – *Spionage im Mittelalter* 87

Furcht vor den Bleikammern – *Venezianische Geheimdiplomatie* 99

Skrupellose Machtfamilien – *„Spionagekunst" der Renaissance* 109

Die Kuriere der Zaren – *Russlands früher Geheimdienst* 121

König und Parlament – *Entwicklung des englischen Geheimdienstes* 131

Geheime Intriganten – *Die Welt des Kardinal Richelieu* 141

Duell der Geheimdienste – *Napoleon und der Secret Service* 151

Der König der Spürhunde – *Preußische Spione* 165

Die ruchlose Spionin – *Mata Hari und der Erste Weltkrieg* 175

Nachwort 187

Literatur 189

Vorwort

Spionage ist ein uraltes Gewerbe. Sie scheint wie der Egoismus zum Wesen des Menschen zu gehören. Sippen, Stämme und Völker schickten zu allen Zeiten Kundschafter aus, um Nachbarn zu beobachten und aus diesen Beobachtungen Vorteile zu ziehen. Ebenso postierten Sippen, Stämme und Völker zu allen Zeiten Verteidiger ihrer Vorteile, die eben diese Kundschafter abhalten, vertreiben und auch fangen oder sogar töten sollten.

Spionage war sicherlich bereits während der Steinzeit üblich. Wenn einzelne Sippen umherzogen, war es von Vorteil nicht zu verraten, wo Tiere leicht zu jagen waren oder wo besonders viele nahrhafte Pflanzen wuchsen. Denn genau diese Plätze versuchten vermutlich auch andere Sippen zu finden. Schon entstand ein Misstrauen untereinander, das möglicherweise Auslöser für erste Kriege war.

Vielleicht ist Spionage das zweitälteste Gewerbe der Welt; auf jeden Fall versucht sie, das älteste Gewerbe der Welt für sich zu nutzen. Jedermann, ob Individuum, Sippe oder Volk, versucht, damals wie heute, Vorteile zu gewinnen und gleichzeitig auch Vorteile zu bewahren. An dieser Grundeinstellung hat sich kaum etwas geändert und nur die Dimensionen sind im Lauf der Jahrhunderte oder auch Jahrtausende größer geworden.

Wer sich mit dem Thema „Spionage" auseinandersetzt, schärft zwangsläufig auch die eigene Menschenkenntnis und wird damit konfrontiert, dass der intelligente Mensch nicht immer der gute und im Dienst der Allgemeinheit einsichtige Mensch ist.

Spionage schafft einen Wissensvorsprung, doch der Spion, der diese Fakten erarbeitet, kann sich kaum in seinem Erfolg sonnen. Er muss anonym bleiben, denn niemand darf erfahren, wie dieser Wissensvorsprung zustande kam. Es sind Politiker, Generäle und immer häufiger auch Industrielle, die diesen Informationsvorsprung nutzen und sich dann als weise und klug feiern lassen. Sie hüten sich, öffentlich mitzuteilen, dass diese für ihre Entscheidungen so wichtigen Erkenntnisse von Spionen stammen. Nach einem Sprichwort, das bis zurück in die Antike reicht, lieben sie den Verrat, doch sie hassen den Verräter.

Dabei ist Spionage zweischneidig: Sie kann Kriege auslösen, aber sie kann auch Kriege verhindern. Spionage gibt es somit nicht nur in Kriegszeiten, sondern auch mitten im Frieden.

Mit der Entwicklung von Gesellschaften steigen sowohl die Qualitäten als auch die Quantitäten der Spionage. Frühe Späher hatten die Aufgabe zu beobachten und zu beurteilen. Sie blieben dabei meist passiv; sie schlichen sich heimlich heran, beurteilten die Lage und verschwanden ebenso leise, wie sie gekommen waren. Spitzel dagegen mussten sich erweiterte Fähigkeiten zulegen und nach und nach immer aktiver werden. Sie hörten zuerst zu und begannen dann aber zu agieren und zu provozieren, um Meinungen herauszulocken und zu erfahren. Doch genau wie bei den Spähern durfte auch bei ihnen niemand wissen, was sie tatsächlich erfahren hatten, was ihre Absichten waren und was sie anschließend ihren Auftraggebern meldeten. Bei Spionen schließlich war und ist stets Vielseitigkeit gefragt und ihr Aufgabenbereich ist von vornherein ein sehr umfassender. Sie müssen einerseits Nachrichten beschaffen und andererseits die Nachrichtenbeschaffung ihrer Gegenseite verhindern. Gleichzeitig müssen sie Gegenaktionen starten und mit Gegenspionage den Gegner verwirren. Bei Geheimaktionen ist der Spion zuletzt voll gefordert: Er betreibt Sabotage, ist subversiv und muss mit den Möglichkeiten der modernsten Psychologie die gemeinsten menschlichen Niederträchtigkeiten beherrschen.

Eine solche Vielseitigkeit erfordert Arbeitsteilung: Mit dem Spion, der Nachrichten aktiv oder passiv verschafft, ist die Angelegenheit der Spionage nicht beendet. Ihm folgt der Kurier, der diese Nachrichten weiterreicht und sie dem Auswerter übergibt, dessen Aufgabe darin liegt, die mühsam beschafften Nachrichten für den Auftraggeber mundgerecht aufzubereiten. Der Auftraggeber verhält sich dann so, als hätte er alle Fragen und Probleme selbst gelöst. Saboteure und Attentäter schließlich machen für ihre Auftraggeber die Drecksarbeit, sie zerstören und ermorden.

Das Berufsethos des Spions seinen Kollegen gegenüber ist nur schwach entwickelt: Der Doppelagent haut Kollegen während der Arbeit in die Pfanne und der Überläufer nach der Arbeit, der Maulwurf dagegen wartet auf den geeigneten Zeitpunkt, um seine Kollegen zu verraten.

Wer wird unter solchen Voraussetzungen Spion? Wer riskiert seine Freiheit oder sogar sein Leben, um Nachrichten zu beschaffen, mit denen sich andere profilieren? Auch hier liefert das Wesen des Menschen vielfältige Anhaltspunkte: Geld kann viele Menschen motivieren und zu Tätigkeiten anstacheln, die sie sich womöglich nie zugetraut hätten. Ideologien schließlich können dem Menschen einreden, er sei besser als andere und seine Spionage sei deshalb gerechtfertigt, weil sie einer guten Sache diene. Ein anderes Motiv ist das menschliche Ego. Nicht wenige Menschen glauben, sie könnten sich alles erlauben und ihre Spionagetätigkeiten schmeicheln ihrem Ego. Dabei sind Spione von ihrer eigenen Klugheit und Tüchtigkeit oft so überzeugt, dass sie der Meinung sind, man würde sie nie erwischen. Zuletzt spielt noch Erpressung eine Rolle: Ein Mensch wird zur Spionage gezwungen. Eine solche meist äußerst heimtückische Erpressung trifft Menschen mit besonderem Wissen an den Schaltstellen der Macht. Zwar würden sie ihr Wissen lieber für sich behalten, doch die Sorge um ihre Existenz ist stärker und macht sie zu Spionen. Spionage ist immer möglich, wenn Staaten oder andere Gemeinschaften glauben, über dem einzelnen Menschen zu stehen. Letztlich ist der Spion ein Werkzeug, das benutzt wird und auch ersetzt werden kann.

Die Literatur zur Spionage beschäftigt sich meist mit tatsächlichen oder erfundenen Ereignissen aus der Zeit des Kalten Krieges oder des Zweiten Weltkrieges. Doch Spionage ist weitaus älter. Das vorliegende Buch blickt bis in die Antike zurück und schildert Spionageaktionen von den Pharaonen bis zum Ersten Weltkrieg. Dabei drängt sich die Frage auf: Hat sich die Menschheit in den vergangenen Jahrtausenden in ihren humanitären Empfindungen eigentlich fortentwickelt?

Spionage wird von Geheimdiensten betrieben. Wie der Name sagt, arbeiten diese Organisationen stets im Geheimen und halten Dokumente unter Verschluss. In politisch unruhigen Zeiten werden geheime Dokumente meist zuerst vernichtet und sind dann für spätere Generationen nicht mehr auswertbar. Noch heute sind manche alten Akten unzugänglich und können nicht für die Allgemeinheit aufbereitet werden. Der englische Secret Intelligence Service hält beispielsweise noch Dokumente aus dem 16. und 17. Jahrhundert unter Verschluss. Die Geschichte der Spionage wäre sicherlich noch bunter, wenn alle Informationen zur Verfügung stünden. Je weiter die Spionage in der Geschichte zurückreicht, umso weniger erhaltene Dokumente oder manchmal auch nur Gerüchte können ausgewertet werden.

Den zahlreichen Mitarbeiterinnen und Mitarbeitern, die zum Gelingen des Buches beigetragen haben, möchte ich herzlich danken. Mein besonderer Dank gilt Dr. Wolf-Heinrich Kulke und Ursula Kohaupt für die Lektoratsarbeit sowie dem Theiss Verlag für die Herausgabe des Buches.

Dr. Manfred Reitz

Die Falle von Kadesch –
Spionage im alten Ägypten

Im Gegensatz zu den Menschen in Mesopotamien musste sich die Bevölkerung im alten Ägypten nur selten großen militärischen Auseinandersetzungen stellen. Das ausschließlich im Niltal und in den Oasen bewohnbare Land war kein typisches Durchzugsgebiet für Völkerstämme, da die benachbarte Wüste einen natürlichen Schutzwall bildete. Große Festungen zur Abwehr von Feinden gab es deshalb überwiegend in Oberägypten im Grenzbereich zu Nubien und im Nildelta, um dort Eindringlinge aus den westlichen und östlichen Gebieten abzuwehren. Im östlichen Nildelta ließ Pharao Amenemhet I. die langen „Mauern des Herrschers" errichten; ein Grenzwall, der erbaut wurde, um aus Asien eindringende Nomaden besser kontrollieren und abhalten zu können.

Die alten Ägypter waren kein sehr kriegerisches Volk. Die Menschen waren sesshaft und lebten in einem sehr zentralistischen Staat als erfolgreiche Bauern oder Handwerker. Nur zu Beginn ihrer Geschichte, als sich das Reich nach blutigen Kämpfen vereinigte sowie zum Ende des Mittleren Reiches und vor allen Dingen während einiger Dynastien im Neuen Reich dominierte in ihrem Staat das Militärwesen. Ägypten war damals Großmacht geworden und erweiterte seine Grenzen. Der Reichtum des Landes und die Fruchtbarkeit der Böden weckten allerdings auch in friedlichen Zeiten stets Begehrlichkeiten bei den Nachbarn, so dass der Staat militärisch gewappnet sein musste.

Die alten Ägypter waren Meister im Organisieren, und ein straff geführter Beamtenapparat versorgte den Pharao stets mit neuesten Nachrichten. Schreiber waren allgegenwärtig und notierten jede Beobachtung. Sie hinterließen Berge von Akten, die manchmal noch heute gefunden werden und Aussagen über das Alltagsleben aber auch über wichtige politische Entscheidungen ermöglichen. Bereits die Geografie verlangte ein wohl organisiertes Nachrichtensystem: Das Herrschaftsgebiet des Pharao glich einem langen schmalen Schlauch von über tausend Kilometern Länge, der sich an beiden Seiten des Nils dahinzog. Da alle wesentlichen Entscheidungen vom Herrscher selbst gefällt wurden, gab es schon früh ausgeklügelte Nachrichtenwege. Boten waren ständig unterwegs, um Fragen, Berichte oder Beobachtungen zur Hauptstadt zu bringen und dort auf Entscheidungen für eine Antwort zu warten. Damit die

Boten nicht zu rasch ermüdeten, war jeder nur für eine bestimmte Strecke zuständig und reichte in einer Stafette die meist schriftliche Nachricht anschließend an einen noch ausgeruhten Boten weiter. Dabei waren die Wege der Boten vorgeschrieben und wurden überwacht. Nicht nur die üblichen Polizeikräfte sondern auch eine Geheimpolizei war stets präsent. Sollte es besonders schnell gehen, wurden die Informationen nachts mit Fackeln oder tagsüber mit Trompetensignalen übermittelt. Der Pharao wusste immer sehr früh, wann beispielsweise das für die Landwirtschaft so wichtige Nilhochwasser zu erwarten war und zeigte dadurch der Bevölkerung seine gottähnliche Allwissenheit. Mancher Aufstand wurde im Land verhindert, weil der Pharao durch ein gut funktionierendes Informationssystem bereits reagieren konnte, bevor sich die Rebellen überhaupt gesammelt hatten. Solche Kontrollen waren notwendig, denn während der gesamten ägyptischen Geschichte hatten die Pharaonen immer wieder mit zentrifugalen politischen Kräften zu kämpfen. Das Alte Reich zerbrach, weil zahlreiche lokale Herrscher ihre Eigenständigkeit anstrebten.

Wichtige Nachrichten waren verschlüsselt, wobei bereits verschiedene Codes zur Verfügung standen. Beliebt war der Gebrauch von Akrostichen. Der Bote, der in der Regel selbst nicht lesen konnte, hielt beispielsweise ein Dokument mit einem – für Außenstehende – beliebigen Text in den Händen. Das konnten ein Gedicht oder Teile einer Erzählung sein, doch für den Eingeweihten bedeutete der Text viel mehr. Wurden nach einem geheimen Schlüssel bestimmte Schriftzeichen ausgewählt und neu kombiniert, ergab sich erst aus der Neufassung der eigentliche Informationsgehalt. Nur Absender und Empfänger kannten diesen Schlüssel, so dass der Bote auch bei einer Gefangennahme und unter Folter den eigentlichen Inhalt der Botschaft nicht verraten konnte. Er wusste nicht, was er transportierte. Untergebracht waren die Boten in besonderen Häusern, die von ausgesuchten Beamten des Pharao geleitet wurden, so dass stets größte Verschwiegenheit herrschte.

Aus dem alten Babylon ist eine solche Nachricht erhalten. Auf den ersten Blick sieht der Betrachter den aufgeschriebenen Text eines Gedichts mit 27 Strophen zu je 11 Zeilen. Werden von jeder Strophe jeweils die ersten Silben abgetrennt und zu einem neuen Text zusammengesetzt, ergibt sich eine völlig neue und vom Gedicht unabhängige Aussage. Im Beispiel von Babylon stellte sich durch das Gedicht dem Herrscher ein vorher unbekannter Gesandter vor, dessen wahre Identität für den eingeweihten Empfänger erst durch die Entschlüsselung des Gedichts deutlich wurde. Für die anderen Personen blieb der Gast unverändert fremd, denn sie vermuteten im Gedicht ein Geschenk. Mögliche Feinde des Empfängers der Nachricht konnten den vorher unbekannten Gesandten nicht einfach beseitigen und durch einen eigenen Mittelsmann ersetzen. Der Austausch wäre dem Herrscher aufgefallen, denn er konnte nach der Entschlüsselung der Legitimation weitere gezielte Fragen stellen. Intriganten bei Hofe war

Der siegreiche Pharao fährt mit dem Kampfwagen über die Körper der getöteten Feinde hinweg

niemals bekannt, dass das überreichte Gedicht weit mehr war als nur ein Geschenk.

Der Geheimdienst des Pharao funktionierte nach innen und nach außen. Nach innen mussten Rebellionen und insbesondere die Machenschaften der lokalen Fürsten frühzeitig erkannt und abgewehrt werden. In zahlreichen Gaststätten und Herbergen saßen geheime Spitzel, die Beobachtungen notierten. Manche Hure wurde geduldet und sogar unterstützt, wenn sie Kundschafterdienste leistete und ihre Freier ausfragte. Nach außen hin hieß es nicht nur für das Militär, sondern auch für den Geheimdienst, Feinde möglichst früh zu identifizieren. Das Reich am Nil unterhielt eine Kette von Grenzstationen und eine besondere Wüstenpolizei, die ständig auf Patrouille war. Direkt an den Grenzen waren oft Truppen stationiert. Namen von Grenzgängern wurden regelmäßig notiert und mit einer Kartei verglichen. Nomaden aus den benachbarten Staaten erhielten manchmal die Erlaubnis, ihr Vieh auf ägyptischem Gebiet weiden zu lassen. Sie mussten dafür den Grenzbeamten genau berichten, was sie alles vor dem Überschreiten der Grenze beobachtet hatten. Regelmäßig wurden auch Späher in benachbarte Staaten geschickt, um anschließend Meldungen und Beurteilungen zu schreiben, die umgehend an den Hof des Pharao weitergeleitet wurden. In Nubien, im Staat Kusch, wurde durch ein solches entschlossenes

Vorgehen einmal ein Angriff auf Ägypten so frühzeitig entdeckt, dass ägyptische Truppen bereits einmarschiert waren, bevor sich die Feinde des Reiches für den geplanten Überfall gesammelt hatten. Später ließ der Pharao am ersten Katarakt des Nils eine Inschrift anbringen, in der er sein beherztes Eingreifen lobte und zur Warnung für zukünftige Feinde dokumentierte, dass die Anführer der Invasoren einer nach dem anderen „in ihrem Blut niedergeworfen wurden".

Zahlreiche ägyptische Kaufleute und Gesandte waren bei ihren Reisen in fremde Länder gleichzeitig auch Spione und wurden dafür vom Pharao reich belohnt. Aus der Regierungszeit von Pharao Amenophis III. und seinem Nachfolger Echnaton sind auf Tontafeln Teile der diplomatischen Korrespondenz erhalten. Sie verweisen auf großes diplomatisches Geschick, auf die Kunst der Intrige und auf die Doppelzüngigkeit von Nachrichten, die in die verschiedensten Richtungen interpretiert werden konnten. Im Archiv von Pharao Amenophis II. fanden Archäologen ein Dokument, in dem gemeldet wird, dass sich in einer vorderasiatischen Stadt Feinde versammeln würden, um die an der Grenze stationierten Truppen seiner Majestät anzugreifen. Durch ein ausgebautes Agentennetz und Bestechungen der Grenzbevölkerung in den Nachbarstaaten wurde das ägyptische Militär oft frühzeitig vor geplanten Angriffen gewarnt. Zeigten Nachbarstaaten Schwächen, wurden eigene militärische Aktionen geplant.

Ein verhängnisvolles Geschenk

Pharao Thutmosis III. wird heute von Historikern als der Napoleon Ägyptens bezeichnet, denn er war der militärisch erfolgreichste Herrscher des Neuen Reiches. In 17 Feldzügen dehnte er die Grenzen Ägyptens bis zum Euphrat aus und machte die syrischen Kleinstaaten zu seinen Vasallen. Sein ärgster Feind war das Mitannireich in Kleinasien, das wie Ägypten eine Großmachtstellung anstrebte. Es war für den Pharao ein ernsthafter Gegner und weitaus gefährlicher als die Kleinstaaten in Palästina und Syrien, die sich in ihrer Armeestärke und Bewaffnung nicht mit den Ägyptern messen konnten. Kadesch war ein reicher Stadtstaat am Fluss Orontes in Syrien. Sein Herrscher hatte unter dem Einfluss und mit Unterstützung des Mitannireiches eine Rebellion gegen die Ägypter angezettelt. Zusammen mit Verbündeten begann er Truppen in den Süden auf das Gebiet des heutigen Israels zu verlegen. Thutmosis III. musste reagieren und zog, nachdem ihm seine Späher immer wieder besorgniserregende Neuigkeiten berichtet hatten, eigene Truppen zusammen.

In seinen Kriegstagebüchern hinterließ der Pharao Beschreibungen seiner zahlreichen Feldzüge und Schlachten. Seine Truppen führte er persönlich an, und es wird geschildert, wie die Armeen in langen Kolonnen von Streitwagen, Bogenschützen, Fußsoldaten und dem Nachschubtross aus Eseln und Ochsengespannen vorrückten; sogar Boote für Flussüberquerungen wurden mitgeführt. Für den Erfolg der Feldzüge waren immer wieder große logistische

Anstrengungen notwendig. In den kargen Wüstengebieten war eine Versorgung vor Ort unmöglich, so dass man keine andere Wahl hatte, als alle Vorräte stets mitzuführen. Es gab nur wenige Wasserstellen, die stets gesichert werden mussten. In Verstecken wurden Wasservorräte angelegt. Außerdem waren Späher notwendig, um den Weg zu erkunden, sowie Pioniereinheiten, um provisorische Wege oder Brücken anzulegen. Die Kapazität der Flotte war begrenzt und reichte nur für kleinere Truppenteile; meist waren das Eliteeinheiten, die rasch verlegt werden mussten. Ägypten war stets eine Landmacht und niemals eine Seemacht.

Transporthilfe kam deshalb oft von den Phöniziern, die mit Ägypten verbündet waren und deren mächtige Flotte das Nildelta für den Handel benutzen durfte. Ihre Stadtstaaten lagen genau dort, wo sich im östlichen Mittelmeer die Handelswege kreuzten. Der Pharao hielt die Phönizier mit Privilegien bei Laune, und sie erledigten für ihn den Fernhandel mit Zypern, Kreta und den anderen Mittelmeerstaaten. Im Gegensatz zu den Ägyptern waren die Phönizier sehr erfahrene Seeleute und stellten dem Pharao manch gute Schiffsbesatzung zur Verfügung. Sie beherrschten den Seehandel des Mittelmeerraums und erwiesen sich als gute Kundschafter. Phönizische Seefahrer hörten sich insbesondere in den Häfen von Syrien und Palästina um, unterstützten ägyptische Agentennetze und halfen dem Pharao bei der Planung seiner Feldzüge.

Gegen die Rebellion unter dem Kommando des Fürsten von Kadesch rückte Thutmosis III. mit einer Armee von mehr als 30 000 Mann vor. Sie wählten vom Nildelta aus den Landweg über die Sinaihalbinsel und legten pro Tag etwa 25 Kilometer zurück. Für die Nacht wurde ein befestigtes Lager aus Zelten errichtet, und der Pharao beratschlagte sich regelmäßig mit seinen Offizieren. Nach zehn Tagen war das Gebiet der heutigen Stadt Gaza erreicht, wo ein Basislager für den Nachschub angelegt wurde. Danach ging es weiter, und ägyptische Späher sondierten genau die Wege. Es war bereits bekannt, dass sich die gegnerischen Truppen bei der Stadt Megiddo, dem Armageddon der Bibel, gesammelt hatten. Die Stadt beherrschte einen Verkehrsknotenpunkt und musste bei einem erfolgreichen Feldzug unter allen Umständen eingenommen werden.

Um keine Zeit zu verlieren, wählte Thutmosis III. für seine Truppen den direkten Weg nach Megiddo, was seine Offiziere in Schrecken versetzte, denn die Kolonnen mussten bei dieser Route durch eine enge Schlucht marschieren, und es war leicht, sie von den Anhöhen aus anzugreifen. Insbesondere die Kampfwagen mussten hintereinander fahren und boten eine leichte Beute. Deshalb schlugen die Offiziere zeitraubende alternative Anmarschwege vor, doch der Pharao konnte sie beruhigen: Er hatte von seinen Spähern erfahren, dass die Anhöhen unbesetzt waren. Die Gegner waren seiner Meinung nach davon überzeugt, dass die Ägypter es nicht wagen würden, ungeschützt durch eine enge Schlucht zu marschieren und rechneten deshalb nicht mit diesem Anmarschweg. Sie wollten ihre Kräfte nicht unnötig verteilen, hielten ihre Truppen konzentriert zusammen und ließen die Anhöhen unbesetzt. Die sehr effektive Fernerkundung der ägyptischen Armee hatte gute Arbeit geleistet. Um Zeit zu gewinnen, konnte der Pharao nun große Risiken eingehen. So ging es rasch weiter voran, und nur für den Durchmarsch des Nachschubs wurden die Anhöhen von eigenen Truppen gesichert.

Die sorgfältig vorbereitete Schlacht bei Megiddo war für Thutmosis III. ungewöhnlich erfolgreich. Seine Truppen sollen nach Aufzeichnungen 942 Kampfwagen und 2238 Pferde des Gegners sowie große Mengen von Gold und Silber erbeutet haben. Leider ließ der Pharao seine Truppen zu lange plündern, so dass die Fürsten der Aufständischen Zeit fanden, in die befestigte Stadt Megiddo zu fliehen und sich anschließend von dort abzusetzen. Erst nach einer Belagerung von sieben Monaten wurde Megiddo erobert. Später notierten Armeeschreiber verärgert, dass durch die Beutegier der Truppen ein vollkommener Sieg verschenkt wurde. Die geschlagenen Gegner mussten hohe Tributzahlungen aufbringen, und Thutmosis III. zeigte in den folgenden Jahren durch regelmäßige Feldzüge seine Stärke.

Im Rahmen dieser Feldzüge wurde auch die Stadt Joppe, das heutige Jaffa, durch eine raffiniert geplante Geheimoperation von den Ägyptern eingenommen. Über diese Eroberung wurde später sogar zur Verherrlichung des Pharao in der altägyptischen Literatur berichtet. Thutji, einer der Heerführer von Thutmosis III., hatte das stark befestigte Joppe erfolglos belagert und überlegte sich nach großen eigenen Verlusten eine List, wie die Stadt dennoch erobert werden könnte. Er bot dem Fürsten von Joppe als Zeichen für einen bevorstehenden Rückzug Verhandlungen an und empfing ihn in seinem Zelt. Dort wurden dem Fürsten und seinem Gefolge so viel Wein angeboten, bis alle so betrunken waren, dass sie vor dem Einbruch der Nacht nicht mehr zurückkehren konnten. Gleichzeitig erhielt die Besatzung der Stadt die Nachricht, dass als Zeichen des soeben beschlossenen Friedens für die hungernden Bewohner großzügig Getreide angeliefert werden würde. Rasch legten Schiffe an und ägyptische Soldaten, die als harmlose Seeleute verkleidet waren, schafften Körbe mit schweren Getreidesäcken in die Stadt. Dabei studierten sie gleichzeitig die Befestigungsanlagen. Das Getreide sollte am nächsten Tag dem Fürsten von Joppe zur Bestätigung der abgebrochenen Belagerung feierlich übergeben und dann verteilt werden. In den Getreidesäcken hatten sich allerdings schwer bewaffnete ägyptische Soldaten versteckt. Nach den Berichten sollen durch diesen Trick etwa 500 Soldaten heimlich in die Stadt eingeschleust worden sein. Sie zerschnitten in der Nacht die Säcke ihres Verstecks und machten in einem Überraschungsangriff die Besatzung des Stadttores nieder. Das Tor wurde geöffnet und sofort stürmten die Ägypter die Stadt und konnten sie erobern.

Die Falle von Kadesch

Mit dem Mitannireich konnte Ägypten später Frieden schließen. Pharao Amenophis III. nahm sogar eine Tochter des Mitannikönigs Sutarna aus politischen Gründen zu seiner Frau. Doch das Mitannireich hielt sich nicht mehr lange und musste den Hethitern Platz machen, die noch mächtiger als ihre Vorgänger waren. Sie stellten etwa ab 1360 v. Chr. die Vormachtstellung von Ägypten in Frage und versuchten ihr Herrschaftsgebiet immer weiter auszudehnen. Ägyptens Vasallen forderten vergeblich Hilfe an, doch die Pharaonen während dieser Zeit waren schwach. Insbesondere Echnaton war außenpolitisch hilflos und kümmerte sich mehr um seine Religionsreform im eigenen Land. Sein Nachfolger Tutanch-Amun starb schließlich schon in jungen Jahren. Erst Pharao Sethos I., der bereits der 19. Dynastie angehörte, fand wieder Interesse an den asiatischen Besitzungen von Ägypten und organisierte neue Feldzüge. Doch die Hethiter waren bereits zu mächtig geworden und auch waffentechnisch besser ausgerüstet als die Ägypter. Sie besaßen Schwerter aus Eisen, während die Ägypter mit Bronzewaffen kämpften, die sich rasch verbiegen konnten. Die Pharaonen traten nun nicht mehr gegen relativ schwache Heere von Kleinstaaten an, sondern hatten es mit hervorragend ausgestatteten und kampferprobten großen Armeen zu tun. Sethos I. reorganisierte seinen Geheimdienst und verstärkte die Aktivitäten seiner Kundschafter. Bald wurde ihm klar, dass es besser war mit den Hethitern Frieden zu schließen.

Pharao Ramses II., der Nachfolger von Sethos I., legte sich dagegen wieder mit den Hethitern an und organisierte einen ersten Feldzug. Er wollte einige Vasallen der Hethiter erneut unter die ägyptische Vorherrschaft zwingen. Im fünften Jahr seiner Regierung (1274 v. Chr.) startete er deshalb seinen Feldzug gegen den Hethiterkönig Muwatalli. Der Pharao rückte mit der Macht von vier Armeen vor, die nach Göttern benannt waren: die Armee des Amun, die Armee des Re, die Armee des Ptah und die Armee des Seth. Jede Armee bestand aus etwa 5000 Soldaten, so dass mindestens 20 000 Soldaten und ein gewaltiger Nachschubtross im Anmarsch waren. Gleichzeitig wurden Truppenverbände auf Schiffe verladen und erhielten den Auftrag, nahe der Stadt Byblos zu landen, um von dort aus parallel zu den Hauptarmeen vorzurücken. In einer klassischen Zangenbewegung wollte Ramses II. die Hethiter einkesseln und am strategisch so wichtigen Fluss Orontes nahe der Stadt Kadesch vernichtend schlagen. Er selbst nahm mit den Eliteeinheiten seiner Leibgarde an dem Feldzug teil und leitete die Aktionen. Doch der Pharao besaß nicht das militärische Talent von Thutmosis III. und vernachlässigte sträflich die Fernaufklärung.

Ramses II. machte durch eine falsche Einschätzung der geografischen Situation beachtliche Fehler. Er ließ die einzelnen Armeen im Abstand von etwa zehn Kilometern marschieren, was die Verständigung zwischen den Truppenteilen erschwerte. Während des gesamten Vormarsches, der etwa einen Monat dauerte, gab es Koordinationsprobleme. Zu allem Unglück überschritten die vier Armeen zu unterschiedlichen Zeitpunkten den Fluss Orontes, so dass es Truppenverbände diesseits und jenseits des Flusses gab, die sich bei einem Überraschungsangriff nur schwer gegenseitig unterstützen konnten. Der Pharao war zu siegessicher gewesen und hatte auf die Fernaufklärung seiner Späher keinen Wert gelegt. Er hatte mit der ersten und zweiten Armee bereits den Fluss überschritten, als seine Soldaten zwei Männer festnahmen und sie verhörten. Die Gefangenen teilten mit, sie seien vor den Truppen des Königs Muwatalli geflohen und wollten sich dem Pharao anschließen. Als Ramses II. sie weiter ausfragte, verrieten sie ihm auch die Position der Hethiter: Der Hethiterkönig würde mit seinen Truppen weit im Norden in der Nähe der heutigen Stadt Aleppo stehen und hätte große Angst vor dem mächtigen Pharao. Genau diese Aussage wollte Ramses II. hören und verhielt sich weiter so, als wären seine Truppen in einem Manöver. Dabei merkte er nicht, dass er in eine Falle gelaufen war. Die Hauptmacht der Hethiter wartete versteckt direkt in der Nachbarschaft. Mit all ihren Kampfwagen und Truppenverbänden lagen sie auf der Lauer. Die beiden als Überläufer getarnten Männer waren Spione. Sie sollten den Pharao in Sicherheit wiegen und auf eine falsche Fährte locken. Nur kurze Zeit später ergriffen die Ägypter zwei weitere Nomaden. Beide waren verstockt und begannen erst nach einer tüchtigen Tracht Prügel zu reden: Es waren zwei Späher der Hethiter. Erst jetzt wurde klar, dass Muwatalli mit seinen Truppen direkt in der Nachbarschaft stand und auf eine günstige Gelegenheit zum Angriff wartete.

Während Ramses II. sich noch mit seinen Offizieren beratschlagte, griffen die Hethiter an und zerschnitten mit rund tausend eigenen Kampfwagen die ägyptischen Truppenkolonnen in zwei Teile. Die zweite ägyptische Armee, die Armee des Re, wurde völlig überrascht und in einem Massaker dezimiert. Ramses II. bemerkte den Angriff wegen der großen Entfernung erst verspätet und flüchtete mit der ersten ägyptischen Armee, der Armee des Amun, auf einen Hügel, wo sofort ein befestigtes Lager mit Verteidigungsanlagen errichtet wurde. Einige der Überlebenden der Armee des Re zogen sich ebenfalls in dieses Lager zurück, während sich Andere der weit zurückliegenden Armee des Ptah anzuschließen versuchten. Die Hethiter rückten rasch zu dem Lager vor und eroberten es. Gedeckt von seiner Leibwache durchbrach der Pharao die Angriffswelle und zog sich zurück. Doch statt den Pharao zu verfolgen und gefangen zu nehmen, gerieten die Hethiter in einen Plünderungsrausch und fielen über das Lager der Ägypter her. Ramses II. gewann auf diese Weise eine sichere Fluchtdistanz.

In dieser hoffnungslosen Situation geschah – durch außergewöhnliche Glücksumstände – für die Ägypter ein Wunder. Die nach Byblos verschifften ägyptischen Truppenverbände des Na'arun trafen mit ihren schnellen Kampfwagen genau im richtigen Augenblick ein und konnten die plündernden und unachtsam gewordenen Hethiter einkesseln. Es waren mit weit reichenden Bögen ausgestattete Eliteeinheiten, denen die Hethiter mit ihren schwerfälligen

Kampfwagen nur Soldaten mit Lanzen entgegenzusetzen hatten. Gleichzeitig näherte sich endlich die Armee des Ptah und versuchte im Rücken der Hethiter den Kessel zu schließen. Die hethitischen Feldherren bemerkten die Gefahr und brachen wegen der allgemeinen militärischen Unordnung den Kampf ab. Rasch zogen sie sich über den Fluss Orontes in die Stadt Kadesch zurück, um die Truppen neu zu formieren. Einer der hethitischen Feldherren, der Prinz von Aleppo, wäre dabei fast ertrunken. Es ist überliefert, dass ihn die eigenen Soldaten auf den Kopf stellten, damit das Wasser aus seinem Rachen herauslaufen konnte. Die gesamte ägyptische Armee zog sich nun in Eilmärschen zurück und stellte sich keinem weiteren Kampf. Nur zufällige Ereignisse hatten den Pharao gerettet.

Zurück in seinem Reich ließ Ramses II. die Schlacht sofort als einen großen Sieg feiern und wurde nicht müde, der Nachwelt von seinen Erfolgen zu berichten. Da er als Gott keine Fehler machen konnte, trugen allein die eigenen Offiziere die Schuld an dem Fiasko. Die ägyptische Propaganda lief auf Hochtouren, um den Sieg im Land zu verbreiten, doch eine Entscheidungsschlacht konnte es nicht gewesen sein. Später berichteten ägyptische Dokumente, die Hethiter hätten Gesandte geschickt, um beim Pharao um Frieden zu bitten. Glaubhafte und noch heute erhaltene hethitische Dokumente widersprechen dieser Behauptung jedoch: Die Hethiter waren es, die die Bedingungen stellten und die Grenzen festlegten. Erst 16 Jahre später hatten nach weiteren kriegerischen Auseinandersetzungen die Streitigkeiten endlich ein Ende gefunden. Ramses II. schloss mit Hattusili III., dem Nachfolger von Muwatalli, Frieden. Um den Frieden endgültig zu besiegeln, heiratete Pharao Ramses II. später noch eine hethitische Prinzessin und verlieh ihr den Titel „Große königliche Gemahlin". Sogar ein „elender Großer", ein Fürst der Hethiter, besuchte sein Reich. Die ägyptische Propaganda schwenkte anschließend um und pries die Feierlichkeiten zur Versöhnung der Ägypter und Hethiter.

Hofintrigen

Unter der Herrschaft mancher Pharaonen konnte das Leben bei Hofe höchst gefährlich werden, denn keine Intrige wurde gescheut. Viele hohe Beamte waren titelsüchtig und umschmeichelten den Pharao, während sie gleichzeitig eigene Spione anheuerten. Viele wollten sich in der Gunst des Pharao sonnen, und es herrschte Neid und Konkurrenzdenken. Der Hofbeamte Sinuhe geriet während des Mittleren Reiches in eine solche Intrige und fürchtete in eine Verschwörung gegen den Pharao Amenemhet I. verwickelt zu werden. Bevor der Hof des Pharao hart durchgriff, konnte er ins Ausland fliehen und brachte es dort zu großem Wohlstand. Im Alter sehnte er sich allerdings wieder nach Ägypten zurück. Er wollte in seiner Heimat sterben und auch dort begraben werden, denn nur in Ägypten würde man nach seinem Tod seiner Taten gedenken. Pharao Sesostris I.

erfuhr schließlich von der Not des Sinuhe und begnadigte ihn. Erfreut kehrte Sinuhe zurück und genoss bis zu seinem Tod die Gunst des Pharao. Im Neuen Reich wurde „Die Geschichte des Sinuhe" zu einem beliebten Werk der Literatur und sogar für die Ausbildung von Beamten benutzt.

Von einer Haremsverschwörung gegen Pharao Ramses III. sind sogar einige Gerichtsakten erhalten. Die Haremsfrau Tiji plante, den Pharao zu ermorden, um anschließend den eigenen Sohn zum neuen Pharao ausrufen zu lassen. Sie gewann nicht nur unter den Haremsfrauen sondern auch unter hohen Hofbeamten zahlreiche Mitverschwörer: in den Gerichtsakten sind die Namen von 28 Hofbeamten und zahlreichen Frauen vermerkt. Die Verschwörung schlug fehl, wobei heute nicht mehr bewiesen werden kann, ob Spione an der Aufdeckung beteiligt waren. Die Angelegenheit war für den Staat äußerst heikel. Der Pharao rief ein geheimes Gericht ein und es wurde unter Decknamen verhandelt; an die Öffentlichkeit drangen keinerlei Informationen. Die Beschuldigten wurden vermutlich alle zum Tode verurteilt. Um der Schande einer Hinrichtung zu entgehen, wurde ihnen ein ehrenvoller Selbstmord gestattet.

Auch bei Grabräubern wurde hart durchgegriffen und die Todesstrafe war ihnen sicher. Dennoch wurde permanent gestohlen. In Theben-West, der Stadt der Toten, wurden eigene Polizeieinheiten aufgestellt, um die Gräber zu bewachen. Spione sollten Grabräuber anzeigen, doch mancher von ihnen schloss sich lieber den Banden von Räubern und Hehlern an, denn das Geschäft war lukrativ. Unter Pharao Ramses IX. wurden die Grabräubereien schließlich so massiv, dass eine Untersuchungskommission einberufen werden musste. Zahlreiche Akten aus solchen Untersuchungen sind noch heute erhalten und belegen, dass der Staat am Ende des Neuen Reiches nicht nur immer weiter verarmte, sondern auch bis in die höchsten Spitzen verrottet und korrupt war. Hohe Beamte profitierten von der Grabräuberei und deckten Verbrechen. Grabräuber teilten mit der Polizei das Diebesgut und blieben unbehelligt. Arbeiter im Tal der Könige gruben nicht nur offiziell neue Grabkammern, sondern auch heimlich Gänge zu bereits belegten Gräbern.

Ebenfalls aus der Zeit von Ramses IX. ist ein Streit überliefert zwischen dem Bürgermeister von Theben-Ost, der Stadt der Lebenden, und dem Polizeichef von Theben-West, der Stadt der Toten. Beide Beamte waren Intimfeinde und beherrschten die Kunst der Intrige. Sie versuchten sich gegenseitig zu schaden und förderten zunächst wechselseitig Missstände ans Tageslicht. Zuletzt wurde ihnen allerdings klar, dass sie sich auch selbst schaden konnten, und es wurden bewährte Vertuschungsaktionen eingeleitet. Sofort nach dem Regierungsbeginn von Pharao Ramses X. wurden sogar Priester verhaftet, die sich am Grabraub bereichert hatten. Während der 21. Dynastie kapitulierte der Staat schließlich vor den Grabräubern und zahlreiche tote Pharaonen wurden heimlich umgebettet. Ramses IX. war der letzte Pharao, der im Tal der Könige bestattet wurde, seine Nachfolger fanden später in Tanis, im Nildelta, ihre letzte Ruhe.

Verrat an den Thermopylen –
Griechen und Perser

Im Vorderen Orient gelang es dem Perser Kyros in der zweiten Hälfte des 6. Jahrhunderts v. Chr. sein Volk aus Bauern und Hirten zu vereinen und zu einer schlagkräftigen Nation zu entwickeln. Sein Aufstand gegen den König der Meder, dessen Vasall er war, verlief erfolgreich, und er konnte die Dynastie der Achämeniden gründen. Seine Nachfolger schufen bald das persische Weltreich, das in seinem Zenit vom Mittelmeer bis zum heutigen Indien reichte. Im Gegensatz zu seinen Nachfolgern war Kyros bei den Griechen beliebt, und der Historiker Xenophon beschrieb ihn sogar als einen vollkommenen Herrscher. In der Bibel wird er als der von Gott gesandte Befreier Israels gefeiert und erhielt den Ehrentitel „Gesalbter des Herrn". Der Perserkönig verhielt sind humaner als andere Herrscher seiner Zeit. Er zerstörte nicht die Städte seiner unterworfenen Gegner, ließ keinen unterlegenen Fürsten töten, und es lag ihm auch fern, die Götter der Besiegten zu stürzen. Kyros verlangte nur, dass die unterworfenen Völker an ihn Abgaben leisteten und mit ihm in den Krieg zogen, um sein Reich immer weiter zu vergrößern. Das Perserreich griff den uralten orientalischen Gedanken des friedensstiftenden Weltreiches wieder auf. Dieser besagte, dass nur unter der universellen Herrschaft einer einzigen Macht der Frieden garantiert sei. Bald herrschte der König der Perser über rund 30 fremde Völker und erhob sich zum Großkönig. Sein Reich wurde in Satrapien, d.h. in Verwaltungs- und Militärbezirke, unterteilt. Jeder Satrap war allein gegenüber dem König verantwortlich. Gleichzeitig wurde jeder Satrap durch königliche Kommissare überwacht.

Trotz aller Toleranz war Kyros misstrauisch und bemüht, einen erfolgreichen Geheimdienst aufzubauen. Seine Postkuriere nahmen nicht nur Nachrichten entgegen und leiteten sie weiter, sondern mussten dem König regelmäßig auch Stimmungsberichte über die Bevölkerung liefern; sie waren die „Augen und Ohren" des Herrschers. Die Idee des organisierten Kundschafterdienstes hatte Kyros vermutlich von den Assyrern übernommen und dann weiter perfektioniert. Der griechische Historiker Xenophon berichtete, dass im persischen Reich viele Menschen aus der Aufgabe, „Königsaugen" und „Königsohren" zu sein, ein Geschäft gemacht hatten. Es wurde versucht, jedermann glauben zu machen, dass der König alles höre und sehe. Kyros hatte dazu eine

Nachrichtenhierarchie aufgebaut: Ausgewählte Beamte nahmen Meldungen entgegen, deuteten sie und gaben sie an den König weiter. Reitende Kuriere waren nicht nur am Tage, sondern auch in der Nacht unterwegs, so dass pro Tag etwa 250 Kilometer zurückgelegt werden konnten. Sie konnten über ausgebaute Wege mit Raststationen jeden Punkt des Reiches erreichen. Für Privatpersonen war die sehr gut organisierte Staatspost nicht zugänglich. Private Nachrichten mussten deshalb auf anderem Wege transportiert werden. Allerdings lasen dabei Beamte des Staates immer unbemerkt mit.

Nachrichten an den Herrscher wurden manchmal, um sich vor Verrätern zu schützen, getarnt übermittelt. Kyros erhielt einmal eine Information, die im geschickt zugenähten Bauch eines toten Hasen versteckt war. Ein ausgewählter Diener musste dem König mitteilen, dass nur er selbst den Hasen für seine Mahlzeit zubereiten solle. Kyros hielt sich an die Anweisung und fand das Schreiben.

Die Tricks des Darius

Einer der fähigsten Nachfolger von Kyros war Darius I. Er organisierte das Reich neu und schlug zahlreiche Aufstände nieder, wobei auch mit unterschiedlichen geheimen Aktivitäten gearbeitet wurde. Um 520 v. Chr. hatte sich die Stadt Babylon gegen den Großkönig erhoben. Die Stadt war noch aus der Zeit, als sie selbst einmal Großmacht war, hervorragend befestigt und konnte auch nach einer Belagerung von 20 Monaten nicht eingenommen werden. Darius ließ sogar Teile des Euphrat umleiten, um nach geheimen Eingängen zu suchen, doch die Verteidiger waren wachsam. Schließlich wurde mit Zopyros, einem getreuen Freund des Großkönigs, eine Geheimaktion ausgearbeitet: Zopyros sollte, um glaubhaft zu wirken, durch Misshandlungen verletzt zu den Babyloniern überlaufen und ihnen voller Rache gegen Darius seine Dienste anbieten. Er sollte zunächst das uneingeschränkte Vertrauen der Babylonier gewinnen, damit sie ihn in die Verteidigung der Stadt einbeziehen würden und er dadurch in der Lage wäre, zugunsten der Belagerer für einen erfolgreichen Angriff Schwachpunkte zu schaffen.

Verfolgt von persischen Reitern, die sich Mühe gaben, ihn nicht einzuholen, rannte Zopyros kurze Zeit später mit blau geschlagenen Augen und blutender Nase auf die Befestigungsanlagen von Babylon zu. Die Verteidiger vermuteten einen eigenen Kämpfer und warfen ihm ein Seil entgegen. In einem dramatisch vorgetäuschten letzten Augenblick ergriff Zopyros das Seil und kletterte an der Mauer hoch. Seine „Verfolger" drohten ihm noch deutlich sichtbar, doch gaben sie später auf. Die Babylonier versorgten den Überläufer und brachten in anschließend zu einem Verhör. Zopyros verfluchte voller Hass den Großkönig und suchte nach einer Gelegenheit zur Rache. Bald glaubten ihm die Babylonier und teilten ihn den Verteidigungskräften zu.

Persischer Kampfwagen mit Sichelrädern beim Angriff

Nach diesem ersten Erfolg begann ein vorbereiteter Zeitplan in Kraft zu treten: Begleitet von babylonischen Soldaten wagte Zopyros einen vorher mit Darius abgesprochenen Ausbruch. Sie trafen auf nur schwache persische Kräfte, die außerdem rasch flohen. Es gelang ihnen noch einige Vorräte der Truppen des Großkönigs anzuzünden und sich danach wieder in die Stadt zurückzuziehen. Die Babylonier waren von dem Mut und dem Erfolg des Zopyros begeistert, so dass er immer mehr ihr Vertrauen gewann. Insgesamt wagte er drei Ausfälle, die stets erfolgreich waren. Nicht bekannt war, dass alle Angriffe vorher mit Darius abgesprochen worden waren, und die Perser an den dafür vorgesehenen Stellen ihre Truppen ausgedünnt hatten sowie Materialien lagerten, die beim Anzünden weit sichtbar loderten und viel Rauch entwickelten. Zopyros hatte nach dem dritten Ausfall die Babylonier endgültig überzeugt und wurde zum Kommandanten einer Kampftruppe ernannt, die eines der besonders stark befestigten Stadttore zu verteidigen hatte.

Jetzt wurden weitere Pläne wirksam: Genau am 20. Tag nachdem Zopyros „desertiert" war, startete Darius einen ebenfalls vorher abgesprochenen und in der Zwischenzeit vorbereiteten Großangriff auf die Stadt. Zopyros sollte nur noch das Tor markieren, das er zu „verteidigen" hatte. Es gelang ihm, die verabredeten Geheimsignale zu übermitteln, und Darius konzentrierte daraufhin seine Truppen für die Verteidiger nicht sichtbar vor diesem einen bestimmten Tor. Das Tor war beim überraschenden Ansturm der Truppen „nicht korrekt" verschlossen und ließ sich leicht öffnen. Sofort strömten die Eliteeinheiten des Großkönigs in großen Scharen in die Stadt, öffneten weitere Tore und innerhalb kürzester Zeit waren wichtige Teile der Stadt Babylon durch die Perser besetzt worden. Die so hervorragend befestigte Stadt war nicht mehr zu verteidigen und musste kapitulieren.

Die absoluten Herrschaftsansprüche des persischen Großkönigs und die Demut und Abgaben, die ihm zu erbringen waren, machten insbesondere den griechischen Städten in Kleinasien zu schaffen. Sie wurden nicht von persischen Satrapen, sondern von eigenen griechischen Tyrannen beherrscht. Diese waren aber dem Großkönig ergeben und deshalb bei der eigenen Bevölkerung wenig geschätzt. Zwischen dem Großkönig und den freiheitsliebenden Griechen im kleinasiatischen Teil seines Reiches kam es stets zu Spannungen. Bald wurde ein Aufstand geplant. Doch der persische Geheimdienst war hervorragend organisiert, und es gab Probleme mit der Nachrichtenübermittlung.

Der griechische Politiker Histaios, der am persischen Hof lebte, wusste sich zu helfen, als er von Susa aus seinem Schwiegersohn Aristagoras, dem Tyrann von Milet, eine geheime Nachricht übermitteln lassen wollte. Er ließ einem ergebenen Sklaven eine Glatze scheren, um anschließend auf dessen Kopfhaut eine Nachricht für den Schwiegersohn zu schreiben. Nachdem die Haare wieder gewachsen waren und die Schrift überdeckten, wurde der Sklave als ein unverdächtiger Bote nach Milet geschickt. Er sollte Aristagoras nur ausrichten, ihm die Haare zu schneiden. Der Sklave passierte ohne Verdacht alle persischen Kontrollen, und Aristagoras konnte auf seiner Kopfhaut Nachrichten zum geplanten Aufstand erfahren und wurde sogar ausdrücklich dazu ermuntert. Der Aufstand der Ionischen Städte kam tatsächlich zustande, wurde allerdings vom Großkönig niedergeschlagen.

Nachdem Darius sein Macht in Kleinasien gefestigt hatte, traf er Vorbereitungen, auch das griechische Kernland zu erobern. Er stand dort kleineren Staaten gegenüber, die von Athen und Sparta dominiert wurden und sich permanent gegenseitig bekämpften. Da diese Staaten zum Teil auch die Aufständischen in Kleinasien unterstützt hatten, fand der Großkönig eine willkommene Gelegenheit, um Griechenland anzugreifen.

Aineias Taktikos, ein Theoretiker der Spionage

Der griechische Militärschriftsteller Aineias Taktikos veröffentlichte etwa um 360 v. Chr. ein Werk, das sich mit Schutzmaßnahmen bei Belagerungen beschäftigte. In einem Kapitel wurden auch Spionagetechniken und die Kunst der geheimen Nachrichtenübermittlung abgehandelt. Besonders raffiniert war folgende Methode: Ein Bote erhält einen völlig offenen und für jeden lesbaren Brief, den er zu einem bestimmten Empfänger bringen soll. Gleichzeitig gibt der Absender dem Boten neue Schuhe, in deren Sohlen ein Metallplättchen mit einer geheimen Nachricht eingearbeitet ist. Der Bote weiß nichts von dieser Nachricht und freut sich über die guten Schuhe für den weiten Weg. Beim Empfänger darf sich der Bote ausruhen und stellt deshalb zum Schlafen seine Schuhe ab. Während dieser Zeit wird die Nachricht aus den Schuhen entfernt und die Antwort eingefügt. Hat der Bote ausgeschlafen und sich erholt, wird er mit einem ebenfalls offenen Antwortbrief wieder zurückgeschickt. Da er sowieso nicht lesen kann, weiß er zu keinem Zeitpunkt, was in den Briefen steht. Außerdem können Feinde, die ihm eventuell den Brief abnehmen könnten, mit dem belanglosen Inhalt nichts anfangen. Vorausgesetzt, die Schuhsohlen werden immer wieder sorgfältig zusammengenäht, wissen nur der Absender und der Empfänger etwas von einer Nachrichtenübermittlung. Sogar wenn der Bote nach einer Gefangennahme gefoltert werden sollte, kann er nichts verraten, denn er weiß von nichts.

Bei einer anderen, etwas abgewandelten Methode, die in der Stadt Ephesos angewendet wurde, schickten Kämpfer einen verwundeten Krieger mit Helfern zurück. In seinem Verbandsmaterial war eine geheime Nachricht versteckt. Manchmal wurden auch attraktive Frauen zu einem freundschaftlichen Besuch ausgesandt. Sie sollten dabei besonders repräsentativ wirken und trugen verschiedene Schmuckstücke, in denen geheime Nachrichten versteckt waren.

Daneben gab es in der Schrift von Aineias Taktikos auch Anweisungen, Nachrichten in den Zügeln eines Pferdes, in Schwertscheiden oder bei angeblichen Überläufern im Brustpanzer zu verstecken. Bei einer anderen Methode wurde eine kleine Schreibtafel aus Holz durch Einritzungen beschriftet und anschließend mit Wachs überzogen. In dieses Wachs wurde eine zweite und unverfängliche Nachricht geschrieben. Erst wenn das Wachs abgekratzt wurde, kam dann die eigentliche Nachricht zum Vorschein. Eine Variation dieser Form der Nachrichtenübermittlung stellte eine kleine Holzfigur dar, die ebenfalls beschriftet und anschließend mit Farbe übermalt wurde. Sie war danach mehr als nur ein Geschenk, denn, wenn die Farbe mit Wasser oder Öl entfernt wurde, konnte die geheime Schrift gelesen werden.

Schließlich konnten geheime Nachrichten auch in Lebensmitteltransporten versteckt werden, so dass auf großen Marktplätzen durch einfachen Kauf oder Verkauf leicht kommuniziert werden konnte. Die Blase eines Tieres wurde aufgeblasen und beschriftet. Danach wurde die Luft herausgelassen, und die Blase getrocknet. Anschließend kam sie in ein kleines Ölgefäß und wurde erneut aufgeblasen, bis sie sich an die innere Wand des Gefäßes legte. Wurde die Blase nun mit Öl gefüllt und zugestöpselt, war bei Kontrollen nach dem Öffnen nur das Öl sichtbar und niemand vermutete einen weiteren Inhalt. Erst wenn das Öl abgegossen wurde, konnte die Blase hervorgeholt und die Nachricht auf ihr gelesen werden.

Um etwa Nachrichten aus einer belagerten Stadt herauszuschmuggeln, konnten Pfeile mit beschriebenem Pergament oder Papyrus umwickelt und dann abgeschossen werden. Sogar mit Wurfmaschinen wurden Nachrichten weitergegeben. Sollten Nachrichten besonders rasch ihr Ziel erreichen, so schossen sich Militärposten manchmal gegenseitig beschriftete Pfeile zu. Der Grieche Polybios erwähnt in einer Schrift aus dem 2. Jahrhundert v. Chr. optische Signalcodes, die den Buchstaben einer Schrift entsprachen und auch über große Entfernungen lesbar waren. Bei Tag dienten polierte Metallspiegel und andere optische Signalgeber der Nachrichtenübermittlung und bei Nacht Fackeln. Die Empfänger mussten jeweils den verwendeten Code kennen, ihn entschlüsseln, dann wieder verschlüsseln und die Nachricht weitergeben.

Aineias Taktikos erwähnt auch Methoden der Nachrichtenverschlüsselung. Dabei beschreibt er Vorgehensweisen, die bereits in der frühen Antike bekannt waren, etwa wenn in einem belanglosen Text nur bestimmte Schriftzeichen ausgewählt wurden und diese dann als Code für einen völlig anderen Text dienten. Außerdem schlägt der Autor Holzscheiben vor, die so viele Löcher enthalten wie das Alphabet Buchstaben hat. Durch diese Löcher wird zur Nachrichtenübermittlung ein Faden gezogen, der jeweils die Löcher markiert, die den Buchstaben eines Codewortes entsprechen. Die Scheiben werden anschließend unauffällig an dem Faden getragen.

Nicht erwähnt wird von Aineias Taktikos, die zu seiner Zeit bereits bekannte und in der Praxis erprobte Skytale der Spartaner. Zogen die Spartaner in den Krieg, erhielten sowohl das Hauptquartier als auch der Heerführer einen Stab von identischer Länge und Dicke. Zur Nachrichtenübermittlung wurde Pergament in einen in der Breite vorgeschriebenen dünnen Streifen geschnitten, spiralförmig um den Stab gewickelt und dann längs beschriftet. Anschließend wurde der Streifen wieder abgewickelt und dem Empfänger überbracht. Erst wenn der Pergamentstreifen dort ohne Zwischenraum um den Stab gewickelt wurde und exakt auf die Länge und Dicke des Stabes passte, ergab sich für den Empfänger ein sinnvoller Text, ansonsten konnte er nur Buchstaben ohne eine erkennbare Aussage lesen. Zwischen Heerführern und dem Hauptquartier konnten somit Befehle in Form von unscheinbaren Streifen mit Buchstaben ausgetauscht werden.

Perserkriege

Großkönig Darius und sein Nachfolger Xerxes führten mehrere große Feldzüge gegen das griechische Kernland. Nachdem der Aufstand der griechischen Städte in Kleinasien niedergeschlagen worden war, begann 492 v. Chr. der erste Feldzug der Perser. Unter dem Kommando von Mardonios, dem Schwiegersohn von Darius, stach eine große Flotte mit dem Ziel Griechenland in See. Nach einigen Erfolgen geriet die Flotte jedoch am Berg Athos in einen Sturm und erlitt dabei so große Verluste, dass Mardonios den Feldzug abbrach. Der nächste Feldzug startete 490 v. Chr. mit einem Flottenverband und einem Landheer. Wieder hatte der persische Geheimdienst gute Vorarbeit geleistet. Zu den Truppen gehörte auch Hippias, der letzte Tyrann von Athen, der 510 v. Chr. von den Griechen verjagt worden war, danach zum persischen Großkönig überlief und ihn nun mit Informationen versorgte. Er wollte mit Athen alte Rechnungen begleichen. Die Stadt Eretria, die den Aufstand der griechischen Städte in Kleinasien unterstützt hatte, wurde von den Persern durch Verrat nach kurzer Zeit erobert und völlig niedergebrannt. Die überlebenden Bewohner wurden verschleppt und umgesiedelt. Danach sollte der Angriff Athen gelten. Vermutlich schlug Hippias vor, bei Marathon zu landen und dann nach Athen zu marschieren.

Die Truppen von Athen zogen den Persern entgegen. Es waren etwa 10 000 Mann, die der Stadtstaat hatte aufbringen können; zu ihnen gehörte auch der Dichter Aischylos, der später den Kampf beschrieb. Die Heerführer waren sich nicht sicher, ob die persischen Invasoren sofort angegriffen werden sollten, oder ob es sinnvoll wäre, zuerst die Ankunft der kampferprobten Spartaner abzuwarten. Heerführer war Kallimachos, doch mit ihm stritten sich zehn *strategoi* um das Kommando. Es handelte sich um Generäle, die von der Athener Volksversammlung für ein Jahr gewählt worden waren. Glücklicherweise setzte sich Miltiades durch. Er war zwar bereits über 60 Jahre alt, hatte allerdings Erfahrung in Kämpfen mit den Persern und kannte ihre Taktiken. Es war riskant, sich außerhalb von Athen zur Schlacht zu stellen, denn bei einer Niederlage wäre die Stadt später weitgehend schutzlos gewesen. Zuletzt erhielten die Athener noch Verstärkung und rund 1000 Kämpfer aus dem befreundeten Platää schlossen sich ihnen an.

Miltiades ergriff die Initiative und ging sofort zum Angriff über. Das Gelände war für ihn günstig, denn die gefürchtete persische Reiterei würde Probleme haben, sich zu entfalten. Außerdem war das Gelände zu den persischen Linien hin abschüssig. Miltiades ließ seine Männer in breiter und gestaffelter Front, in einer Phalanx, rennen, so dass der Angriff richtig Schwung bekam, und die Griechen mit großer Gewalt auf die Perser prallten. Durch geschickte Schwenkbewegungen in den Flanken gelang es, die Schlachtordnung der Perser aufzulösen, auch konnten diese wegen der Enge des Geländes nicht ihre sonst so erfolgreiche Reiterei einsetzen. Zuletzt flohen die Perser ohne Kampfordnung und verfolgt von den Griechen auf ihre Schiffe. Angeblich sollen die Verluste der Griechen recht gering gewesen sein: 192 gefallenen Athenern standen rund 6400 gefallene Perser gegenüber. Beim Rückzug der Perser wurden Blinksignale auf Anhöhen über dem Schlachtfeld beobachtet. Es ist bis heute nicht geklärt, ob damals persische Späher Nachrichten übermittelten. Die persischen Schiffe fuhren anschließend direkt zum ungeschützten Athen, so dass die griechischen Kämpfer in Eilmärschen weiterrücken mussten. Sie erreichten rechtzeitig Phaleron, den vermuteten Landeplatz der Perser und besetzten den Strand, bevor die Perser eintrafen. Da der persischen Flotte gute Fernwaffen fehlten, konnten die Heerführer ihre Truppen nicht an Land bringen und gaben den Angriff auf. Der später vielgerühmte Marathonlauf, der Lauf eines griechischen Kriegers vom Schlachtfeld nach Athen, ist wahrscheinlich eine Legende.

Verrat an den Thermopylen

Darius verstarb 486 v. Chr. Da es nach seinem Tod im Reich zu Aufständen kam, die sein Sohn Xerxes zuerst niederschlagen musste, fanden die Griechen des Festlandes bis zum nächsten Ansturm der Perser etwas Ruhe. Die Griechen der Inseln und in Kleinasien blieben allerdings unter der persischen Gewalt und mussten dem Großkönig sogar Truppen stellen. Athen nutzte die Zeit, um seine Flotte zu verstärken. Aber auch die Perser rüsteten auf und legten in Nordgriechenland für ihre Flotte einen Kanal an; sie wollten nicht ein zweites Mal an Stürmen scheitern. Xerxes ließ sich von dem aus seiner Heimat vertriebenen Spartaner Demaratos für seinen geplanten Feldzug militärisch beraten. Es wird allerdings vermutet, dass Demaratos ein Doppelagent war, denn er soll, so berichtete später der Geschichtsschreiber Herodot, angeblich geheime Boten nach Sparta geschickt haben. Im Jahre 480 v. Chr. rückte schließlich Xerxes mit einer gewaltigen Streitmacht, die aus allen Teilen seines Reiches zusammengezogen worden war, erneut gegen den Norden von Griechenland vor. Herodot schilderte, dass die persischen Truppen rund 160 000 Mann stark waren, dazu kamen noch 1700 Kriegsschiffe und 3000 Transportschiffe. Moderne Militärhistoriker glauben jedoch, dass die Zahlen viel zu hoch gegriffen sind. Für den Vormarsch der Truppen wurde eigens eine Schiffsbrücke angelegt.

Um die zahlenmäßige Überlegenheit der Perser an Land auszugleichen, beschlossen die Griechen unter der Leitung der Spartaner die Gegebenheiten des Geländes auszunutzen und die Truppen des Großkönigs in engen Schluchten und Tälern in Kämpfen zu binden und so Zeit zu gewinnen. Dazu hatten die einzelnen griechischen Stadtstaaten einige tausend Mann abgestellt. An den Thermopylen, dem Eingangstor nach Mittelgriechenland, wollte der spartanische Heerführer und König Leonidas mit seinen hochtrainierten und kampferprobten Truppen sowie rund 7000 Mann Hilfstruppen einen Sperrriegel bilden und die Perser unter möglichst großen Verlusten so lange wie möglich aufhalten. Während dieser Zeit sollten die vereinigten griechischen Flotten auf See eine Entscheidung gegen die persische Flotte herbeiführen. Wie bei einem Schachspiel lauerten sich die Schiffsverbände gegenseitig auf und es kam zu verschiedenen Seeschlachten, die allerdings keine Entscheidung brachten. Den Griechen kam schließlich ein Sturm zur Hilfe. Teile der persischen Flotte gerieten in das Unwetter und die Perser hatten große Verluste zu beklagen. Den Griechen gelang es, auf See ebenfalls einen Sperrriegel zu errichten und parallel zu den Kämpfen auch einen psychologischen Krieg zu beginnen. Auf Felsen wurden Parolen und Nachrichten gepinselt, um griechische Hilfstruppen, die für Xerxes kämpfen mussten, zum Überlaufen zu bewegen und um die Kampfmoral der Perser zu brechen.

Währenddessen standen die griechischen Truppen an den Thermopylen wie eine Mauer und hielten das gesamte persische Landheer, das nicht ausweichen konnte, auf. Aufgrund der geografischen Enge und den natürlichen Felshindernissen konnte nur an einzelnen schmalen Fronten gekämpft werden. Den Persern war es unmöglich, ihre ganze Übermacht einzusetzen. Sie rannten drei Tage erfolglos gegen die hoch motivierten Griechen an und erlitten enorme Verluste. Sogar der Einsatz der „Unsterblichen", der Elitetruppen von Xerxes, brachte keinen Fortschritt. Insbesondere die Kampfmoral der Spartaner war gefürchtet und löste unter den Angreifern Furcht und Schrecken aus.

Unter dem Einsatz von viel Gold ließ Xerxes schließlich unter der einheimischen Bevölkerung nach Verrätern suchen. Der griechische Verräter Ephialtes erklärte sich zuletzt für eine hohe Belohnung bereit, persische Elitetruppen über einen versteckten Weg im Gebirge direkt in den Rücken der Griechen zu führen. Im Schutz der Nacht machten sie sich auf den Weg, um die Griechen am Morgen nicht nur von vorne, sondern auch von hinten anzugreifen. Bald erkannten die Griechen, dass sie eingekreist waren und hielten Rat. Leonidas erlaubte der Mehrheit seiner Truppen den Rückzug, um an anderen wichtigen Orten zu versuchen, die Perser erneut aufzuhalten. Er selbst beschloss mit rund 300 Getreuen bis zum letzten Mann zu kämpfen und im Kampf zu sterben. Die Kampfmoral der Spartaner war legendär. Für den echten Krieger gab es beim Kampf nur zwei Möglichkeiten: Sieg oder Tod. Sich im Kampf zu ergeben, war für einen überzeugten spartanischen Krieger unmöglich und bedeutete eine ewige Schande. Zum Sterben bereit, stürmten die Spartaner gegen die Perser vor und lieferten sich ein Gemetzel. Im Kampf fielen alle Spartaner und auch die Perser erlitten in dieser letzten Schlacht unter ihren Elitetruppen enorme Verluste.

Beachtlich geschwächt und mit großer zeitlicher Verzögerung marschierte das persische Heer nun in Richtung Athen. Die Bevölkerung floh auf die Insel Salamis. Unterwegs zündeten die Perser alle Städte und Orte an, auch Athen ging zuletzt in Flammen auf und die Heiligtümer wurden zerstört. Durch die

Kampfbereitschaft an den Thermopylen hatte die griechische Flotte allerdings genügend Zeit gefunden, sich von den persischen Verbänden abzusetzen und neu zu formieren. Nun stand eine Entscheidungsschlacht auf See bevor. Es sollte die berühmte Schlacht von Salamis werden. Wie an Land wurde auch auf See mit allen möglichen Tricks gekämpft, denn der Gegner sollte in allen Phasen der Schlacht desinformiert sein.

Geschicktes Täuschungsmanöver

Athener und Spartaner waren sich zunächst nicht einig, wo die Entscheidungsschlacht stattfinden sollte. Die Athener bevorzugten das flache Meer zwischen der Insel Salamis und dem Festland, während die Spartaner und Flottenteile aus anderen Stadtstaaten aufgrund einer besseren Manövrierfähigkeit für einen Kampf auf dem offenen Meer waren. Themistokles, der Staatsmann und Admiral der Athener, griff deshalb zu einem Trick: Er schickte seinen Vertrauten Sikinnos heimlich mit einem kleinen Boot zur persischen Flotte und ließ ausrichten, dass die Griechen durch die Verluste ihrer Heiligtümer völlig demoralisiert wären und dass die Athener Flotte ohne Wissen der anderen fliehen wolle. Xerxes fürchtete, er müsste seine Kräfte zeitraubend auf einzelne griechische Flottenverbände verzetteln und beschloss sofort anzugreifen, um eine Entscheidung herbeizuführen. Am nächsten Morgen blockierte die persische Flotte die Meerenge von Salamis, um die Flucht der Griechen zu verhindern. Xerxes nahm mit seinem Hofstaat auf einem Hügel an Land Platz, um das Schauspiel der bevorstehenden Seeschlacht voller Siegesgewissheit zu beobachten. Er merkte nicht, dass er in eine Falle gelockt worden war. Die zahlenmäßig überlegene persische Flotte saß durch die Blockade der Meerenge wie in einem Flaschenhals fest, während die griechische Flotte im flachen Wasser und bei guter Ortskenntnis ungestört manövrieren konnte.

Die persische Flotte eröffnete das Gefecht und musste noch beim Angriff erfahren, dass die Schiffe nicht nebeneinander, sondern nur hintereinander fahren konnten. Die Griechen hatten den Bug ihrer Schiffe zum Rammen verstärkt und rammten die gegnerischen Schiffe, die sich nacheinander näherten. Im flachen Wasser waren die griechischen Schiffe außerdem besser manövrierfähig als die persischen und konnten durch dichte Annäherungen deren Ruder kappen. Oft standen sich die persischen Schiffe direkt gegenseitig im Wege oder liefen auf Grund. Zuletzt hatten die Griechen noch Glück, denn ein für sie günstiger Wind trieb die mit hohen Bordwänden ausgestatteten persischen Schiffe gegen Felswände. Bereits gegen Mittag entschloss sich die Flotte des Großkönigs zur Flucht. Xerxes hatte rund 200 Schiffe verloren und die Griechen nur etwa 20. Allerdings war die griechische Flotte so geschwächt, dass sie die Flüchtenden nicht wirkungsvoll weiter verfolgen oder gar den Großkönig gefangen nehmen konnte. Gleichzeitig befand sich noch das große persische Heer im Land und hatte bereits beachtliche Verwüstungen angerichtet. Xerxes, der geglaubt hatte, die Schlacht wie eine Theatervorstellung genießen zu können, floh und stellte sich unter den Schutz seines Landheeres. Später kehrte er in sein Reich zurück. Vorher hatten seine schnellen Kurierreiter bereits überall die Nachricht verbreitet, dass Athen erobert und niedergebrannt worden sei.

Dem persischen Landheer in Griechenland fehlte von nun an zwar der Nachschub durch die eigene Flotte, aber es war immer noch völlig intakt. Außerdem hatte es unter den Griechen Verbündete wie etwa die Stadt Theben. Es stand noch lange auf griechischem Gebiet und seine Reiterei blieb gefürchtet. Nach einigen Schlachten zog es sich schließlich langsam zurück. Das persische Weltreich dehnte sich danach nicht mehr weiter nach dem Westen aus.

Geheimaktionen nach außen und nach innen –

Alexander der Große

Für die Erfolge von Alexander dem Großen gibt es in der Weltgeschichte nur wenige vergleichbare Beispiele. Im Alter von 20 Jahren wurde Alexander im Jahre 336 v. Chr. König von Makedonien; ein Reich, das erst kurz vorher von seinem Vater Philipp II. geschaffen worden war und das die griechische Welt dominierte. Als Alexander 323 v. Chr. im Alter von 32 Jahren starb, hatte er einen beispiellosen Siegeszug hinter sich. Er hatte eine Fläche von mehr als 2,5 Millionen Quadratkilometern erobert und die bekannte Welt seiner Zeit durchschritten. In nur etwa 10 Jahren beherrschte und prägte er ein Weltreich, das von Sizilien bis zum Himalaja reichte.

Schon unmittelbar nach seinem Tod rankten Mythen und Legenden um seine Person. Alexandersagen machten ihn zu einem Übermenschen und Liebling der Götter. Bis in die Renaissance las jeder Fürst, der etwas auf sich hielt, Alexanderromane. Sogar seine Geburt wurde später als ganz besonderes Ereignis verklärt: An dem Tag, an dem Alexander im Herbst des Jahres 356 v. Chr. zur Welt kam, soll angeblich der Tempel von Ephesos abgebrannt sein und gleichzeitig soll sein Vater drei Siegesmeldungen erhalten haben.

Alexander war ein militärisches Genie und gilt bis heute als einer der fähigsten Feldherrn überhaupt. In allen seinen Schlachten unterlief ihm kein einziger wirklich gravierender militärischer Fehler. Er war ein Meister der Strategie und Taktik und erfand Neuerungen in der Kriegsführung, die heute noch zur Ausbildung von Generalstabsoffizieren gehören. Während der Schlacht koordinierte er als erster perfekt die einzelnen Waffengattungen, er entwickelte eine ständig bewegliche Kriegsführung und ließ erstmals seine Truppenteile getrennt marschieren, um zuletzt vereint zuzuschlagen.

Sein Lehrer, der berühmte Philosoph Aristoteles, erkannte schon früh die hohe Intelligenz seines Schülers und förderte seine Zuneigung zu den Helden der griechischen Mythen sowie sein kulturelles Interesse, das ihn ein Leben lang begleitete. Alexander war früh eine ausgereifte Persönlichkeit. Mit 16 Jahren konnte er bereits mit großem Erfolg wichtige staatliche Ämter wahrnehmen, die ihm sein Vater übertragen hatte, damit er selbst in den Krieg ziehen konnte. Mit 18 Jahren war er der erfolgreiche und schlachtenerprobte Kommandeur der als vorzüglich bewerteten makedonischen Reiterei. Kaum war er König geworden, musste er einen Aufstand verschiedener griechischer Städte niederschlagen, was ihm durch sein militärisches Können rasch gelang. Dabei trat auch sein kulturelles Interesse zum Vorschein: Die Stadt Theben ließ er beispielsweise restlos zerstören und nur die Tempel sowie das Haus des Dichters Pindar blieben stehen. Aufgrund der Bedeutung der Stadt für die griechische Kultur untersagte er hingegen in Athen jegliche Zerstörung.

Neben seiner großen militärischen Bedeutung werden auch heute noch die beachtlichen zivilisatorischen Leistungen von Alexander gewürdigt. Er verschaffte dem Hellenismus Weltgeltung und Verbreitung, erweiterte den kulturellen Horizont der Europäer, tolerierte die verschiedensten Religionen und Kulturen und betrachtete sie alle als gleichwertig. Entgegen der noch von seinem Lehrer Aristoteles vertretenen griechischen Tradition sah er Angehörige fremder Kulturen nicht als Barbaren, sondern respektierte und achtete sie. Sein Ziel war es, Kulturen miteinander zu einer großen Einheit zu verschmelzen, um eine *homonoia*, eine Vereinigung aller Menschen, zu erschaffen. Doch sein Leben war zu kurz. Die *homonoia* gelang nicht, denn nach seinem Tod zerfiel das gerade erst eroberte gewaltige Reich. Insgesamt gründete Alexander in den von ihm okkupierten Gebieten rund 70 neue Städte. Erst er schuf in Europa ein Bewusstsein für Indien und andere große asiatische Kulturen. Und erst dadurch konnten neue Handelswege erschlossen werden. Das von ihm geschaffene so genannte Alexandergeld förderte den Welthandel.

Alle seine Aktionen entschied Alexander eigenständig, umgab sich allerdings mit ausgesucht guten Beratern und persönlichen Freunden, denen er vertrauen konnte. Dabei waren seine Planungen sowohl weit vorausschauend als auch spontan und intuitiv. Sein persönlicher Stab war ungewöhnlich klein und bestand nur aus 13 Personen. Als er sich entschloss, das Weltreich der Perser anzugreifen, waren seine Berater sofort skeptisch, denn das persische Heer war zahlenmäßig weit überlegen, und dem Makedonenherrscher fehlten außerdem die Finanzmittel, um einen langen Krieg durchzustehen. Doch Alexander war tollkühn und plante, um den Krieg zu finanzieren, die Plünderung der Schatzhäuser des persischen Großkönigs ein, was bis auf eine Ausnahme tatsächlich gelang. Angeblich sollen zum Abtransport des Goldes mehr als 10 000 Maulesel und 3000 Kamele notwendig gewesen sein.

Die Eroberung des Perserreiches

Bereits Philipp II. wollte gegen das Perserreich vorgehen, um die Zerstörungen des Xerxes während der Perserkriege zu rächen, doch erst sein Sohn Alexander setzte die Pläne um. Der Feldzug wurde sehr sorgfältig und vorausschauend geplant, dennoch scheute sich Alexander nicht, auch mögliche unvorhersehbare Risiken einzugehen. Sein Heer war die bestausgerüstete und leistungsfähigste Armee der Antike. Es war hochbeweglich und konnte wesentlich schneller als

Schlacht bei Issos; Alexander (links) nähert sich Darius

die Massenheere der Perser auf Befehle reagieren. Auch seine Unterfeldherren waren erstklassig und vier von ihnen, Ptolemäos, Lysimachos, Seleukos und Antigonos, sollten später einmal König werden. Alexander selbst war trotz seiner gerade 22 Jahre kampferprobt und konnte zahlreiche Siege vorweisen. Das Orakel von Delphi pries ihn als unbesiegbar. Sein Heer stellte er aus eigenen Untertanen und aus Griechen zusammen. Aus Makedonien stammten rund 30 000 Mann, dazu kamen noch rund 5000 Reiter; die griechischen Stadtstaaten stellten ihm zusätzlich etwa 7000 Mann sowie etwa 600 Reiter zur Verfügung. Das Oberkommando hatte Alexander selbst übernommen, dabei wurde er von einem relativ kleinen Stab unterstützt, so dass alle seine Befehle direkt zu den Truppen gelangen konnten. Zum Heer gehörten noch Hilfstruppen für den Nachschub, Handwerker, Pioniere, Mineure, Kanalbauer sowie Ärzte und Sanitätspersonal, aber auch Seeleute, Landvermesser, Geografen, Botaniker, Architekten, ein Stab von Schreibern und Sekretären sowie ein Geschichtsschreiber, der die Tagebücher zu führen hatte.

Mit rund 160 Schiffen setzte das Heer im Frühjahr des Jahres 334 v. Chr. nach Kleinasien über. Vor dem Aufbruch wurden den Göttern in verschiedenen Tempeln Opfer gebracht und für ein gutes Gelingen des Feldzuges gebetet. Den Boden Kleinasiens betrat Alexander mit einer symbolischen Geste, indem er vom Schiff aus eine Lanze an Land warf, um seine Besitznahme zu verdeutlichen. Danach wurden den Göttern erneut Opfer dargeboten. In einem Tempel nahm er Waffen, die angeblich von mythologischen Helden stammten, an sich, um sie als Talisman weiter mit sich zu führen. Um die eigene Flotte durch persische Gegenangriffe nicht zu gefährden, schickte er die Schiffe später wieder nach Griechenland zurück; ein großes Risiko, denn bei einem Misserfolg hätte es sicherlich Probleme mit dem Rückzug geben können. Alexander setzte alles auf eine Karte.

Bei den Vorbereitungen seines Feldzuges hatte Alexander auch die Schriften des Xenophon über den persischen Großkönig und Reichsgründer Kyros studiert. Die Person des Kyros und insbesondere die Effektivität seines Geheimdienstes beeindruckten ihn. Der persische Geheimdienst war für ihn ein Vorbild und er war bemüht, die Effektivität seines eigenen Geheimdienstes noch weiter zu steigern. Alexander ließ nicht nur die feindlichen Truppen beobachten, sondern auch die eigenen Leute, um jederzeit die Stimmung im eigenen Heer beurteilen zu können. Briefe, die von den wenigen Soldaten, die schreiben und lesen konnten, in die Heimat geschickt wurden und auch Korrespondenzen der Zivilbevölkerung, wurden von einer Briefzensur gelesen. Manche Historiker halten Alexander sogar für den Erfinder der Zensur, denn es ging ihm darum, jeden Aufruhr so früh wie möglich zu erkennen, und die Rädelsführer waren erfahrungsgemäß meist jene, die schreiben und lesen konnten. Der Geheimdienst von Alexander verfügte außerdem über eigene Verschlüsselungssysteme. Für manche Befehle gab es keine schriftlichen Unterlagen, und es wurden besonders ausgewählte Boten direkt zu den zuständigen Offizieren oder Beamten geschickt. Zur schnellen Nachrichtenübermittlung wurden bereits Brieftauben eingesetzt. Für die etwa 800 Kilometer Luftlinie zwischen Babylon und Aleppo benötigte eine Brieftaube nach verschiedenen Quellen etwa 48 Stunden, während ein berittener Bote fast eine Woche unterwegs war.

Die großen Schlachten

Im Vergleich zu Alexander war der persische Großkönig Darius III. eine nur mittelmäßige Persönlichkeit, die ihm während des gesamten Feldzuges nicht gewachsen war. Der unter Kyros und Darius I. noch so wirkungsvolle persische Geheimdienst hatte schon lange seine Qualitäten verloren. In drei gewaltigen Schlachten wurde das Reich der persischen Großkönige besiegt und ging unter. Anschließend marschierte Alexander in Richtung Indien und schlug noch weitere für ihn erfolgreiche Schlachten.

In der ersten großen Schlacht, der Schlacht am Granikos (334 v. Chr.), zeigte sich bereits die enorme Beweglichkeit von Alexanders Heer, denn er überrannte aus dem Anmarsch heraus den Gegner. Im folgenden Jahr hatte Darius III. alle seine Kräfte gesammelt und die Heere trafen sich zur Schlacht bei Issos (333 v. Chr.). Dabei war der Großkönig siegessicher und führte seinen

Hofstaat mit sich. Trotz aller Feindaufklärung marschierten die Heere zunächst aneinander vorbei, ohne es zu merken. Alexander erfuhr von seinen Spähern, dass der Feind in seinem Rücken stand und schwenkte um. Vor ihm präsentierte sich ein riesiges Massenheer, doch er ließ sich nicht einschüchtern. Hätte er diese Schlacht verloren, hätte es für ihn keinen Rückzug mehr gegeben. Alexander setzte durch eine geschickte Kombination von Reiterei und Fußsoldaten die so genannte schiefe Schlachtordnung ein, bei der eigene Truppenteile sowohl offensiv als auch defensiv sind und den Gegner durch ihr Kampfverhalten zu den stärksten eigenen Kräften führen. Diese Schlachtordnung kann in der Aufstellung der Truppenteile zu einem beachtlichen Durcheinander führen, so dass ein Feldherr bei seiner Kampfbeobachtung enorm konzentriert bleiben muss. Darius III. verlor in dem Gewirr seiner eigenen Truppenteile die Nerven und floh. Seine Flucht zerriss die Ordnung seiner Truppen, und die Schlacht ging für ihn verloren. Das Lager des persischen Heeres fiel in Alexanders Hände. Dabei gerieten auch die Ehefrau und die Mutter des Großkönigs sowie zwei Töchter in Gefangenschaft. Alexander behandelte die Frauen höflich und zuvorkommend. Den Großkönig selbst ließ er nicht verfolgen. Nach diesem Erfolg fielen große Teile des Reiches in seine Hände, wobei die Kriegskasse des Großkönigs die wichtigste Beute war.

Nachdem Darius III. neue Kräfte mobilisieren konnte, fanden sich die Heere zur Schlacht von Gaugamela (331 v. Chr.) erneut zusammen. Wieder hatte der Großkönig aus 24 Völkern seines Reiches ein gewaltiges, aber wenig bewegliches Massenheer zusammengestellt und setzte dieses Mal noch rund 2000 Kampfwagen mit Sicheln an den Rädern ein; außerdem wurden 15 Kriegselefanten aufgestellt. Er ließ sogar auf dem vorgesehenen Schlachtfeld Bäume und Unebenheiten beseitigen, um den Sichelwagen freie Fahrt zu gewähren. Doch seine Truppen hatten einen entscheidenden Nachteil; sie waren in aller Eile rekrutiert und nur unzureichend ausgebildet worden. Für eine rasche Beweglichkeit war das Heer viel zu groß. Die persische Übermacht war so erheblich, dass Alexander seine Truppen gestaffelt platzierte, um ein Einkesseln zu verhindern. Wegen der Präsenz der Sichelwagen hatte er darüber hinaus seine Soldaten defensiv aufgestellt. Seine Truppen sollten auf alle Fälle leicht wiederholbare Schwenkbewegungen ausführen können, um eventuell rasch in die Offensive überzugehen.

Da die Perser das vorgesehene Schlachtfeld für die Sichelwagen planiert hatten, war sich Alexander sicher, dass das Schlachtfeld nicht plötzlich von ihnen verlagert werden würde. Er ließ deshalb in der Nacht vor dem Kampf sein Heer entspannt ausruhen, während die Truppen des Großkönigs in einer ständigen Alarmbereitschaft blieben. Am folgenden Morgen waren deshalb die persischen Truppen übermüdet. Alexander selbst hatte die Nerven, vor der Schlacht fest zu schlafen und ließ sich erst am Morgen wecken.

Darius III. begann die Schlacht mit dem Angriff seiner Sichelwagen. Alexanders Reiterei wich sofort auf, so dass die Sichelwagen auf die dahinter stehenden Fußtruppen stießen. Diese öffneten jeweils eine Gasse und kesselten durch ihre gestaffelte Stellung die Sichelwagen sofort ein. Anschließend schossen Bogenschützen und Speerwerfer die Besatzungen der Sichelwagen ab. Die Reiterei des Großkönigs griff nun die ausweichende Reiterei Alexanders an, so dass von ihm ständig Truppenreserven herbeigeführt werden mussten. Schließlich gelang den Reitern des Großkönigs ein Durchbruch, der allerdings von den rückwärts aufgestellten Truppenverbänden Alexanders abgefangen wurde. Durch ihr rasches Vordringen wurden die Perser unaufmerksam und hinterließen plötzlich in ihrer Schlachtordnung eine Lücke, die Alexander sofort erkannte und ausnutzte. Seine eigene Reiterei ging umgehend durch diese Lücke von der Defensive in eine Offensive über. Sie drangen bis zu Darius III. vor, der wie in Issos erneut die Nerven verlor und floh. Genau wie in Issos zerriss er dabei wieder die eigene Schlachtordnung und der Kampf ging verloren. Damit sich das persische Heer nicht wieder zu einem Gegenangriff sammeln konnte, verfolgte Alexander es über eine Strecke von rund 55 Kilometern und zerstreute die Reste der Truppen in ungefährliche, kleinere Verbände. Anschließend besetzte er die Zentren des persischen Reiches und rückte in die Städte Babylon, Susa und Persepolis ein. Den enormen persischen Staatsschatz nahm er an sich, und als Rache für die Zerstörungen des Xerxes in Griechenland ließ er Persepolis niederbrennen. Das Grab von Kyros, den er sehr verehrte, ließ er dagegen renovieren. Das einst so mächtige Perserreich war nun endgültig untergegangen. Großkönig Darius III. wurde später von seinen eigenen Leuten ermordet.

Alexanders Geheimdienstaktivitäten

Alle Schlachten, die Alexander schlug, waren sorgfältig vorbereitet. Kleine Reitergruppen, die stets vorzüglich getarnt waren, ritten weit vor seinem Heer und meldeten alle Beobachtungen. Manchmal befanden sich Alexanders Späher viele Tagesreisen von den Truppen entfernt, so dass zur raschen Nachrichtenübermittlung Kundschafterketten notwendig waren. Vor der Schlacht bei Issos kannte Alexander beispielsweise bereits den Anmarschweg des Darius III., dennoch waren damals die Heere zunächst aneinander vorbeimarschiert. Oft war es schwierig, die Meldungen der Späher zu interpretieren. Vor der Schlacht von Gaugamela meldeten Späher einmal feindliche Truppenverbände und Alexander ließ seine Truppen sofort in Kampfstellung bringen. Doch es war nur die persische Vorhut beobachtet worden, die Alexander ohne einen Angriff passieren ließ.

Der persische Großkönig konnte sich während der Kämpfe noch lange auf eine funktionierende eigene Gegenspionage verlassen. Dabei wurde versucht, abzulenken und auch Fallen zu stellen. Alexanders Späher ergriffen einmal persische Kundschafter und verhörten sie. Die Männer verrieten, dass das Heer von Darius III. am Fluss Tigris stünde. Alexander eilte sofort in die angegebene Richtung, um das feindliche Heer beim Flussübergang zu schlagen. Doch die Meldung war falsch. Alexanders Heer sollte nur in eine verkehrte Marschrichtung geleitet werden, damit der Großkönig Zeit gewinnen konnte. Im Frühjahr 330 v. Chr. fiel Alexander auf eine weitere Falschmeldung herein. Er erhielt die fingierte Nachricht, der von ihm im vorhergehenden Jahr vernichtend geschlagene Großkönig wolle neue Verbündete treffen. Im Eilmarsch und ohne Nachschubtross eilte Alexander zu dem angegebenen Ort. Erneut war es eine Falschmeldung mit einem Ablenkungseffekt. Darius III. hatte sich genau in eine entgegengesetzte Richtung zurückgezogen.

Der persischen Gegenspionage gelang es sogar einmal, mit einem persönlichen Feind von Alexander Kontakt aufzunehmen. Es war Alexander der Lynkeste. Er war Angehöriger eines makedonischen Fürstenhauses und wollte die Ermordung seiner Brüder rächen. Darius III. sandte unter einem Vorwand seinen angeblichen Vertrauten Sisens, der einmal am Hof von Makedonien gelebt hatte, zu Alexander dem Lynkesten und bot ihm 1000 Talente Gold für die Vorbereitung und Durchführung eines Mordanschlags oder für die Anwerbung eines Mörders an. Doch auch Alexander der Große musste über gut platzierte Agenten verfügt haben, denn Sisens wurde unterwegs abgefangen, verhört und später hingerichtet. Um Alexander den Lynkesten nicht misstrauisch zu machen, schickte Alexander der Große einen vertrauenswürdigen persönlichen Boten in persischer Kleidung und mit dem mündlichen Befehl, den möglichen Attentäter gefangen zu nehmen und hinzurichten.

Zu dieser Geschichte gibt es verschiedene Versionen, so dass die Glaubwürdigkeit fraglich ist: Einmal war Sisens der Überbringer des Mordauftrages und dann wieder der potenzielle Mörder. Auf jeden Fall musste Sisens direkten Zugang zum Lager von Alexander gehabt haben. Andere Versionen behaupten, Sisens wäre trotz seiner persischen Herkunft ein Vertrauter von Alexander gewesen. Ein persischer Brief an Sisens hätte Alexander allerdings misstrauisch gemacht, so dass er in ihm einen Doppelagenten vermutete. Der Brief war von der Zensur geöffnet worden und wurde anschließend bewusst mit einem falschen Siegel wieder verschlossen; in dem Brief soll nur gestanden haben, dass sich Sisens an seine persische Herkunft erinnern solle. Weil Sisens das falsche Siegel nicht umgehend an Alexander gemeldet hatte, soll er hingerichtet worden sein.

Als eine gezielte persische Fehlinformation gilt die Behauptung, der Leibarzt von Alexander dem Großen, Philippos, wäre bestochen worden, um seinen Herrn zu vergiften. Von Darius III. gelenkte Fehlinformationen sollten in der Umgebung von Alexander das allgemeine Misstrauen verstärken.

Regelmäßig forderte Alexander hochrangige Gegner zum Überlaufen auf und bot ihnen hohe Belohnungen an. Doch der Großkönig hatte seine wichtigsten Leute durch einen Eid an sich gebunden und die Mehrheit von ihnen hielt sich daran. Insgesamt gab es nicht viele bedeutende Überläufer. Umso wichtiger waren deshalb die Kriegsgefangenen. Laomedon, ein Jugendfreund von Alexander, der die persische Sprache fließend beherrschte, war Leiter der Verhörspezialisten für die Kriegsgefangenen. Die Zweisprachigkeit von Laomedon zeigt, dass diese Verhörspezialisten wahrscheinlich die Sprache der Gefangenen beherrschten und dadurch besser ihr Vertrauen gewinnen konnten. Die gefangenen Männer wurden nicht, wie in der Antike üblich, umgehend in die Sklaverei gebracht, sondern entsprechend ihrer Position verhört. Waren die Verhöre ergiebig, konnten sie in Alexanders Heer übertreten, ohne allerdings wichtige Aufgaben zu übernehmen.

Für eine Briefzensur der Angehörigen des Heeres von Alexander sowie für das Aushorchen der Geliebten und Ehefrauen der Soldaten sprechen direkte und indirekte Hinweise. Nachdem das Perserreich untergegangen und Darius III. tot war, wollten viele Makedonier zurück in die Heimat und nicht noch, wie von Alexander möglicherweise geplant, Indien erobern und bis zum südlichen und östlichen Ende der bekannten Welt vordringen. Das Charisma des großen Feldherrn begann zu bröckeln. Mit immer größerem Widerstand folgten sie dennoch den weiterhin erfolgreichen Kriegszügen. Als Alexander einmal anbot, die Schulden seiner Soldaten zu bezahlen, machten nur wenige von dieser Möglichkeit Gebrauch, denn sie befürchteten eine weitere geheime Überwachungsmethode. Im Jahre 324 v. Chr. entließ deshalb Alexander viele Makedonier mit hohen Belohnungen in die Heimat und ersetzte sie durch Soldaten, die in den eroberten Gebieten angeworben wurden. Den verbliebenen Makedoniern war dieses Verhalten allerdings auch nicht recht, und es verstärkte sich noch einmal der Widerstand. Bald gab es im Heer offene Spannungen und deutliche Aufforderungen zum Ende der Feldzüge. Außerdem war das eroberte Reich so groß geworden, dass es kaum noch überblickt werden konnte und Separationsbestrebungen zu befürchten waren. Alexander wollte sein Gesicht nicht verlieren und ließ am Fluss Indus den Göttern Opfer bringen, um sie über die Zukunft zu befragen. Als auch diese den Rat gaben, die Feldzüge zu beenden, stimmte er zu.

Soldaten, die von Anfang an dabei waren, waren während der zahlreichen Feldzüge etwa 26 000 Kilometer marschiert und hatten alle entscheidenden Schlachten gewonnen. Sogar mit den Kriegselefanten in Indien wurde Alexander fertig. Er hatte bemerkt, dass die Pferde vor den Elefanten scheuten und durchgingen. Deshalb schob er bei Angriffen die gegnerische Reiterei vor die eigenen Elefanten, so dass die Pferde unruhig wurden und ein großes Durcheinander entstand. Wurden außerdem die Elefantenführer mit Pfeilen abgeschossen, gerieten die mächtigen Tiere meist in Panik und trampelten alles nieder.

Als Rom wankte –
Hannibals Spione

Nachdem Rom immer erfolgreicher Italien zu dominieren begann, musste es auch seine Küstengebiete sichern, denn Gefahren und unerwünschte fremde Einflüsse konnten jederzeit über das Meer herangetragen werden. Rom strebte deshalb auf das Meer hinaus und trat damit in die Weltpolitik ein. Seine Interessen kreuzten sich mit den Interessen einer anderen Großmacht. Karthago war die vorherrschende Seemacht des Mittelmeeres und hatte weiträumige Handelsbeziehungen und territoriale Einflussgebiete. Die mächtige karthagische Flotte war nicht nur im Mittelmeer unterwegs, sondern wagte sich auch auf den Atlantischen Ozean hinaus und betrieb Handel mit England und Westafrika. Rom und Karthago, die vorher Freunde waren, wurden zu Rivalen.

Etwa um 814 v. Chr. war Karthago als Handelsniederlassung der Phönizier gegründet worden und konnte wegen seiner günstigen Lage bald das westliche Mittelmeer beherrschen. Die Besitzungen von Karthago verteilten sich entlang der Küsten des westlichen Mittelmeers und umfassten Gebiete in Nordafrika und Spanien, daneben die Balearen, Sardinien und Korsika sowie Teile von Sizilien. Die Niederlassungen gestatteten den Kaufleuten, Lagerplätze für Waren anzulegen und die Handelswege zu sichern. Karthago war überwiegend eine Handelsnation. Ansprüche auf Sizilien waren Mitte des 3. Jahrhunderts v. Chr. der Grund für Auseinandersetzungen mit den Römern. Meuternde Söldner hatten auf Sizilien die Stadt Messana (heute Messina) besetzt und lagen mit dem Herrscher von Syrakus im Streit. Dieser rief sowohl Rom als auch Karthago um Hilfe und bald gab es in der Stadt eine Partei für Rom und eine Partei für Karthago. Rom vertrat Großmachtinteressen und wollte verhindern, dass sich Karthago neben dem westlichen Sizilien nun auch noch das östliche Sizilien sichern konnte. Aus den Streitigkeiten entwickelte sich der Erste Punische Krieg, der nach wechselhaften Erfolgen über 23 Jahre (264–241 v. Chr.) dauerte. Rom blieb in diesem Krieg Sieger und Karthago musste zunächst Sizilien und später auch Sardinien und Korsika an die Römer abtreten.

Während der Feldzüge in Sizilien entwickelte Karthago ein einfaches aber wirkungsvolles Nachrichtensystem. Aufgrund des Krieges benötigte man einen enormen Nachschub, der direkt aus Nordafrika herangeführt werden musste und der nicht stocken durfte. Damit Roms Spione nicht erfuhren, wie hoch der

Nachschubbedarf tatsächlich war, benutzten die Heere von Karthago zwei Wasseruhren. Eine Wasseruhr blieb in Nordafrika, während die andere Wasseruhr von den Truppen mitgeführt wurde. An den Wasseruhren gab es Markierungen wie etwa „Proviant", „Waffen", „neue Truppen" oder ähnliches. Benötigten die Truppen in Sizilien Nachschub wurde die Wasseruhr eingeschaltet. Gleichzeitig wurde eine Signalkette aktiviert, etwa Fackeln oder optische Systeme, die über sieben Stationen bis nach Nordafrika lief. Das erste Signal forderte auf, die gleiche Wasseruhr auch in Nordafrika einzuschalten. Bei der Wasseruhr der Truppen in Sizilien schwamm auf dem Wasser ein Zeiger, der mit dem Wasserabfluss an den Markierungen entlang streifte. War die gewünschte Markierung erreicht, beispielsweise „neue Waffen", wurde der Wasserabfluss gestoppt. Gleichzeitig startete wieder die Signalkette nach Nordafrika mit der Anweisung, den Wasserabfluss nun ebenfalls zu beenden. Wurde die Signalkette unterwegs nicht unterbrochen, blieb dann der Zeiger auch in Nordafrika bei der Markierung „neue Waffen" stehen. Jetzt konnte den Wünschen der weit entfernt stehenden Truppen entsprochen werden. Die römischen Spione hingegen sahen einfach nur Signale, in denen kein Code zu erkennen war.

Rom war nach dem Ersten Punischen Krieg neben einer vorher schon gefürchteten Landmacht auch zu einer Seemacht geworden und konnte Karthago das westliche Mittelmeer streitig machen. Der Weg zur Seemacht war allerdings sehr schwierig gewesen. Durch ihre phönizische Herkunft waren die Karthager tüchtige Seefahrer mit guten Schiffen, und Rom musste viel Lehrgeld zahlen, bis es mit der Seemacht Karthago gleichziehen konnte. Der Erfolg stellte sich erst ein, als römische Schiffe Enterbrücken erhielten und erfahrene Landsoldaten das gegnerische Schiff stürmten; die Taktiken der Landschlacht wurden so auf die Seeschlacht übertragen. Die Bezeichnung „Punischer Krieg" ergab sich aus dem Namen der Römer für die Karthager: sie nannten sie Punier. Durch die enorme Dauer des Krieges und die beachtlichen eigenen Verluste wurde Karthago für Rom zu einer Art Erbfeind.

Um seine großen territorialen Verluste auszugleichen, verlagerte Karthago anschließend seine Interessen nach Spanien, wo es bereits über Handelsniederlassungen verfügte. Außerdem waren in Spanien große Metallvorkommen vorhanden, die Reichtum versprachen. Insbesondere große Silbervorkommen wollte Karthago erschließen und dadurch wieder wohlhabend werden. Der karthagische Feldherr Hamilkar Barkas startete deshalb einen Feldzug, um in Südspanien weitere Gebiete zu erobern. Bald besaß Karthago in Spanien neue große Besitzungen und konnte die Gebietsverluste des vergangenen und gegen Rom verlorenen Krieges wieder ausgleichen. Die Stadt Neu-Karthago (Cartagena) wurde gegründet. Mit Rom gingen die Karthager die Verpflichtung ein, bei ihren weiteren Expansionen den Fluss Ebro nicht zu überschreiten. Dennoch war Streit vorprogrammiert, denn die Stadt Sagunt war mit Rom verbündet, und diese Stadt lag südlich des Ebros.

Idealisierte Darstellung von Hannibals Kriegszug über die Alpen

Der Verlust seiner Vormachtstellung auf See beschäftigte Karthago allerdings noch lange und förderte den Wunsch, Rom bei einer passenden Gelegenheit zu schlagen, um die alte Seeherrschaft wieder zu erreichen. Hamilkar und sein Nachfolger Hasdrubal schmiedeten deshalb insgeheim Pläne, eine Elitearmee von ausgesuchten Söldnern aufzubauen, um Rom auf dem Landweg anzugreifen und zu besiegen. Für erfolgversprechende Seegefechte war die römische Flotte inzwischen zu stark geworden.

Im Jahre 221 v. Chr. wurde Hannibal, ein Sohn von Hamilkar, im Alter von erst 25 Jahren Oberbefehlshaber der karthagischen Armee in Spanien. Bereits im Alter von neun Jahren hatte ihn sein Vater nach Spanien mitgenommen und ihn systematisch auf eine militärische Karriere vorbereitet. Hannibal war talentiert und bei den Soldaten sehr beliebt. Mit raschen Angriffen unterwarf er bald weitere spanische Volksstämme und rückte immer näher an die mit Rom vereinbarte Ebro-Grenze vor. Römische Gesandte verlangten nun von Hannibal die Zusage, die Stadt Sagunt nicht anzugreifen. Doch in Hannibal wirkte immer noch die Erziehung seines Vaters nach, der ihm einen ausgesprochenen

Hass gegen Rom eingepflanzt hatte. Er beharrte deshalb auf der Ebro-Grenze und belagerte 219 v. Chr. die Stadt Sagunt. Für Rom gab es nun einen Kriegsgrund. Der Zweite Punische Krieg brach aus. Rom schickte erbost einen Gesandten nach Karthago. Obwohl Rom die Vormachtstellung auf See hatte, waren Hannibals Boten dennoch schneller in Karthago als der römische Gesandte und konnten deshalb bereits Vorbereitungen für die Verhandlungen treffen. In Spanien hatte Hannibal einen Land-See-Kurierdienst aufgebaut, der sich von der römischen Flotte nicht dauerhaft stören ließ.

Hannibals Vormarsch

Die Stadt Sagunt fiel überraschend schnell, ohne dass römische Truppen zur Hilfe eilen konnten. Der Krieg war jetzt unausweichlich. Beide Lager warteten ab und starteten Geheimdienstoperationen. Römische Spione beobachteten misstrauisch die Karthager, während sich Hannibal genau über Kämpfe und Stimmungslagen des römischen Heeres informieren ließ. Er wusste, dass die Römer ihre Schlachten hauptsächlich von Fußsoldaten schlagen ließen und verstärkte deshalb seine Reiterei. Rom rüstete eilig auf, während Karthago schon gerüstet war. Bei der Mehrheit der Geheimdienstoperationen war Karthago schneller als Rom, denn Karthago unterhielt auch außerhalb seiner Grenzen ein permanentes Netz von Spionen, während Rom dieses Netz jeweils bei Bedarf zuerst aufbauen musste. Die wichtigsten Spione für Karthago waren seine Händler und Seeleute, römische Zivilpersonen dagegen waren nicht so weit gereist.

218 v. Chr. sammelte Hannibal seine Truppen zum Vormarsch. Danach begab er sich auf dem Landweg nach Italien. Er wollte einem möglichen römischen Angriff auf Spanien oder Karthago zuvorkommen und die Römer im eigenen Land schlagen. Rom dagegen war überzeugt, dass Karthago über das Meer angreifen würde und sah sich durch die Alpen geschützt. Seine Spione hatten die Marschrichtung des karthagischen Heeres gemeldet und es war nicht zu erwarten, dass es in Richtung Italien ging. Erst als Hannibal die Pyrenäen überschritt, wurde Rom misstrauisch. Da der eigene Nachrichtendienst nicht sehr schnell war, zersplitterte Rom jedoch seine Kräfte. Einige Legionen marschierten in Richtung Süden, um auf den Abtransport nach Karthago zu warten, während andere nach Gallien vorrückten, um Hannibal dort zum Kampf zu stellen. Doch sie kamen zu spät, die Karthager waren bereits im Rhonetal. Nur ein römisches Reserveheer war in Oberitalien zurückgeblieben.

Mit rund 40 000 Mann, vielen Reitern und vermutlich 37 Kriegselefanten überschritt Hannibal noch vor Wintereinbruch die Alpen. Die Aktion war sehr gut vorbereitet und Pioniereinheiten hatten Wege und Durchgänge angelegt. Damit sich die Nachschubwege nicht gefährlich ausdünnten, gab es versteckte Waffen- und Versorgungsdepots. Hinweise zu den Verlusten des Heeres in den Alpen sind widersprüchlich. In manchen Quellen sind sie hoch und in anderen

Quellen nicht so dramatisch, wie später oft angegeben. Etwa fünf Wochen benötigte Hannibals Heer vom Rhonetal bis zur Poebene.

Mit dieser Leistung der Alpenüberquerung einer kompletten großen Armee stand Hannibal auf gleicher militärischer Qualitätsebene wie Alexander der Große. Genau wie dieser verfügte er ebenfalls über einen ausgebauten Geheimdienst und gute Späher. Sie hatten alle Wege, die die Truppen nahmen, erkundet und für römische Spione falsche Fährten gelegt. Wegen ihrer guten Ortskenntnisse wurden oft auch Einheimische für Spionagedienste angeworben. Anrainervölker des Anmarschweges erhielten Geldzahlungen, um neutral zu bleiben und den Römern keine Informationen weiterzugeben. Als die Römer später eigene Leute schickten, um ebenfalls gegen Geldzahlungen den Karthagern den Durchmarsch zu verbieten, wurden sie ausgelacht. Die Karthager waren bereits über den Alpen. Hannibal war stets über den aktuellen Stand der Streitigkeiten zwischen den Römern und den Völkern in Südgallien sowie Oberitalien informiert und machte die Feinde Roms zu seinen eigenen Freunden. Seine Spione waren zum Teil sogar direkt in der Stadt Rom platziert, um sich dort umzusehen und Stimmungen auszuloten. Die Menschen in den von den Römern eroberten Gebieten wurden von Hannibals Gesandten aufgefordert, sich vom Joch der Römerherrschaft zu befreien. Stets wurde betont, dass der Krieg den Römern und nicht den Bewohnern der Durchmarschgebiete galt. Parallel zum Vormarsch seiner Truppen betrieb Hannibal einen Propagandakrieg, der sichtliche Erfolge zeigte. Die Karthager gewannen immer mehr Verbündete. Nahm Hannibal unterwegs Gefangene, wurden die Römer meist sehr harsch behandelt, während ihre gallischen Bundesgenossen zuvorkommend bewirtet wurden. Rom war von dem erfolgreichen Propagandakrieg bestürzt und beschloss Gegenaktionen. Hannibal wurde nun von den Römern dämonisiert, um die eigenen Bundesgenossen bei der Stange zu halten. Insbesondere musste Rom vertuschen, dass es bei der Belagerung von Sagunt nicht umgehend Hilfe geschickt hatte.

Gegen Attentäter, die von Rom möglicherweise in sein Lager eingeschleust worden waren, schützte sich Hannibal durch ein wechselndes Rollenspiel. Er trug Perücken, gab sich manchmal alt und manchmal jung aussehend und wechselte ständig die Kleidung. Einfache Soldaten konnten oft nicht erkennen, dass sie ihrem Feldherrn gegenüberstanden.

In der Poebene kam es zu verschiedenen für Hannibal siegreichen Schlachten. Am Fluss Ticinus wurde ein römisches Heer hauptsächlich von der Reiterei Karthagos vernichtend geschlagen. Dabei zeigte es sich, dass die verantwortlichen römischen Feldherren relativ leicht in Fallen liefen und auch der Kriegslist erlagen. Für eine weitere Schlacht hatte Hannibal einen Köder ausgeworfen. Der römische Feldherr Longus wollte vor dem Ende seiner Amtszeit unbedingt einen Sieg erringen und ließ sich von Hannibal aus seinem befestigten Lager herauslocken. Es kam zur Schlacht an der Trebia, die ebenfalls für die Römer verloren ging. Hannibal hatte nun die Poebene in seiner Hand und zog mit seinem Heer weiter. Beeindruckt von dem Sieg, schlossen sich ihm neue Verbündete an. Dann wurden die Römer bei der Schlacht am Nordufer des Trasimenischen Sees geschlagen. Hannibal hatte vorgetäuscht in Richtung Rom zu marschieren und der römische Feldherr Flaminius war ihm mit seinem Heer überstürzt gefolgt. Nach diesem Sieg erklärte Hannibal seinen Verbündeten, dass Italien von nun an von der Vorherrschaft Roms befreit sei. Ein beliebter Täuschungstrick von Hannibal war, römische Deserteure gegen eine hohe Belohnung seinem eigenen Heer vorausmarschieren zu lassen. Er wollte den unverdächtigen Eindruck erwecken, dass es sich bei ihnen um die Vorhut eines römischen Heeres handelte. Häufig hielt Hannibal sein Heer in Tälern und Schluchten versteckt, während Patrouillen die Umgebung durchkämmten. Oft waren er selbst und einige seiner Offiziere als Händler verkleidet, um die Gegend zu erkunden und gleichzeitig die Stimmung der Truppen zu notieren.

Nach seinen Siegen marschierte Hannibal entlang der Adria weiter, um die zentrale römische Versorgungsbasis Cannae (nördlich des heutigen Bari) anzugreifen. Dort schlug er im Sommer 216 v. Chr. eine Schlacht, die als eine in der Kriegsführung neue und gewaltige Kesselschlacht in die Weltgeschichte einging.

„Hannibal ante portas"

Rom war durch diese Serie von Niederlagen geschockt und zog alle verfügbaren Kräfte zusammen. Hannibal sollte nun endgültig in einer Entscheidungsschlacht besiegt werden. Die Anstrengungen Roms waren gewaltig, denn es gelang, eine Armee von rund 80 000 Mann zu mobilisieren. Roms Truppen waren den Karthagern zahlenmäßig weit überlegen, doch die römischen Feldherren Paullus und Varro konnten in ihren militärischen Qualitäten Hannibal nicht das Wasser reichen. Bei Cannae sollte es zur Entscheidungsschlacht kommen.

Hannibal stellte sein Heer in einer konvexen, halbkreisförmigen Schlachtordnung auf. In der Mitte waren die Fußtruppen platziert und an den beiden Flügeln die Reiterei. Hannibals Reiterei griff an, um die gewaltigen Massen der römischen Fußtruppen in Bewegung zu setzen. Die Reihen der römischen Fußsoldaten griffen an und drückten, wie von Hannibal erwünscht, die halbkreisförmig aufgestellten karthagischen Fußsoldaten in eine konvexe Schlachtordnung. Die römischen Feldherren nahmen dabei nicht wahr, dass sie eingekesselt wurden. Die Flanken der karthagischen Fußsoldaten bewegten sich dabei nach vorne, standen plötzlich seitlich der Römer und begannen sie einzukesseln. Die vorzügliche Reiterei Hannibals schoss zunächst vorwärts gegen die römische Reiterei, besiegte und vertrieb sie, um dann wieder zurückzukehren und die Römer von hinten anzugreifen. Die römischen Truppen waren nun eingekesselt und wurden vernichtend geschlagen. Rom hatte seine besten Legionen verloren, und rund 45 000 Fußsoldaten sowie rund 2700 Reiter sollen bei Cannae getötet worden sein. Die Verluste Hannibals lagen bei etwa 7000 Soldaten. Bei den Römern machte sich nach dieser Katastrophe Panik breit. Sie hatten plötzlich nicht mehr genügend Truppen und hielten sich, im Falle eines erneuten Angriffs, für wehrlos. Der Schreckensruf *„Hannibal ante portas!"*, „Hannibal vor den Toren!", hallte sofort bis nach Rom.

Einige von Hannibals Feldherren rieten sogleich, die Gunst des grandiosen Sieges zu nutzen und nach Rom zu marschieren. Doch Hannibal befolgte den Rat nicht. Seine Truppen waren ebenfalls geschwächt worden, und er war nicht sicher, ob die Kräfte noch ausreichten, eine gut befestigte Stadt erfolgreich zu belagern. Er suchte eine politische Lösung und wollte Rom isolieren. Seine Hoffnung war, dass Rom nach einer solchen katastrophalen Niederlage seine innere Stärke verlieren und zerfallen würde. Diese Hoffnung war jedoch die größte Fehleinschätzung, die Hannibal im Verlauf des Krieges unterlief. Zunächst war die Hoffnung berechtigt, denn inzwischen fielen immer mehr römische Bundesgenossen ab und liefen zu ihm über. Nur ein Kerngebiet und verschiedene griechische Städte blieben noch bei Rom. Die römische Flotte aber war unbeeinträchtigt und immer noch voll funktionsfähig.

Der Geheimdienst Hannibals leistete nun wieder ganze Arbeit. Sein wichtigstes Argument war die jetzt offensichtliche Schwäche Roms. Zwei Bürger von Syrakus, die gleichzeitig auch das karthagische Bürgerrecht besaßen, waren bereits lange vorher als Spione in der Stadt platziert worden und konnten Einfluss gewinnen. Nach dem Sieg konnten sie Syrakus bewegen, im Jahre 214 v. Chr. mit Karthago eine Allianz einzugehen. Ähnlich erfolgreich verlief die Geheimdienstarbeit auch in Tarent. Die römische Besatzung wurde listenreich ausgetrickst und die Stadt Hannibal übergeben. Kurz vorher hatte sich bereits im Jahre 215 v. Chr. außerhalb von Italien Makedonien der Allianz mit Karthago angeschlossen.

Doch Rom war zäh, gab sich zu keinem Zeitpunkt geschlagen und konnte sich wieder regenerieren. Alte römische Tugenden, die die Stadt groß gemacht hatten, begannen sich in der Zeit der größten Bedrohung zu bewähren. Neue Legionen wurden ausgehoben und gegen Hannibal eine neue Kriegsstrategie ausgearbeitet. Eine große Feldschlacht konnte sich Rom gegen Hannibal nicht mehr leisten und ging deshalb in einen Kleinkrieg über. Die römischen Truppen verschanzten sich in Festungen, die Hannibal nicht ohne weiteres erobern konnte. Das Heer der Karthager sollte langsam geschwächt werden, was mit der Zeit immer besser gelang. Die Karthager wurden durch diese Strategie in Süditalien gebunden und isoliert. Auch hatten die römischen Feldherren aus ihren Fehlern gelernt und fielen immer seltener auf Hannibals militärische Tricks herein. Im Jahre 211 v. Chr. konnte Rom sogar die Stadt Capua wieder zurückgewinnen. Um die römischen Truppen von der Belagerung abzulenken, hatte Hannibal extra einen Scheinangriff auf Rom eingeleitet, doch der Trick half nichts, die Belagerung wurde fortgesetzt.

Rom schlägt zurück

Zur Aufgabe seines Feldzuges in Italien wurde Hannibal erst durch die Erfolge des römischen Feldherrn Publius Cornelius Scipio in Spanien und später in Karthago selbst gezwungen. Rom hatte erkannt, dass der Nachschub für Hannibals Heer aufgrund der großen Entfernung sowie der römischen Seeherrschaft Schwachpunkte zeigte und schickte deshalb eigene Truppen nach Spanien. Sie sollten dort weitere karthagische Kräfte binden und den Nachschub stören. Der Durchbruch gelang, als Scipio im Handstreich schließlich Neu-Karthago, die Hauptstadt des spanischen Teils von Karthago, erobern konnte. Zuletzt wurde Rom so stark, dass die spanischen Gebiete völlig für Karthago verloren gingen und seine Truppen nach Nordafrika zurückkehrten. Nun wurde die Wende des Krieges eingeleitet, denn gleichzeitig konnte Scipio Verbündete von Karthago auf seine Seite ziehen.

Da Hannibal in Süditalien isoliert war, beschloss Scipio im Frühjahr 204 v. Chr. mit einem Heer von 25 000 Mann in Nordafrika, im Kernland von Karthago, zu landen. Es kam zu einer Schlacht, die durch die Kriegskunst von Scipio für Karthago verloren ging. Karthago bat nun um einen Waffenstillstand und rief Hannibal aus Italien zurück. Rom hatte nach diesen Erfolgen in Italien keine nennenswerten Feinde mehr und begann umgehend mit seinen abgefallenen Verbündeten abzurechnen. Mit rund 15 000 Mann seines einst so mächtigen Heeres landete Hannibal im Sommer 203 v. Chr. in Afrika. Er hatte sich weit mehr als 10 Jahre in Italien aufgehalten und letztlich doch keine dauerhaften Erfolge erzielt.

Kaum war der so erfolgreiche Feldherr wieder zu Hause in Afrika, entschlossen sich die Karthager weiterzukämpfen und der Waffenstillstand wurde aufgehoben. Im Jahre 202 v. Chr. kam es schließlich nur fünf Tagesmärsche von der Hauptstadt Karthago entfernt, bei Zama, zur Entscheidungsschlacht. Die Vorzeichen standen für Hannibal schlecht, denn er konnte nur 2000 Reiter aufbieten, während die Römer über 4000 Reiter verfügten. Eine Einkesselung des Gegners war unter diesen Voraussetzungen nicht möglich. Außerdem war Scipio ein sehr fähiger Feldherr und ihm ebenbürtig; später sollte er die Ehrenbezeichnung Scipio Africanus erhalten.

Vor der Schlacht trafen sich Hannibal und Scipio sogar zu einem Gespräch, das allerdings erfolglos blieb. Ob Hannibal Scipio nur beeindrucken und verunsichern wollte, ist ungewiss. Hannibal war sich seiner Schwächen bewusst und setzte auf den Erfolg seiner Kriegselefanten. Nach einem Geplänkel schickte Hannibal die Elefanten vor. Doch Scipio konterte sehr geschickt und ließ von Trompetern zahllose Schlachthörner blasen. Der ungewohnte Lärm verwirrte die Tiere und sie gerieten in Panik. Sie rasten auf die Reiterei von Hannibal los und zerstörten deren Schlachtordnung. Masinissa, ein ehemaliger Verbündeter der Karthager, der zu den Römern übergelaufen war, erkannte diese Schwäche und griff mit seinen Reitern an. Bald zerstreuten die zahlenmäßig überlegenen römischen Reiter die Reiterei der Karthager. Die Kämpfe der Fußtruppen blieben nach wechselnden Erfolgen unentschieden, bis die römische Reiterei zurückkehrte und den Karthagern in den Rücken fiel. Nun war die Schlacht entschieden und Karthago geschlagen. Hannibal konnte fliehen. Scipio verzichtete auf die Belagerung von Karthago, denn es fehlte ihm das nötige Kriegsgerät.

Rom diktierte Karthago einen harten Frieden und verlangte enorme Entschädigungszahlungen. Ohne Roms Erlaubnis durfte Karthago von nun an außerhalb von Afrika keine Kriege mehr führen. Auf eine Auslieferung von Hannibal wurde allerdings verzichtet. Hannibal übernahm anschließend wichtige Staatsstellungen, musste allerdings nach Auseinandersetzungen 195 v. Chr. fliehen und verließ Karthago. Im römisch-syrischen Krieg (192–188 v. Chr.) versuchte er den syrischen Herrscher Antiochos III. zu einem Angriff auf Italien zu bewegen. Rom verlangte daraufhin seine Auslieferung. Wieder floh Hannibal. Als er sich schließlich in die Enge getrieben sah, beging er 183 v. Chr. Selbstmord.

Für die römischen Spione war der Geheimdienst von Hannibal ein Vorbild und sie lernten von ihm. Scipios Spione hatten zum Beispiel erfahren, dass Elefanten auf schrille Trompetentöne erschreckt reagierten. Folglich setzte Scipio bei der Schlacht von Zama gegen die Elefanten Hannibals mit Erfolg Trompeten ein. In Afrika ließ Scipio sogar eine List von Hannibal kopieren. Römische Offiziere wurden als Sklaven verkleidet und begleiteten eine Kommission zur Verhandlung mit den Karthagern. Sie führten Pferde mit sich, als sie sich vor dem Lager der Karthager zu den Verhandlungen trafen. Nach einiger Zeit ließen die „Sklaven" einige Pferde los, die in das Lager rannten. Sie folgten ihnen und fingen sie wieder ein. Einem karthagischen Offizier fiel allerdings auf, dass sich die Sklaven wie römische Offiziere verhalten würden und teilte es misstrauisch dem in Zivil gekleideten Leiter der römischen Kommission, Lelius, mit. Dieser reagierte geistesgegenwärtig, packte sich einen „Sklaven" und verprügelte ihn schimpfend. Er hielt ihm vor, dass kein Sklave das Verhalten eines edlen römischen Offiziers nachahmen dürfe.

Gegenüber dem karthagischen Verhandlungsführer entschuldigte sich Lelius für seinen Zorn und versicherte, die „Sklaven" schwer zu züchtigen. Die Karthager glaubten der Antwort, denn sie waren sich sicher, dass es kein römischer Zivilist wagen würde, einen römischen Offizier zu verprügeln. Inzwischen hatten die „Sklaven" mit geschultem Blick das Lager inspiziert und Schwächen in den Befestigungen erkannt. Nun konnte Scipio das Lager mühelos erobern.

Nachdem der römische Konsul Marcellus von Hannibals Truppen in einer Schlacht getötet worden war, wurde den Römern klar, dass nun Hannibal mit dem Siegelring des toten Konsuls versuchen würde, seine Vorteile zu ziehen. In einem Rundschreiben erhielten alle Verbündeten die Nachricht, dass von nun an alle Befehle, die mit diesem Siegel versehen wären, Fälschungen seien. Tatsächlich erhielt die Stadt Salapia später den mit dem Siegel von Marcellus versehenen Befehl, eine Abordnung des römischen Heeres zu empfangen. Nach der Warnung fiel die Stadt nicht auf diesen Trick herein. Die Tore wurden nicht für die vermeintlichen römischen Soldaten geöffnet.

„Ich liebe den Verrat, doch ich hasse den Verräter" –

Spionagedienste der römischen Imperatoren

Durch die Karthager lernten die römischen Feldherren die Bedeutung eines guten Geheimdienstes kennen. Außerdem studierten viele Heeresführer Alexander den Großen und begriffen, dass zum militärischen Erfolg nicht nur ein vorzüglicher Schlachtplan und mutige Soldaten, sondern auch gute Späher gehörten. Während der frühen republikanischen Zeit Roms waren die Nachrichtendienste der Legionen noch nicht gut organisiert, und manche Einheiten stürzten von einem Hinterhalt in den nächsten. Später erhielten die Legionen dann spezielle Truppenteile zur Nachrichtenbeschaffung, und viele Feldherren ließen es sich nicht nehmen, als Späher verkleidet, höchstpersöhnlich die Umgebung des Legionslagers oder den Anmarschweg der Feinde zu erkunden. Jeder Gefangene, den eine Legion unterwegs in Gewahrsam nahm und auch viele Menschen, die den Marschformationen zufällig begegneten, wurden sorgfältig verhört, um möglichst viele Informationen über Standort, Stärke und zukünftige Absichten der feindlichen Heere zu erfahren. Überwiegend fanden solche Verhöre unter Folter statt. In jeder Legion Caesars gab es mindestens zehn unauffällige, aber besonders geschulte Spione mit Fremdsprachenkenntnissen, die bei der Vorhut mit der Reiterei unterwegs waren und die Aufgabe hatten, mit der einheimischen Bevölkerung Kontakt aufzunehmen und durch belanglose Gespräche Neuigkeiten zu erfahren.

Römische Händler, die nicht selten sogar mit den Feinden des Reiches Handel trieben, wurden von den Legionen beschützt, wenn sie sich nach dem Motto „Eine Hand wäscht die andere" als Spione betätigten. Häufig tauschten germanische Stämme ihr Beutegut bei römischen Händlern gegen andere Waren ein. Die Feldherren wussten anschließend nach den Gesprächen mit den Händlern, welche germanischen Gruppen wann und wo die Grenzen überschritten hatten, welche Güter geraubt wurden und wer in den Gruppen so wichtig war, dass er Handel treiben durfte.

Caesar wird der Ausspruch zugeschrieben: „Ich liebe den Verrat, doch ich hasse den Verräter." Verrat war den Römern stets hochwillkommen, denn mancher Verrat konnte kriegsentscheidend sein. Hohe Belohnungen wurden ausgesetzt, um Verräter anzulocken. Insbesondere, wenn es bei der Belagerung von Städten oder Festungen nicht voranging, wurde einem alten Sprichwort zufolge der „goldene Esel" geholt, der „alle Mauern übersteigt". Der Verräter selbst wurde als ein wenig geachtetes und notwendiges Übel angesehen, denn er lieferte immerhin seine eigenen Leute ans Messer. Nur nach außen wurden Verräter hofiert und geschätzt; getraut wurde ihnen selten, denn ein Verräter würde immer ein Verräter bleiben. In den eigenen Reihen hatten überführte Verräter sofort den Tod zu erwarten. Getarnte Operationen waren beliebt, konnten allerdings recht gefährlich werden. Bei einer Belagerung der Stadt Amida in Mesopotamien im Jahre 359 n. Chr. war es beispielsweise den persischen Belagerern gelungen, heimlich etwa 70 Kämpfer in die Stadt zu schleusen. Die Männer besetzten einen Turm und gaben den Belagerern daraufhin Signale für einen gezielten Angriff. Doch die römischen Verteidiger bemerkten die Signale und machten die Kämpfer umgehend nieder.

Konnten die eigenen Späher nicht genügend Informationen über ein feindliches Heer sammeln, waren die römischen Legionen bei einer Feindberührung meist vorsichtig und gingen selten direkt zum Kampf über. Zuerst schlugen sie ein Lager auf, das spezielle Pioniereinheiten sofort befestigten und gut verteidigungsfähig machten. Nur wenige Kilometer vom Feind entfernt, warteten sie dann in ihrem Lager auf die Schlacht. Nicht selten verließen die Truppen beider Seiten ihre Lager, nahmen Kampfstellung ein, beobachteten sich gegenseitig und zogen dann einige Stunden später ohne Kampf wieder ab. Die Aufstellung und Präsentation sollte als Drohung dienen, den Gegner einschüchtern und Siegesgewissheit demonstrieren. Zur Warnung wurden Waffen gezeigt und Macht demonstriert. Gleichzeitig ergab sich die Gelegenheit, den Gegner näher zu beobachten und seine Stärken oder Schwächen abzuschätzen. Kleinste Unachtsamkeiten oder auch zufällige Ereignisse reichten dann allerdings aus, und es kam tatsächlich zur Schlacht. Einzelgefechte und kleine Scharmützel hatten oft die Aufgabe, dem Gegner zu demonstrieren, wie rasch und gut eine Legion kämpfen konnte. Eingeschüchterte Gegner zogen sich unter diesem psychologischen Druck manchmal sogar völlig zurück und flohen. Hatten eigene Späher allerdings vorher verlässliche Informationen geliefert, waren solche Abschätzungen seltener notwendig. Risiken wurden besser kalkulierbar und man ging schnell zum Angriff über.

Während der Kaiserzeit bestanden die römischen Legionen aus hochtrainierten Berufssoldaten. Vor einer Schlacht rückten sie diszipliniert in Linien vor und näherten sich ohne Kampfgeschrei und völlig ruhig ihren Gegnern. Diese Ruhe verunsicherte den Gegner, der Kampfgeschrei erwartet hatte und auch meist selbst mit Kampfgeschrei angriff. Die Szene erschien unwirklich, denn es ging Minuten später um Leben und Tod. Erst kurz vor dem Kontakt mit dem Gegner setzte bei den Römern ein völlig überraschendes Kampfgeschrei ein, durch das die bereits angespannten Gegner zusätzlich noch erschreckt werden sollten; gleichzeitig half das Geschrei den Legionären, die eigenen Spannungsgefühle abzubauen. Neben dem Einsatz von Spähern war den Römern somit auch

Cäsar landet mit seinen Truppen vor der Küste Britanniens (55 v. Chr.)

die psychologische Kriegsführung wichtig. Die frühen römischen Milizheere aus der Zeit der Republik kannten solche ausgefeilten psychologischen Tricks nur selten. Beim Vorrücken zum Kampf klopften sie meist mit ihren Schwertern auf die Schilder und schrieen sich laut die eigene Furcht von der Seele.

Das römische Spionagesystem diente allerdings nicht nur dem Militär, sondern auch der Diplomatie. Rom spielte gerne die Gegner des Reiches gegenseitig aus, um selbst daraus Vorteile zu ziehen. Feinde sollten sich im Idealfall gegenseitig neutralisieren und dann keine Gefahr mehr darstellen. In der Spätzeit des Römischen Reiches gewann diese Strategie immer mehr an Bedeutung. Ein Beispiel bietet der Hintergrund des Nibelungenlieds, das sich literarisch abgeändert mit dem Schicksal der Burgunder beschäftigt, die auch Nibelungen genannt wurden. Dieses Volk lebte einst an den Ufern der Ostsee und geriet in die Wirren der Völkerwanderung. Zusammen mit den Vandalen durchstießen die

Nibelungen in den Jahren 406 und 407 n. Chr. die Grenze zum Römischen Reich und wurden nach einigen Auseinandersetzungen schließlich ab 413 n. Chr. von den Römern geduldet. Sie erhielten Gebiete zwischen dem römischen Militärzentrum Mainz und dem Elsass; ihre Hauptstadt wurde Worms. Als sie später ihr Siedlungsgebiet vergrößern wollten, kam es erneut zu Streitigkeiten mit dem Römischen Reich. Jetzt spielte die durch eigene Spione stets gut informierte römische Diplomatie ihre Trümpfe aus. Zur gleichen Zeit rannte nämlich auch das asiatische Reitervolk der Hunnen gegen das Römische Reich an. Wahrscheinlich brachten es römische Gesandte fertig, die Hunnen davon zu überzeugen, dass die Nibelungen und nicht die Römer ihre eigentlichen Feinde seien. Ein Heer der Hunnen fiel nun über die Nibelungen her und vernichtete fast das gesamte Volk. Mit dem Rest der Nibelungen machten die Römer kurzen Prozess und siedelten sie um 443 n. Chr. südlich des Genfer Sees an. Später erhielt diese Gegend den Namen Burgund.

Der Gallische Krieg

Nach seinen erfolgreichen Feldzügen in Gallien schrieb Caesar ein bedeutendes Werk über den Gallischen Krieg (*De Bello Gallico*), das heute noch zum Lateinunterricht in den Schulen gehört. Caesar schildert darin unter anderem auch Methoden der Nachrichtenübermittlung. Dabei war es für ihn wichtig, Menschen zu finden, die einerseits unauffällig waren und die andererseits möglichst zu den Einheimischen gehörten. Im Gebiet der Nervier, heute Flandern (Belgien), wurde einmal eine Legion in ihrem Winterlager angegriffen und eingeschlossen. Zahlreiche Legionäre waren durch Verletzungen kampfunfähig, und es war zu befürchten, dass das Lager jederzeit erobert werden würde. Boten, die ausgeschickt wurden, um Verstärkung anzufordern, wurden erkannt und getötet. Im Lager gab es einen einzigen Nervier, der übergelaufen war und einen Sklaven besaß, der die Sprache der Nervier beherrschte. Gegen eine hohe Belohnung und das Versprechen der Freiheit wurde dieser Sklave unauffällig neu eingekleidet und erhielt einen Wurfspieß, in dem ein Schreiben an Caesar versteckt war. Er verließ heimlich das Lager und überbrachte ungestört die Nachricht an Caesar. Sofort mobilisierte dieser neue Truppen, um den Eingeschlossenen zu helfen. Er schickte an den Lagerkommandanten einen Brief und forderte ihn auf, unbedingt bis zum Eintreffen des Heeres durchzuhalten. Ein gallischer Reiter in gallischer Kleidung wurde für eine hohe Belohnung beauftragt, den Brief zu überbringen und über die Befestigungen des gefährdeten Lagers einen Wurfspieß gegen eine Aussichtsplattform zu werfen. Der Wurfspieß enthielt das Schreiben Caesars in griechischer Sprache und in griechischer Schrift. Da kaum ein Gallier die griechische Sprache beherrschte, wurde damit verhindert, dass die Nachricht von den falschen Leuten gelesen werden konnte. Die römischen Offiziere im Lager sprachen dagegen griechisch und konnten die Anweisungen verstehen.

Als die Späher der Nervier die anrückenden römischen Truppen sahen, zogen ihre Heerführer die Streitmacht zurück. Später erhielt Caesar aus dem Lager eine weitere geheime Nachricht. Die Nervier hatten zusammen mit anderen gallischen Stämmen ein Heer von rund 60 000 Mann zusammengezogen und wollten nur abwarten, um Caesar zur Schlacht stellen. Diese Nachricht rettete Caesar, denn das angerückte römische Heer war für diese Übermacht viel zu klein. Caesar zog sich sofort in ein befestigtes Lager zurück und schickte seine Späher aus, um heimlich einen versteckten Weg zum Abmarsch zu finden.

Nachdem Gallien erobert worden war, bereitete Caesar eine Invasion von Britannien vor. Bei der Planung des Unternehmens wurden zuerst Händler befragt, die regelmäßig nach Britannien reisten. Vertrauenswürdige Kaufleute waren für die Fernerkundigung der römischen Heere wichtig. Doch die meisten der befragten Händler waren Gallier, die nur ungenaue Angaben machten, da sie eine römische Konkurrenz fürchteten. Ein anschauliches Stimmungsbild über die britische Bevölkerung und ihre Bewaffnung war deshalb schlecht zu erbringen. Trotz der dürftigen Informationen wurde der römische Offizier Gaius Volusenus beauftragt, mit einem kleinen Flottenverband die britische Küste zu erkunden und nach günstigen Landeplätzen für eine Invasion zu suchen. Mit streng geheimen Anweisungen reiste gleichzeitig der keltische Adelige Commius nach Britannien, um dort mit dem örtlichen Adel Kontakte aufzunehmen. Er sollte für Caesar nach möglichen Rivalitäten zwischen einzelnen Stämmen Ausschau halten, um diese Stämme dann eventuell gegeneinander ausspielen zu können. Ein weiterer Wunsch von Caesar war es, Partner für denkbare Koalitionen mit den Römern zu finden.

In der Nacht vom 25. zum 26. August 55 v. Chr. startete Caesar schließlich eine erste Erkundungsinvasion und landete Truppen im heutigen Kent. Doch sie wurden bereits an der Küste von Truppen der britischen Stämme empfangen und es kam zu militärischen Auseinandersetzungen. Caesar war nicht stark genug und musste sich nach einigen kurzen Erkundigungen wieder zurückziehen. Allerdings versuchte er ein Jahr später eine zweite und dieses Mal besser vorbereitete Invasion. In seinen Notizen hatte er immer wieder vermerkt, wie schwierig es sei, verlässliche Informationen über Britannien und seine Bewohner zu erfahren. Am Morgen des 21. Juli 54 v. Chr. landete Caesar mit einer Flotte von 800 Schiffen in Britannien. Römische Späher berichteten ihm später, ein Heer der britischen Stämme hätte versteckt am Strand gewartet, doch als sie die gewaltige Flotte sahen, wären sie geflohen. Sein geheimer Gesandter Commius hatte inzwischen ebenfalls erfolgreich wichtige Vorarbeiten geleistet. Caesar traf örtliche Stammesfürsten, die gut informiert waren und ihm wohlwollend gegenüber standen. Bald wurden erste befestigte Lager gegründet, aus denen später Städte wuchsen.

Die römische Post

Ein geordnetes Postwesen gab es bereits in der frühen Antike, denn jeder Herrscher wollte, dass seine Befehle umgehend an die Empfänger gelangen konnten. Viel gerühmt war das Postwesen der Perser, das später von den Griechen übernommen wurde. Während des römischen Bürgerkrieges und den Auseinandersetzungen mit Pompeius organisierte Caesar nach diesem Vorbild in Griechenland einen berittenen Kurierdienst und ließ Herbergen für die Kuriere bauen. Er wollte umgehend Nachrichten über die militärische Stärke und die finanziellen Möglichkeiten seiner Gegner erhalten. Während dieser Zeit wurden auch Brieftauben zur Nachrichtenübermittlung eingeführt. Sie trugen an den Füßen oder am Hals kleine verschlüsselte Briefe.

Systematisch ausgebaut wurde das staatliche römische Postwesen (*cursus publicus*) erstmals zur Zeit des Kaisers Augustus. Die später immer weiter ausgebaute römische Post wurde von hohen Beamten geleitet und hatte die Aufgabe, hauptsächlich zwischen dem Kaiser und den Statthaltern der Provinzen sowie dem Militär Nachrichten zu transportieren. Dazu waren *statores* bei den Provinzstatthaltern angestellt und allein sie durften den amtlichen Schriftverkehr zustellen. Es wurden aber auch private Briefe von der *cursus publicus* weitergeleitet. Für Privatleute wie etwa die großen Landbesitzer übernahmen *tabellarii* die Briefbeförderung, und für Nachrichten über große Entfernungen wurde eine Kette von *cursores* eingesetzt. Meist handelte es sich bei diesen Boten um vertrauenswürdige oder freigelassene Sklaven. Oft wurden Briefe versteckt transportiert, denn die Aufgaben der Briefboten waren nicht ungefährlich. Wurden sie von Feinden des Briefempfängers abgefangen, schnitt man ihnen zur Warnung für Absender und Empfänger häufig einen Finger ab und schickte sie ohne Brief zum Empfänger.

Die Form der Briefe unterlag einheitlichen Regeln. Am Beginn standen der Name und die Anschrift des Absenders, dem anschließend der Name und die Anschrift des Empfängers folgten. Bestimmte abgekürzte Redewendungen wünschten zusätzlich für Absender und Empfänger Wohlergehen und ein gutes Leben. Nur vertraute Personen redeten sich ausschließlich mit dem Familiennamen an, ansonsten war es üblich, Vor- und Familienname zu nennen. Ein eigenes personenspezifisches Siegel ersetzte die heutige Unterschrift. In großen Städten übernahmen auch private Unternehmen den Weitertransport von Waren oder Nachrichten. Streng getrennt und bewusst unüberschaubar war die rein staatliche Nachrichtenübermittlung, die oft verschlüsselte Informationen enthielt. Versiegelte Briefe auf Papyrus oder Pergament waren jedoch die Ausnahme, meist wurden kleine Ton- oder Holztafeln mit Wachs überzogen und die Information mit einem Griffel eingekratzt. Bei einer Zensur wurde das Wachs einfach geglättet und die Schrift war nicht mehr lesbar; nicht selten wurden Textinhalte auch verfälscht.

Das Postwesen war sehr gut organisiert, und in jeder Provinz gab es eine eigene Postbehörde. Die Entfernung zwischen zwei Poststationen betrug im gesamten Reich etwa 60 bis 75 Kilometer, und ungefähr alle 15 Kilometer konnten die Pferde gewechselt werden. Im Abstand von rund 100 Kilometern wurden außerdem an den Fernstraßen Raststätten für die Kuriere aber auch für gewöhnliche Reisende und Händler errichtet. Hohe Regierungsbeamte oder Angehörige der großen Familien konnten in besonderen Villen unterkommen. Reiche Römer reisten gerne und es gab bereits eine Art Tourismus. Wirte machten an den Straßen Reklame, um reisende Privatleute auf ihre Herbergen aufmerksam zu machen. In Pompeji gab es beispielsweise die Herberge „Zum Elefanten", auf deren Wirtshausschild ein Elefant abgebildet war. In den Schankräumen trieben sich häufig Spitzel herum, um heimlich den Inhalt von Gesprächen aufzuschreiben und weiterzumelden.

Das römische Straßennetz war beachtlich, und es waren in relativ kurzer Zeit Reisen von der Nordsee bis zur Sahara möglich. Das Straßennetz erster Ordnung mit gut befestigten Straßen war rund 90 000 Kilometer lang und das Straßennetz zweiter Ordnung umfasste etwa 200 000 Kilometer. Sogar die Alpen wurden von den Römern mit Straßen erschlossen. Bei Eilfahrten mit Fahrzeugen, etwa den *cursus velox*, den Schnellpostwagen, war es möglich, pro Tag mehr als 70 Kilometer zurückzulegen. Zu Fuß waren meist nur Militäreinheiten in Marschformationen unterwegs, ansonsten wurden Wagen oder Pferde benutzt. Verreisten der Kaiser oder Angehörige des Hofes, war kein Aufwand groß genug. Die Ehefrau Kaiser Neros führte sogar Esel mit, um nicht auf ihr morgendliches Bad in Eselsmilch verzichten zu müssen.

Für den Weitertransport von streng vertraulichen und verschlüsselten staatlichen Nachrichten waren während der Kaiserzeit die *frumentarii*, eine militärische Einheit aus sorgfältig ausgewählten Legionären, zuständig. Sie übten zusätzlich noch die Funktion einer Geheimpolizei für innere Sicherheit aus und überwachten hohe Staatsbeamte und Offiziere. Sie beförderten die *sacrae litterae*, vertrauliche Mitteilungen des Kaisers an die Provinzstatthalter und Militärkommandeure sowie deren Nachrichten an den Kaiser. Sollten Mitteilungen besonders schnell weitergeleitet werden, wurden reitende Kuriere, die *veredarii*, abkommandiert. Besondere Mitarbeiter der *frumentarii* nahmen auch streng geheim gehaltene Verhaftungen vor oder führten Auftragsmorde aus. Nachrichten für solche Anordnungen waren in einer Geheimschrift verfasst, mehrfach verschlüsselt und oft in einer präparierten Schwertscheide oder in einem Speerschaft versteckt. Es gibt Hinweise, dass sogar Taucher geheime und verschlüsselte Informationen auf kleinen Bleiplättchen transportierten. Die Geheimpolizei war allein dem Kaiser unterstellt und schützte auch die gesamte kaiserliche Familie. Gegner des Kaisers wurden kontinuierlich unauffällig überwacht und jede Beobachtung in Tagebüchern festgehalten. Spitzel und Denunzianten erhielten hohe Belohnungen und ihre Identität blieb streng geheim. Nach der

Verurteilung und Hinrichtung eines Kaisergegners wurden Denunzianten oft mit einem Anteil aus dem Vermögen des Verurteilten belohnt. Wurde ein hoher Beamter oder Offizier vom Hof in Rom in die Provinz weggelobt, folgten ihm sofort die Spione der Geheimpolizei. Allerdings benutzten römische Provinzstatthalter die Geheimpolizei nicht selten zu eigenen Zwecken und schickten verfälschte Nachrichten nach Rom. Einzelne Abteilungen der Geheimpolizei kontrollierten sich deshalb gegenseitig. Wurden Intrigen bekannt, folgten sofort Hinrichtungen.

Im römischen Militärzentrum Mainz waren wegen der Auseinandersetzungen mit den Germanen stets zwei und häufig sogar drei Legionen stationiert. Von Mainz aus konnten die Römer schnell ein Heer von manchmal 20 000 Mann mobilisieren. Diese Stärke nutzten die Kommandeure nicht selten für Intrigen und Vorteile für die eigene Karriere. In Mainz hatte der Kaiser deshalb auch eigene Spione untergebracht. Kaiser Caligula eilte einmal in nur etwa 40 Tagen von Rom nach Mainz, um hohe Offiziere verhaften zu lassen. Seine Spione hatten ihm Hinweise auf eine Verschwörung gemeldet.

Geheime Späher und Kuriere lebten nicht selten gefährlich, denn sie konnten nicht nur in die Hände der Feinde fallen, sondern bekamen auch oft noch den Zorn der eigenen Heerführer zu spüren. Lob und reiche Belohnungen gab es meist nur bei guten Nachrichten. Waren Boten dagegen Überbringer von schlechten Nachrichten, wurden sie manchmal Opfer von spontanen Wutanfällen. Weniger gute Nachrichten wurden von den Überbringern deshalb häufig abgemildert, so dass es bei den Heerführern zu Fehleinschätzungen kommen konnte. Daneben richteten sich ihre Belohnungen nach dem Wert einer Nachricht. Manche Information wurde deshalb aufgebauscht oder umgeändert, was ebenfalls Fehlinterpretationen zur Folge haben konnte. Der Ruf vieler Spione war nicht gut. Obwohl die Heerführer sie dringend benötigten, wurde ihnen wenig getraut. Misstrauische Heerführer setzten deshalb meist mehrere Spione, die sich gegenseitig nicht kannten, auf das gleiche Objekt an. Befürchtet wurde stets, dass sich Spione auch von der Gegenseite bezahlen ließen. Enttarnte Doppelagenten lebten deshalb nicht mehr lange.

Römische Geheimschriften

Dokumente über die Entschlüsselung von römischen Geheimschriften haben sich nur sehr selten erhalten und mancher Text, der heute gefunden wird, lässt sich nur noch schwer verstehen. Caesar benutzte zum Beispiel eine eigene Geheimschrift. Dabei war mit dem Empfänger der Nachricht abgesprochen, dass in einem Text immer wieder bestimmte Buchstaben ausgetauscht oder sogar weggelassen wurden. Für einen Uneingeweihten ergaben sich dann sinnlose Worte. Wurden die Buchstaben allerdings von einem Eingeweihten ersetzt oder ergänzt, entstand ein aussagekräftiger Text. Bei anderen Techniken wurde ausschließlich eine Reihe von einzelnen Buchstaben geschrieben. Doch nur ganz bestimmte Buchstaben ergaben einen Sinn. Sie wurden ausgewählt und anschließend nach einem weiteren Schlüssel dechiffriert. Aus dieser Methode ergab sich später das Sprichwort: Jemanden ein X für ein U vormachen. Bei Besprechungen benutzte Caesar eine eigene Kurzschrift, um sich möglichst viele Informationen notieren und merken zu können.

Kaiser Augustus änderte später die üblichen Geheimschriften, denn die Methode von Caesar hatte sich inzwischen herumgesprochen. Bald stand eine Fülle von Geheimschriften zur Verfügung, und der Empfänger musste zusätzlich wissen, welcher Code jeweils verwendet wurde. War in einer Geheimschrift etwa als Schlüssel das Alphabet vereinbart, konnte beispielsweise der erste Buchstabe durch den letzten und der zweite Buchstabe durch den zweitletzten ersetzt werden. Außerdem gab es Schriftmischungen aus Buchstaben von verschiedenen Alphabeten, wobei jeder neuartige Buchstabe für den Eingeweihten eine bestimmte Information verschlüsselte. Isidor von Sevilla berichtete im späten 1. Jahrhundert v. Chr., dass sogar eigens erfundene Symbole, die wie ein Schreibfehler oder eine Verunreinigung aussahen, im Text eingestreut wurden, um auf eine bestimmte Verschlüsselungsmethode hinzuweisen, die von nun an zum Dechiffrieren verwendet werden musste. Manche Nachrichten wurden gleich mehrfach verschlüsselt und konnten erst nach und nach gelesen werden; so folgte einem Zahlenschlüssel beispielsweise ein Buchstabenschlüssel. Römische Spione fingen einmal die Botschaft eines Gesandten des persischen Großkönigs ab, die gleich dreifach verschlüsselt war und die erst durch das Zusammenwirken von drei Entschlüsselungsspezialisten am Hof des Großkönigs gelesen werden konnte. Wie in modernen Zeiten gab es auch in der Antike bereits Fachleute, die versuchten, das Prinzip einer Geheimschrift zu erkennen und sie dann zu entziffern. Gelang eine solche Dechiffrierung, wurde die Post der Gegner eifrig mitgelesen oder es wurden fingierte Nachrichten geschickt. Manchmal verwendeten Priester Geheimschriften, um angeblich direkt mit den Göttern zu kommunizieren.

Die Zeit der Soldatenkaiser

Seine größte Ausdehnung hatte das Römische Reich unter Kaiser Trajan zu Beginn des 2. Jahrhunderts n. Chr. erreicht. Es stand damals im Zenit seiner Macht und hielt vermutlich mehr als eine halbe Million Legionäre ständig unter Waffen. Neben Dacia, dem heutigen Rumänien, und seinen Goldvorkommen waren durch Trajan hauptsächlich auf asiatischem Gebiet im Osten große Eroberungen erfolgreich abgeschlossen worden. Doch die gewaltige Größe begann die Kräfte des Reiches zu übersteigen. Die Herrscher mussten nun die innere Ruhe sichern und Spannungen sowie Zerfallstendenzen energisch entgegentreten. Zensur und Spitzeldienste wurden weiter ausgedehnt. Sie erfassten schließlich auch den bisher unantastbaren Senat, denn jede Rebellion sollte sofort erstickt werden. Das Reich wurde immer stärker militarisiert und zentralisiert.

Um Nachfolgekämpfe zu mindern, versuchten die Kaiser für lange Zeit nicht mehr die Bedeutung der eigenen Familie zu stärken und eine Dynastie zu gründen, sondern sie wurden zu Adoptivkaisern, die sich jeweils einen fähigen Nachfolger aussuchten, ihn adoptierten und anschließend zum neuen Kaiser aufbauten. Diese Methode beendete nach dem Tod eines Kaisers zahlreiche Nach- folgekämpfe und innere Auseinandersetzungen, denen schwache Herrscher oft nicht gewachsen gewesen waren. Auf vielfältigen Gebieten erlebte das Reich während der Zeit der Adoptivkaiser eine neue Blüte. Unter Kaiser Hadrian herrschte sogar ähnlich wie bei Kaiser Augustus lange Zeit Frieden und Wohlstand. Die Adoptivkaiser waren insgesamt für das Imperium segensreich, bis Kaiser Marc Aurel den verhängnisvollen Fehler machte, seinen Sohn Commodus als Nachfolger und neuen Kaiser aufzubauen. Commodus war als Kaiser eine Fehlbesetzung, er war der unfähige Sohn eines fähigen Vaters. Einen für die Stabilität des Reiches wichtigen Krieg brach er entgegen der Warnungen aller Ratgeber seines Vaters einfach ab. Seine Interessen galten nicht dem Wohl des Reiches, sondern den Gladiatorenkämpfen. Er trat sogar selbst bei den Kämpfen auf, wobei allerdings vorher festgelegt worden war, dass er stets gewinnen musste, im Gegenzug tötete er keinen seiner Gegner.

Commodus kam 192 n. Chr. bei einem Attentat ums Leben. Nun begannen die Kämpfe um die Kaiserwürde erneut auszubrechen. Septimius Severus aus einer afrikanischen Provinz setzte sich schließlich durch.

Die Zeit der Soldatenkaiser nahm ihren Anfang. Von nun an griff das Militär entscheidend in die Politik ein und die Gesellschaft wurde noch stärker als vorher militarisiert. Große Legionsstandorte bestimmten jetzt, wer Kaiser wurde. Der Senat wurde bedeutungslos und sogar höchste Beamte wurden vom Militär gestellt. Immer mehr Menschen, die nicht römischer Abstammung waren, konnten nun in höchste Ämter gelangen. Damit wurden bewährte römische Traditionen mehr und mehr verwässert, denn bis dahin war es ausschließlich Römern möglich gewesen, solche Posten zu übernehmen. Einzelne Legionen erhoben einen von ihnen ausgewählten Offizier zum Kaiser und der jeweils Stärkste setzte sich durch. Die Geheimdienste wurden immer mächtiger, denn die Legionskommandeure belauerten sich gegenseitig. Nachfolger des erwähnten Kaiser Septimius Severus wurde der für seine Brutalität berüchtigte Kaiser Caracalla. In einer seiner ersten Amtshandlungen ließ er seinen Bruder Geta töten, der ihm hätte gefährlich werden können. Später schaltete er jeden, der sich ihm in den Weg stellte oder stellen konnte, schnellstmöglich aus. Die Legionen brachte er mit großzügigen Geschenken auf seine Seite. Im Jahre 212 n. Chr. verlieh Caracalla allen Bewohnern des Imperiums das römische Bürgerrecht, so dass es auf einmal rund 100 Millionen römischer Bürger gab; die Bewohner des Römischen Reiches. Römische Tugenden, die einst das Imperium groß gemacht hatten, verloren immer stärker an Bedeutung. Da der Staat alle Macht an sich riss und über alles bestimmen wollte, geriet Rom außerdem in eine Wirtschaftskrise. Gleichzeitig tauchten an den Grenzen neuartige Gefahren auf: Germanische Stämme wurden im Norden immer stärker und das Neupersische Reich gewann im Osten an Bedeutung. Kaiser Caracalla sah sich als Nachfolger von Alexander dem Großen und er wollte ebenso tüchtig sein und startete neue Feldzüge. Im Jahre 217 n. Chr. wurde er wie viele andere Soldatenkaiser ermordet. Sein Mörder Macrinus ließ sich anschließend zum Kaiser ausrufen, um das Reich zu reformieren.

Nach Caracallas Tod versank Rom in einem Sumpf von Unfähigkeit und Brutalität. Intrigen und geheime Absprachen dominierten die Staatsgeschäfte, vor Spionen war niemand mehr sicher. Kaiser Septimius Severus hatte in eine syrische Priesterfamilie eingeheiratet und deren Mitglieder auf eine höchste gesellschaftliche Ebene gehoben. Eine Nichte seiner Ehefrau behauptete nun, von Kaiser Caracalla einen unehelichen Sohn namens Bassianus zu besitzen, was allerdings nicht stimmte. Mit solchen Gerüchten sollten Netze für Intrigen und unüberschaubare Geheimaktionen ausgelegt werden. Für römische Verhältnisse und Moralvorstellungen war die Situation obskur, denn die Ehefrau des Septimius Severus war nichts anderes als eine Tempelhure gewesen. An die Legionen in Syrien wurden nun so lange Goldstücke verteilt, bis sie den unehelichen Sohn zum Kaiser erhoben und Macrinus ausschalteten. Noch in der syrischen Heimat nahm der junge Bassianus den Namen Heliogabal an, eine Kombination aus den Götternamen „Helios" und „Baal". „Baal" war ein Gott der Zeugung und wurde mit einem riesigen Phallus aus Stein sowie freizügigen sexuellen Aktivitäten verehrt, Heliogabal sah sich als sein Priester. Mit Unterstützung der Legionen wurde dem inzwischen machtlosen Senat angezeigt, dass der neue Kaiser nach Rom unterwegs sei.

Das Auftreten des neuen Kaisers Heliogabal schockierte die konservative römische Oberschicht. Er trug 219 n. Chr. beim Einzug in Rom exotisch aussehende Kleider aus Seide und einen mit Bändern geschmückten Hut. An seinen Ohren hing riesiger Ohrschmuck und um die Augen wechselten sich Ringe aus blauer und goldener Farbe ab. Die Lippen waren blau und die Füße hennarot gefärbt. Hände und Sandalen waren über und über mit Juwelen geschmückt. Seine Mutter und seine Großmutter waren wie römische Edelhuren geschminkt und trugen Machtsymbole, die allein einem Kaiser zustanden. Töchter aus besten römischen Familien waren beim Einzug gezwungen worden, in einem durchsichtigen Kleid mitzulaufen, und Töchter von Senatoren trugen nur ein Rosengebinde um die Hüften. Hinter den Jungfrauen fuhr ein Wagen mit dem Heiligtum des Heliogabal, einem riesigen Phallus aus Stein.

Nach seiner Amtsübernahme brüskierte Kaiser Heliogabal alle römischen Sitten und Gebräuche. An die Bevölkerung ließ er Geschenke verteilen und die einst führenden Familien vom Geheimdienst überwachen. Römische Götter wurden von ihm mit Baal vermählt und diesem fremden Gott untergeordnet. Anschließend zwang er die Tochter einer bedeutenden römischen Familie, zu deren Vorfahren einst der berühmte Feldherr Scipio Africanus gehört hatte, zu einer Ehe mit ihm. Die junge Frau verstieß er wieder, weil sie als Makel ein Muttermal am Gesäß hatte, das sie zur Begründung des Verstoßes der Öffentlichkeit zeigen musste. Danach vermählte er sich mit einer Vestalin, eine unerhörte Missachtung römischer Gebräuche, denn Vestalinnen mussten unverheiratet bleiben. Der Frauen überdrüssig, heiratete er anschließend zwei junge Männer, darunter auch einen Gladiator. Fuhr er in Rom aus, mussten nackte junge Frauen seinen Wagen ziehen. Im Palast häuften sich die Missstände und es wurde über regelmäßige Orgien berichtet. Die einfache Bevölkerung hielt er weiter mit Geschenken bei Laune. Von seinem Geheimdienst erfuhr er allerdings, dass sich in der Oberschicht einiges zusammenbraute. Das Maß war zuletzt voll, als er veranlasste, dass seinem Gott Baal kleine Kinder aus führenden römischen Familien geopfert werden sollten.

Über die eskalierende Stimmungslage in Rom wurde Heliogabal laufend informiert. Er ließ deshalb bereits heimlich die Flucht planen und große Geldmittel in seine syrische Heimat verschieben. Auch das Militär, das seine Großmutter und seine Mutter einst mit vielen Geldmitteln zu seinen Gunsten bestochen hatten, stand nicht mehr eindeutig hinter ihm. Jederzeit konnte ein Gegenkaiser aufgebaut werden.

Heliogabal besuchte deshalb im März des Jahres 222 die Prätorianer, eine in Rom stationierte Eliteeinheit der Armee, die schon lange nicht mehr ausschließlich aus Römern bestand, sondern auch kampferprobte Legionäre aus den Provinzen des Reiches in ihren Reihen hatte. Er wollte die Prätorianer besänftigen und sein Ansehen verbessern, doch er trug die falsche Kleidung. Seine Garde besuchte der Kaiser stets in der Amtsrobe oder in Uniform. Kaiser Heliogabal aber war bei seinem Besuch mit einem grellgelben Gewand sowie einer Mitra bekleidet und über und über geschminkt, dazu roch er extrem nach Parfum. Zu seinem Gefolge gehörten nicht etwa vornehme Römer, sondern sich vornehm gebende Gladiatoren, Huren, Maultiertreiber und zahlreiche Spitzel. Die angetretenen Prätorianer begrüßten ihn nicht ehrerbietig, sondern einige germanische Legionäre begannen ihn zu verhöhnen und auszulachen. Heliogabal wurde wütend und verteilte Ohrfeigen, danach befahl er hysterisch, die Männer sofort hinzurichten. Doch nichts geschah. Plötzlich bemerkte er, dass die Prätorianer ihre Schwerter zogen und anfingen, sein Gefolge niederzumetzeln. Als er versuchte zu fliehen, folgten ihm einige Prätorianer, packten ihn und warfen ihn in eine Latrinengrube. Mit Stangen drückten sie seinen Kopf in die Jauche, bis er ertrunken war.

Rom war in einer Krise. Die Zeit der Soldatenkaiser brachte nicht nur eine große Unsicherheit, sondern auch eine Wirtschaftskrise nach der anderen. Die Legionen versuchten, jeweils nur ihre Männer als Kaiser durchzusetzen und es herrschte Mord und Totschlag. Viele Kaiser wurden umgebracht. Die alten griechisch-römischen Werte verschwanden und insbesondere die Oberschicht wurde dekadent. Soziale Spannungen erwuchsen darüber hinaus auch aus der Christenverfolgung. Das Reich wurde zunehmend instabiler und erste Provinzen gingen verloren.

Erst als die Armee 284 n. Chr. Diokletian zum Kaiser ausrief, konnten sich die Verhältnisse wieder stabilisieren. Kaiser Diokletian ordnete das Imperium neu und erhob sich selbst zum absoluten Herrscher, der gottähnlich über den Gesetzen stand und alle Belange kontrollieren durfte. Er wusste, dass nur noch eine eiserne Faust, deren Gewalt niemand anzuzweifeln wagte, das gigantische Reich zusammenhalten konnte. Mitregenten, die Caesaren, arbeiteten ihm zu und wurden zu untergeordneten Herrschern für Teilgebiete des Imperiums. Die Stadt Rom büßte ihre zentrale Macht ein. Nach Diokletian hielten die Zerfallstendenzen an, und das Imperium wurde schließlich 395 n. Chr. in Westrom und Ostrom unterteilt. Westrom ging später unter dem Ansturm der germanischen Völker und der Hunnen unter, während sich Ostrom erholte und als Byzanz eine neue Blüte erlebte.

Wirtschaft und militärische Stärke –

Spionagedrehscheibe Byzanz

Als Konstantin der Große im Jahre 324 n. Chr. römischer Kaiser geworden war, traf er zwei Entscheidungen, die den Verlauf der Geschichte in neue Bahnen lenkten. Er erklärte das Christentum zur Staatsreligion und er beschloss, eine neue Hauptstadt zu gründen. Seine Wahl fiel auf die alte griechische Festungsstadt Byzantion, die strategisch sehr günstig erbaut worden war und die Meerenge des Bosporus beherrschte. Gleichzeitig lag sie an der Trennungslinie zwischen dem europäischen Balkan und Kleinasien. Kaiser Konstantin beschloss seine neue Hauptstadt besonders prächtig aufzubauen und gab ihr den Namen Konstantinopel, „Stadt des Konstantin". Byzantion selbst wurde zum Namensgeber für das Byzantinische Reich, das nach dem Ende des römischen Imperiums den Herrschaftsbereich von Ostrom übernahm und für lange Zeit noch weiter ausdehnte. Während Westrom im 5. Jahrhundert von den Stämmen der Völkerwanderung überrannt wurde und unterging, strebte Ostrom während dieser Zeit einem ersten Höhepunkt entgegen. Konstantinopel entwickelte sich zum glänzenden „Neuen Rom" mit einer zeitweise ungeahnten Machtfülle. Die lateinische Amtssprache wurde durch das Griechische ersetzt und auch das Christentum strebte neue Wege an. Bald wurde der orthodoxe Patriarch in Konstantinopel zum Rivalen des katholischen Papstes in Rom. Für rund tausend Jahre sollte das Byzantinische Reich herrschen. Es erlebte Höhen und Tiefen, hinterließ große kulturelle Leistungen und verschwand zuletzt, auf die Größe eines antiken griechischen Stadtstaates geschrumpft, mit der zwangsläufigen Dramatik einer antiken Tragödie.

Bei seiner Gründung konnte Byzanz, wie das Byzantinische Reich kurz genannt wird, zahlreiche bewährte Strukturen des Römischen Reiches übernehmen. Sie waren in Ostrom im Gegensatz zu Westrom weitgehend intakt geblieben und nicht in den Wirren einer Völkerwanderung zerschlagen worden. Es gab immer noch das hervorragende römische Straßennetz, die gute römische Infrastruktur, die leistungsstarke römische Post und vor allen Dingen den Geheimdienst, der in der Spätantike permanent ausgebaut worden war. Die römischen Kaiser der Spätantike waren absolute Herrscher, die mehr ihrem Geheimdienst als den staatlichen Beamten trauten. Spione waren bei ihnen hauptberuflich tätig und wurden durch Geschenke bei Laune gehalten. Während sich in der frühen Antike viele Kaufleute und Händler oft nebenberuflich als Spione betätigten, waren in der späten Antike zahlreiche hauptberufliche Spione als Kaufleute und Händler getarnt. Um einen Gegner besser ausspähen zu können, gingen sie nur zum Schein Geschäfte ein oder machten lange Handelsreisen, bei denen der Verkaufserfolg nicht im Vordergrund stand. In Byzanz wurden jahrhundertealte römische Erfahrungen genutzt und immer weiter verbessert.

Der byzantinische Historiker Prokopios wurde einmal nach Syrakus geschickt, um sich dort als Händler auszugeben. In Wirklichkeit aber sollte er für den Feldherrn Belisar spionieren und die militärische Situation der Vandalen in Nordafrika erkunden. Byzanz plante damals eine Invasion in Nordafrika. Prokopios traf einen im Seehandel tätigen alten Jugendfreund und begann ihn auszufragen. Dieser war schon lange nicht mehr in Nordafrika gewesen, teilte ihm allerdings mit, einer seiner Sklaven sei gerade von dort zurückgekommen. Prokopios bat den Sklaven zu sich und erfuhr, dass die Vandalen nicht ahnten, dass eine Invasion bevorstand und somit auch keine Abwehrmaßnahmen getroffen hatten. Sofort brachte Prokopios den Sklaven zu seinem Schiff und rief dem Freund noch zu, sie würden bald mit einer reichen Belohnung wieder zurückkommen. Der Sklave wurde dem Feldherrn Belisar vorgestellt, wiederholte seine Aussagen und geleitete anschließend die byzantinische Flotte zu einem guten Ankerplatz nach Nordafrika. Der Freund erhielt daraufhin eine hohe Belohnung und der Sklave die Freiheit.

Intriganten und Despoten

Hauptsächlich im 19. Jahrhundert genoss Byzanz in der europäischen Geschichtsschreibung keinen guten Ruf. Das Reich galt als Beispiel für bösartige Machtspiele, heimtückische Verbrechen und blutige Auseinandersetzungen. Manches Problem wurde mit Gift gelöst. Am Hofe wurden für den Ehrlichen gefährliche Fallen gestellt und intrigiert. Meuchelmörder und Spione konnten überall lauern und viele mehr oder weniger fähige Herrscher gingen über Leichen. Kaiser Andronikos I. bestieg beispielsweise 1118 den Thron. Vorher hatte er Kaiser Alexis ermordet und sich nicht gescheut, dessen Witwe zu heiraten. Doch sein ehemaliger Günstling Isaak zettelte einen Aufstand an und lieferte Andronikos einer rasenden Menge aus, die ihn lynchte. Anschließend hatte Isaak noch den Mut, selbst Kaiser zu werden. Tatsächlich glich die Geschichte von Byzanz in einzelnen Phasen einer mörderischen Tragödie im Stil Shakespeares. Kaiser von Byzanz zu sein, war eine höchst gefährliche Aufgabe. Von den 88 Kaisern, die zwischen 324 und 1453 regierten, wurde etwa die Hälfte ermordet. Allerdings gab es auch bedeutende Herrscher, die das Reich voranbrachten, die Kultur förderten und asiatische Eroberer abwiesen. Byzanz war für das noch rückständige Abendland legendär; byzantinische Goldmünzen waren in ganz Europa in Gebrauch und die byzantinische Kunst und Kultur galt als vorbildlich.

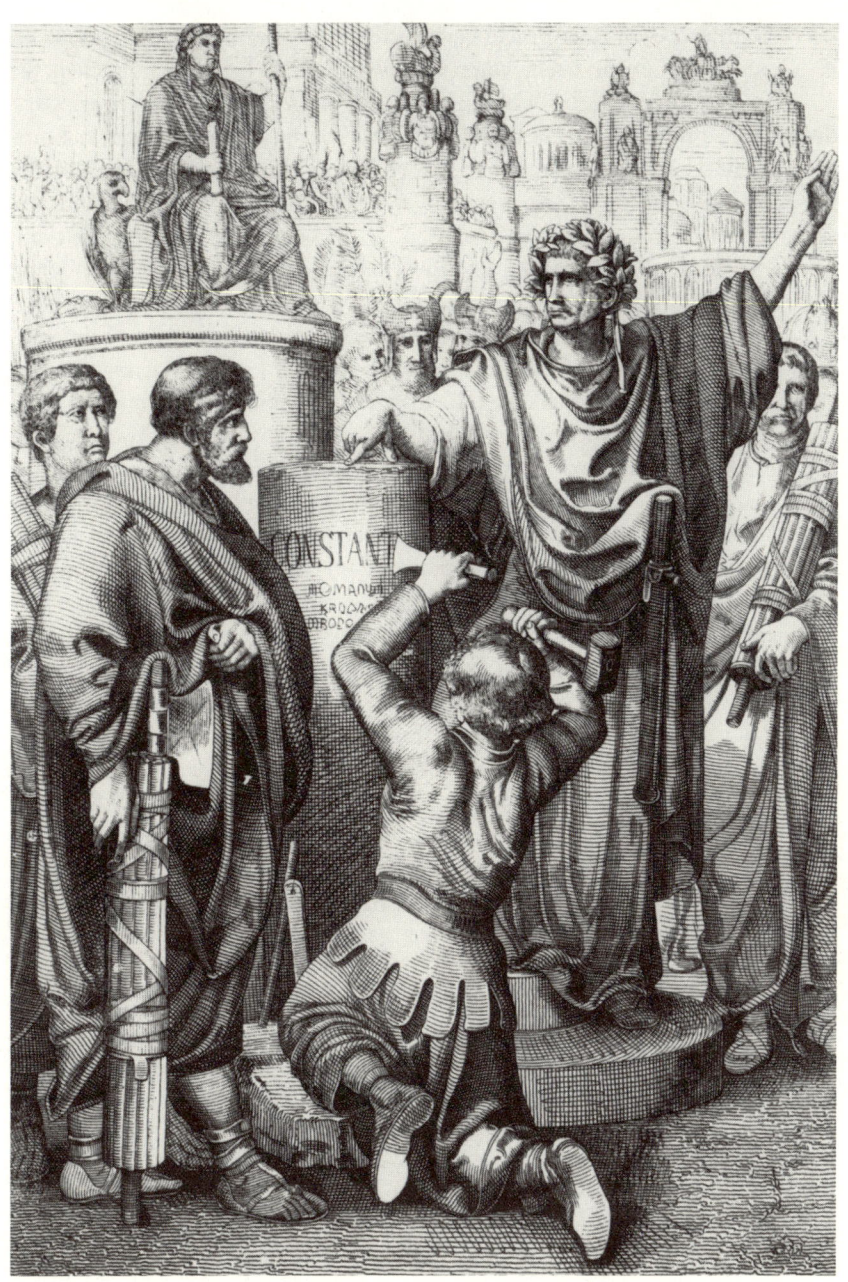

Die Gründung von Konstantinopel

Damit sie dem Kaiser nicht gefährlich werden konnten und eventuell eine eigene Dynastie gründeten, waren viele hohe Beamte bei Hofe Eunuchen. Sie mussten sich nicht um das Wohl ihrer Kinder sorgen und beherrschten stattdessen jede Intrige. Spione und ihre Mitarbeit waren dabei jederzeit willkommen. Nicht selten nutzten attraktive Frauen ihre Wirkung auf mächtige Männer zur Spionage oder für ihre Karriere aus, wobei sie allerdings bei den Eunuchen sicherlich nicht immer optimal ankamen. Um Hierarchien zu unterstreichen, gab es bei Hofe mindestens 18 verschiedene Rangstufen, über die eifersüchtig gewacht und intrigiert wurde.

Im Vergleich zu anderen Staaten war im Byzantinischen Reich der Einfluss von Frauen auf die Gesellschaft und Politik recht groß. Mächtige Frauen galten allerdings als aufgeschlossen für Intrigen. Auf eine gute Ausbildung wurde viel Wert gelegt, und Mädchen wurden diese nicht verwehrt. Auch Frauen, die aus kleinen Verhältnissen stammten, konnten hohe Positionen erreichen und sogar Ehefrauen der Kaiser werden. Theodora, die Ehefrau von Kaiser Justinian I., stammte beispielsweise aus einer armen Familie; ihr Vater war Tierwärter gewesen und die Mutter Schauspielerin. Im Abendland wäre eine solche Frau dem Kaiser noch nicht einmal begegnet, geschweige denn, dass sie ihn hätte heiraten können. Oft waren Kaiserinnen aus niedrigen Ständen dank ihrer Klugheit und Bildung, aber auch ihrer Skrupellosigkeit, wichtige Ratgeberinnen für ihre Ehemänner und vertraten energisch deren Interessen. Es gab allerdings auch völlig gegenteilige Entwicklungen. Einzelne byzantinische Kaiserinnen verloren zu manchen Zeiten jede Form von Zurückhaltung. Kaiserin Irene war die erste Frau gewesen, die in Byzanz zur alleinregierenden Kaiserin (797–802) aufsteigen konnte. Sie hatte vorher voller Ehrgeiz ihren eigenen Sohn blenden lassen, um selbst die Macht zu erreichen. Theophano wurde im Jahre 959 Kaiserin, als ihr Ehemann Romanos II. den Thron bestieg. Ursprünglich hieß die Kaiserin Anastaso und war die Tochter eines Wirtes in Konstantinopel. Sie galt als eine ungewöhnlich attraktive Frau, die ihre Schönheit nutzte, um mit mächtigen Männern anzubändeln. Den Kaiser brachte sie dazu, die eigene Mutter und alle seine Schwestern in einem Kloster verschwinden zu lassen, so dass sie schließlich die einzige Frau an seiner Seite war. Als der Kaiser starb – er wurde wahrscheinlich vergiftet – heiratete Theophano zum Machterhalt den als höchst unattraktiv geltenden, aber erfolgreichen Feldherrn Nikephoros Phokas. Gleichzeitig ging sie mit dessen Neffen, Johannes Tzimiskes, ein Verhältnis ein und empfing ihn regelmäßig nachts im Palast. Bald empfand Theophano gegenüber ihrem Ehemann Nikephoros nur noch Überdruss. Sie nutzte den Hass von Johannes auf seinen Onkel aus, um ihn zu einem Mord anzustiften. Heimlich öffnete sie die Türen zu den Gemächern von Nikephoros und ließ ihn von Johannes und einigen Helfern ermorden.

Kaiserin Zoe, die Enkelin von Theophano, hatte den 50-jährigen Kaiser Romanos III. geheiratet und nutzte sofort ihre Stellung aus, um sich einen jungen Liebhaber zuzulegen. Den Liebhaber hatte ihr ein Eunuch im Palast, der sie selbst nicht beglücken konnte, vermittelt. Durch vermutlich hochbezahlte Meuchelmörder ließ Kaiserin Zoe später ihren Ehemann heimlich beim Baden in der Wanne ertränken. Anschließend heiratete sie ihren Liebhaber, der 1034 zum Kaiser gekrönt wurde. 1041 verstarb dieser Kaiser bereits, und derselbe hilfreiche Eunuch führte ihr aus seiner ehrgeizigen Verwandtschaft einen weiteren Liebhaber zu. Zoe heiratete 1042 auch diesen Verehrer. Nachdem dieser als Kaiser Michael V. zu Macht gekommen war, wollte er seine Frau verstoßen. Zoe hatte allerdings großen Einfluss und fand bald erboste Bürger, die sie dazu brachte, ihren Ehemann bei einer passenden Gelegenheit totzuschlagen. Noch Ende 1042 legte sich Zoe erneut einen Liebhaber zu, den sie bald in einer weiteren Ehe heiratete. Beide fanden anschließend ihren Frieden, denn jeder nahm sich mit Wissen des Partners ungestört Liebhaber oder Liebhaberinnen.

Richtig aufbrausend war Kaiserin Ariadne. Als einmal ein Gast ihre Mutter nicht ehrerbietig begrüßte, ließ sie ihm von der Palastwache einfach ein Ohr abschneiden.

Diplomatische Aktivitäten

Die Gesandten der byzantinischen Kaiser galten als geschickte Diplomaten, die nicht nur gut verhandeln konnten, sondern auch erfolgreich – gleichgültig ob legal oder illegal – wichtige Informationen zusammentrugen. Für einen byzantinischen Gesandten war es Ehrensache auch als Spion tätig zu sein und keine Gelegenheit für eine mögliche Spionage auszulassen. In den diplomatischen Beziehungen mit Nachbarn wurden oft Scheinverhandlungen geführt, die nur das Ziel hatten, Zeit zu gewinnen; etwa für die Tarnung von Kriegsvorbereitungen, für die Platzierung von Spionen oder bis zum Abschluss von erfolgreich verlaufenden Spionageaktionen. Bald lernten jedoch die Nachbarstaaten von den Byzantinern. Chosrau I., ein Herrscher der persischen Dynastie der Sassaniden, schickte einmal eine Gesandtschaft zu dem bedeutenden byzantinischen Feldherrn Belisar, die allein die Aufgabe hatte, den Feldherrn näher kennen zu lernen und für die Zukunft richtig einzuschätzen. Der Grund ihres Besuchs war allerdings leicht zu durchschauen: Auf naive und wenig einfallsreiche Weise fragten die Sassaniden an, wann endlich die neuen byzantinischen Gesandten anreisen würden.

Ständige Botschafter gab es während dieser Zeit noch nicht. Gesandte wurden immer dann geschickt, wenn sich ein Herrscher oder eine Regierung informieren wollte, bevor sie wichtige Entscheidungen traf.

Byzantinische Gesandte wurden von einer Kommission ausgewählt und mussten den höchsten Familien des Reiches angehören und sehr gebildet sein; sie waren in der Regel adelig. Traf dieser Status nicht zu, dann wurde er noch schnell vom Kaiser geadelt. Bei ihrem Besuch bei fremden Herrschern wurde von ihnen stets eine Legitimation des Kaisers vorgelegt. Der hohe Status war wichtig, damit ein fremder Herrscher einen Gesandten nicht wegen eines zu niedrigen Standes ablehnen konnte. Ein möglicher byzantinischer Gesandter musste in alter griechischer Tradition rhetorisch geschult sein und hervorragend diskutieren können. Auch wenn er von einem Dolmetscher begleitet wurde, musste er die für ihn notwendige fremde Sprache fließend sprechen können, denn die Zeit, die der Übersetzer brauchte, gab ihm die Möglichkeit über eine diplomatisch wohlformulierte Antwort nachzudenken. Wurde der Gesandte weggeschickt, erhielt er eine streng umschriebene Vollmacht, deren Rahmen er nach eigener Entscheidung ausnutzen konnte. Erforderten die Verhandlungen eine Erweiterung der Vollmacht, war stets eine Rückfrage beim Kaiser notwendig. Es gab deshalb regelmäßig geheime Korrespondenzen mit dem kaiserlichen Hof.

Die Wertschätzung seiner Gäste drückte der byzantinische Kaiser durch feine Abstufungen aus. Willkommene Besucher wurden bereits an der Grenze empfangen und dann nach Konstantinopel geleitet. Dort wurden sie in einem repräsentativen Palast einquartiert und erhielten eigene Diener zu ihrer Verfügung. Diese Bediensteten waren aber gleichzeitig auch Spione. Am Tag der kaiserlichen Audienz wurden die Gäste dann mit prächtigen Pferden abgeholt und feierlich durch eigens geschmückte Straßen zum kaiserlichen Palast geführt. Der Kaiser tauschte mit ihnen die üblichen Förmlichkeiten aus und sprach dann höflich über Staatsgeschäfte. Gleichzeitig versuchten geschulte kaiserliche Berater die durch den Empfang beeindruckten Gäste auf eine diplomatische Weise auszufragen. Nach den Gesprächen wurden die Gäste zu einem Festmahl geladen und durften direkt an der Tafel des Kaisers Platz nehmen. Zum Abschied wurden kostbare Geschenke wie etwa Goldschmuck oder wertvolle Seidenstoffe verteilt.

Waren Gäste dagegen unwillkommen, wurde ihnen ein anderes Verhalten geboten. Liutprand von Cremona reiste im Jahre 968 im Auftrag des deutschen Kaisers Otto I. zum byzantinischen Kaiser Nikephoros II. Liutprand war allerdings unwillkommen, denn der byzantinische Kaiser lag damals mit Otto I. im Streit. Das Protokoll zeigte Liutprand, dass auf seinen Besuch kein Wert gelegt wurde. Liutprand durfte zwar die Grenze passieren, aber er musste selbst sehen, wie er nach Konstantinopel kam. In der Hauptstadt erhielt er in einem schmutzigen Gebäude winzige Zimmer und einen Diener, der sich bewusst dumm anstellte und vieles falsch machte. Zum kaiserlichen Palast musste er zu Fuß gehen und der Empfang war eisig. Beim Festmahl erhielt er seinen Platz am äußersten Ende der Tafel, während sonst unwichtige Personen direkt neben dem Kaiser platziert wurden. Abschiedsgeschenke gab es nicht, und Liutprand kaufte sich deshalb selbst einige Seidengewänder. Später beschlagnahmten kaiserliche Beamte die Gewänder und bezichtigten Liutprand des Schmuggels.

Manchmal wurden jedoch die Feinheiten des byzantinischen Protokolls von abendländischen Gästen nicht verstanden. Zu Beginn der Kreuzzüge waren die abendländischen Ritter hochwillkommen, denn der byzantinische Kaiser hoffte auf Verbündete im Kampf gegen die islamischen Feinde seines Reiches. Die Kaisertochter Anna Komnene berichtete einmal über eine Audienz von Kreuzrittern bei ihrem Vater. Das Heer aus normannischen und französischen Rittern lagerte vor der Stadt und eine Abordnung von ihnen wurde in den Palast gebeten. Die Ritter waren zwar von der Pracht beeindruckt, doch das endlos lange Zeremoniell langweilte sie. Der Hof versuchte die Gäste förmlich mit einem Protokoll einzuwickeln und ihnen zu schmeicheln, was jedoch dieses Mal nicht gelang, zumal die Ritter vor dem Kaiser stehen mussten. Robert von Paris, ein gefürchteter „Schlagetot", dauerte die Angelegenheit schließlich zu lang. Er ging schnurstracks auf den Kaiser zu und murmelte nach der Überlieferung: „Herr Kaiser, rück ein wenig auf eurer Bank, ich bin des Herumstehens müde!" Mit seiner wuchtigen Gestalt drückte er den Kaiser zur Seite und setzte sich danach neben ihn auf den Thron. Während der Hofstaat erstarrte, brachen die Ritter in ein schallendes Gelächter aus.

Wirtschaftsspionage

Vermutlich ist die Wirtschaftsspionage noch älter als die militärische Spionage. Es ist anzunehmen, dass schon die Sippen der ersten Jäger- und Sammlerkulturen ihre Jagdgründe oder Fundstätten für nahrhafte Pflanzen streng geheim hielten, aber größtes Interesse hatten, ihre Nachbarsippen wegen eben dieser Geheimhaltung auszuspähen. Im alten Ägypten war die Papyrusproduktion Staatsgeheimnis, denn mit dem Export der Schreibblätter konnte viel Geld verdient werden. Die ägyptische Kunst zeigt das Wachstum und die Ernte des Papyrus, aber niemals die Herstellung der Papyrusblätter.

Byzanz wurde durch den Handel und die Produktion von Luxusgütern reich, und Konstantinopel war ein Marktplatz für solche Waren. Um 1180 sollen in der Stadt rund 60 000 ausländische Händler gelebt haben, die jedes erdenkliche Produkt anboten. Für den Handel gab es strenge Kontrollen, und Preise, Zinsen oder Löhne wurden überprüft. Händler, die mit falschen Gewichten wogen, kamen in einer zentralen Straße an den Pranger, so dass sich die Leute genau merken konnten, wer sie betrogen hatte.

Wertvolle Seide aus China fand meist über Byzanz seinen Weg nach Europa und war wegen der großen Nachfrage so teuer wie Gold. Byzanz selbst erhielt seine Seide durch die Perser, die wegen der enormen Gewinne eifersüchtig verhinderten, dass fremde Händler bis nach China reisen konnten. Für die Chinesen war die Seidenproduktion ein Staatsgeheimnis. Doch durch eine groß angelegte Spionageaktion gelang es Byzanz dieses Geheimnis aufzudecken: Während der Regierungszeit von Kaiser Justinian I. sprachen zwei Nestorianer Mönche beim Kaiser vor und boten ihm an, das Rätsel der Seidenproduktion zu lüften. Der Kaiser war begeistert, denn bisherige Spionageaktionen hatten nur Hinweise auf Verarbeitungstechniken aber nicht auf die Rohstoffe selbst geliefert. Er stattete die Mönche mit Finanzmitteln aus und schickte sie in den von China besetzten Teil Indiens. Im Jahre 553 kehrten die beiden Mönche nach Konstantinopel zurück und führten zwei Wanderstäbe aus Bambus mit sich, in denen Eier der Seidenraupen und Samen des Maulbeerbaumes versteckt waren. Sie waren den Netzen des persischen Geheimdienstes entkommen, der hauptsächlich fremde Händler kontrollierte und scheinbar harmlose Mönche durchgehen ließ. Seidenraupen und Maulbeerbäume gediehen in Byzanz prächtig und bildeten die Grundlage für eine eigene Seidenproduktion. Später verbesserten byzantinische Weber ihre Produktionsmethoden für Stoffe und entwickelten neuartige Techniken. Ihre kostbaren Seidenstoffe fanden in Europa reißenden Absatz und brachten viel Geld in die Staatskasse. Wertvolle Seidenprodukte mussten von nun an nicht mehr den langen Weg über die Seidenstraße nehmen.

Bei der Waffenproduktion arbeitete der byzantinische Geheimdienst erfolgreich in die andere Richtung und verhinderte, dass geheime Herstellungstechniken in das Ausland oder gar zu den Feinden des Reiches gelangen konnten. Besonders erfolgreich war die Geheimhaltung der Herstellung des „griechischen Feuers", dessen Erfindung im 7. Jahrhundert gelang und dessen Produktionsprozess in keinem einzigen erhaltenen Dokument beschrieben wurde. Die Herstellung war absolutes Staatsgeheimnis und jeder Versuch eines Verrates wurde sofort mit dem Tode bestraft. Erfinder war vermutlich Kallinikos, ein Techniker aus Heliopolis in Syrien, der vor den Arabern nach Konstantinopel geflohen war. Er bot dem Kaiser sein Können an und erhielt sofort eine eigene Werkstatt, ein Versuchsgelände und erhebliche Geldmittel. Das Rezept des „griechischen Feuers" ist bis heute nicht genau bekannt. Nach der Rekonstruktion bestand es hauptsächlich aus Erdöl, ungelöschtem Kalk, Schwefel und Salpeter sowie weiteren Zutaten wie etwa Harzen und Salzen. Vermutlich entwickelte der ungelöschte Kalk durch den Kontakt mit Wasser eine große Hitze, die das Erdöl und die anderen Zutaten zum Brennen brachte. Für Byzanz war das „griechische Feuer" häufig kriegsentscheidend.

Im Frühjahr 678 stand das von den Arabern schon lange belagerte Konstantinopel kurz vor dem Fall. Die byzantinische Flotte wagte einen verzweifelten Ausfall und steuerte auf dem Marmarameer die weit überlegene arabische Flotte an. Kurz vor dem Kontakt schossen plötzlich byzantinische Schnellruderboote mit einem langen Rohr am Bug nach vorne und verspritzten trotz des arabischen Pfeilhagels mit Pumpen eine Flüssigkeit, die sofort Feuer fing. Wie mit einem Flammenwerfer wurden die arabischen Kriegsschiffe angezündet und brannten lichterloh. Es brach Panik aus und die gesamte Flotte wurde vernichtet. Die Niederlage war so gewaltig, dass der Kalif später um Frieden bat, bereit war, Tribut zu zahlen und arabische Heere von nun an um Byzanz einen Bogen machten. Im Jahr 717 wurde es dann für Konstantinopel erneut gefährlich.

Spione hatten Kaiser Anastasios II. berichtet, dass die Araber einen Feldzug gegen sein Reich planten. Er schickte eine Gesandtschaft zum Kalifen, um Friedensverhandlungen zu führen. Die Hauptaufgabe der Gesandtschaft aber war, den Stand der Rüstung bei den Arabern zu beobachten. Die Berichte der Spione wurden bestätigt. Der Kaiser ließ deshalb die Befestigungsanlagen der Hauptstadt weiter ausbauen und legte ein Flottenprogramm auf. Eine Revolution beendete allerdings die Herrschaft des Kaisers und tatsächlich kam es noch 717 zu einem arabischen Angriff, der jedoch erneut mit dem „griechischen Feuer" abgewehrt werden konnte. Erst viele Jahrhunderte später sollte Konstantinopel erneut belagert werden.

Auch bei der Abwehr von Belagerungen und bei Schlachten war das „griechische Feuer" erfolgreich. Die selbstentzündliche Flüssigkeit wurde in große verschlossene Tonkrüge gefüllt und dann mit Katapulten verschossen. Anschließend schlugen die Tonkrüge wie Brandbomben beim Gegner ein. Im Jahre 941 wurde eine russische Invasionsflotte aus einigen tausend Schiffen durch das „griechische Feuer" von vermutlich nur 15 Schiffen völlig aufgerieben. Die fertige Mischung des „griechischen Feuers" fiel zwar den Gegnern von Byzanz manchmal in die Hände, doch selbst herstellen konnten sie die rätselhafte Flüssigkeit nie.

Drehscheibe Byzanz

In seiner Blütezeit war Konstantinopel ein Spionagezentrum, etwa vergleichbar mit den Städten Berlin und Wien während des Kalten Krieges. Es gab in der Stadt ein „Amt für Barbaren-Angelegenheiten", das die Aufgabe hatte, alle fremdländischen Bürger in der Stadt zu überwachen. Es handelte sich um eine Art Fremdenpolizei.

Die Überwachung geschah dabei sowohl heimlich als auch völlig offen. Gesandten wurden beispielsweise Diener zugeteilt, die ihnen den Alltag erleichtern sollten, in Wirklichkeit aber Angehörige des Geheimdienstes waren. Sie begleiteten die Fremden überall hin und verhinderten, dass sie in bestimmte Gegenden reisten oder Produkte kauften, deren Ausfuhr verboten war. Insbesondere die Farbstoffe der Textilhersteller durften zum Schutz der eigenen Werkstätten an keinen Fremden verkauft werden. Um den Verbrauch von Gold und Silber unter Kontrolle zu halten, arbeiteten die Gold- und Silberschmiede nicht in eigenen, sondern in ihnen zugewiesenen Werkstätten. Gesandte, Missionare, Kaufleute oder andere Reisende, die aus der Fremde nach Konstantinopel zurückkehrten, mussten sich nach der Ankunft bei einer bestimmten Behörde melden und dann ein Protokoll ihrer Eindrücke hinterlegen.

Etwa ab dem Jahre 740 wurden alle Ämter, die Nachrichten kontrollierten und auswerteten oder Fremde überwachten, zentralisiert, so dass es ohne Zeitverluste denkbar kurze Amtswege gab und Reaktionen sofort möglich waren.

Die Leitung dieser Zentralstelle hatte der *Logothete*, der täglich vom Kaiser empfangen wurde, um ihm die aktuelle Situation zu schildern. Er hielt dabei viele Fäden in der Hand und hatte sowohl Verbindungen zum kaiserlichen Postdienst als auch zum „Amt für Barbaren-Angelegenheiten". Für Spione, die in den unterschiedlichsten Ländern stationiert waren, bestanden noch kürzere Informationswege, die direkt zum Kaiser führten. Dabei war nur wenigen bekannt, wer überhaupt als Spion für den Kaiser arbeitete. Mögliche Verräter konnten bei so kurzen Verbindungswegen weit weniger Lücken finden, als in einem Beamtenapparat.

Im 8. Jahrhundert musste Kaiser Konstantin V. einmal für seine Naivität ein hohes Lehrgeld zahlen: Der Herrscher von Bulgarien hatte dem Kaiser damals eine geheime Botschaft übermittelt und mitgeteilt, dass er in Konstantinopel Zuflucht vor den Intrigen seines Adels suchen wolle. Die ständigen Auseinandersetzungen seien ihm zuviel geworden, und er wolle sich zurückziehen. Für den Kaiser war das Angebot verlockend, denn Byzanz hatte immer wieder Streitigkeiten mit Bulgarien, die nun vielleicht besser als vorher bezwungen werden könnten. Er vertraute deshalb dem Herrscher, stimmte der Anfrage zu und trat in eine Geheimverhandlung ein. Der Herrscher von Bulgarien ging nun noch einen Schritt weiter und fragte beim Kaiser an, wer unter seinen Adeligen vertrauenswürdig genug sei, um ihm eine Flucht nach Byzanz zu organisieren. Kaiser Konstantin V. wurde leichtsinnig und schickte tatsächlich eine Liste mit den Namen seiner Spione, die in Bulgarien für ihn tätig waren. Diese wurden anschließend sofort verhaftet und hingerichtet. Der byzantinische Kaiser war auf einen sorgfältig geplanten Trick hereingefallen.

Heute verbinden sich mit dem Wort „byzantinisch" Begriffe wie Verschlagenheit, Irreführung oder Raffinesse; auf Kaiser Konstantin V. traf all dies allerdings nicht zu.

Legate, Mönche, Missionare –
Spionage der Päpste

Wenn es um die politische Macht ging, mischten im europäischen Mittelalter immer wieder drei Parteien die Karten: Zunächst gab es den König, der sich nach heftigem Ringen bei seinen Gefolgsleuten, wie etwa Herzögen und Stammesfürsten, endlich durchgesetzt hatte und der nun in seiner Machtposition anerkannt werden wollte. Bei allem Gerangel durfte er seine Anhänger dennoch nicht abschrecken, denn er war bei kriegerischen Auseinandersetzungen auf deren militärische Unterstützung angewiesen.

Doch auch die Gefolgsleute verfolgten eigene Machtinteressen und pflegten ihre Rivalitäten. Insbesondere in den deutschsprachigen Gebieten verlagerten sich die Machtverhältnisse im Mittelalter immer wieder: Mal setzte sich für einige Zeit der König durch und versuchte seine zentrale Königsgewalt zu zementieren. Dann wieder rannten die Stammesfürsten erfolgreich gegen die zentrale Macht an und sicherten sich ihre Privilegien.

Die dritte Partei dagegen agierte mehr im Hintergrund und verstand es gut, heimtückische Fallstricke zu drehen. Es waren die Vertreter der Kirche unter der strengen Dominanz des Papstes. Dieser residierte zwar im fernen Rom, konnte aber über seine Repräsentanten vor Ort die Fäden ziehen. Beide weltlichen Parteien versuchten zwar den Einfluss der Kirche und des Papstes einzuschränken, waren aber bei der Dominanz von religiösen Ideen im Denken der Bevölkerung nicht immer erfolgreich und wurden gegenseitig ausgespielt. Es gab Zeiten, in denen der Papst besonders geschickt die Uneinigkeiten der weltlichen Parteien ausnutzen konnte und entscheidend die Richtungen der Politik bestimmte. Dabei verfügte der Papst nicht nur über eine geistige und religiöse Macht, sondern war auch selbst Landesherr. Er regierte in Mittelitalien mit dem Zentrum Rom einen eigenen Kirchenstaat, der ihm im Jahr 756 von dem Frankenherrscher Pippin geschenkt worden war.

Um seine Position gegenüber den eigenen Gefolgsleuten zu stärken und sich weitere Autorität zu verschaffen, nahm Karl der Große als König der Franken als erster den Titel eines römischen Kaisers an. Zwar war das Weströmische Reich schon lange verschwunden, doch der Titel eines Kaisers faszinierte die Mächtigen, und auch nach dem Ende des Frankenreiches wollten die Herrscher nicht auf den Kaisertitel verzichten. Hier griff nun der Papst mit großem Erfolg in das politische Geschehen ein. Er nahm sich das Recht heraus, dass nur er den König zum römischen Kaiser krönen durfte. Das Kaisertum erlangte auf diese Weise eine religiöse Dimension, denn durch den Papst krönte Gott den Herrscher; zusätzlich konnte sich der Herrscher noch in die Tradition der römischen Imperatoren einreihen. Hatte es ein einzelner Fürst endlich geschafft, von den weltlichen Führern und Landesfürsten seines Reiches als König anerkannt zu werden, dann konnte er sich noch lange nicht als Kaiser bezeichnen. Dieses Privileg der Kaiserkrönung hatte der Papst in Rom für sich vereinnahmt und er nutzte es immer wieder zur Durchsetzung seiner eigenen Interessen aus. Allerdings glich dieses Privileg letztlich einer Anmaßung und war unbegründet.

In der so genannten „Konstantinischen Schenkung" wurde behauptet, dass der römische Kaiser Konstantin dem Papst das Recht zuerkannt habe, dass nur er allein befugt sei, einen Kaiser zu krönen. Päpstliche Privilegien sollten durch dieses „Dokument" praktisch für alle Zeiten gelten. Doch im 15. Jahrhundert konnte bewiesen werden, dass die „Konstantinische Schenkung" niemals existiert hatte und eine Fälschung gewesen ist. Um ihre im tieferen Sinn wenig religiöse Interessenspolitik vertreten zu können, schreckten mittelalterliche Päpste nicht vor Fälschungen zurück. Entscheidend war für sie nur, dass Ansprüche und Rechtfertigungen gegenüber einer weltlichen Macht klar untermauert und dokumentiert werden konnten.

Das Mittelalter war in Europa eine sehr religiöse Zeit, und der Lebensmittelpunkt der meist tiefgläubigen Menschen war nicht selten stärker auf das Jenseits als auf das Diesseits gerichtet. Aussagen der Religion wurden kaum in Frage gestellt und genossen absolute Priorität. Sie bestimmten das Leben. Drohungen mit dem Höllenfeuer wirkten deshalb immer, sie schüchterten ein und machten die Bevölkerung gefügig. Mit dem Kirchenbann wurde Politik gemacht. Belegte der Papst den König mit einem solchen Bann, fanden seine Gefolgsleute einen guten Grund, um abtrünnig zu werden. Auch ohne eine eigene militärische Macht hatte der Papst somit die Möglichkeit, entscheidend in das politische Geschehen einzugreifen. Er musste nur immer hinreichend über anstehende oder laufende Auseinandersetzungen zwischen dem König und seinen Gefolgsleuten informiert sein. Dafür benutzte Rom ein vorzüglich ausgebautes Netz von Informanten und Spionen.

In der Übermittlung von geheimen Nachrichten war die Kirche in Europa führend. Dazu wurden Verschlüsselungssysteme aus dem Römischen Reich erweitert oder auch völlig neue Systeme entwickelt. Häufig wurden Orte und Namen durch Decknamen ersetzt, daneben wurden auch in bestimmten Worten Vokale mit anderen Buchstaben ausgetauscht. In den Texten gab es außerdem Trugzeichen, die ohne Bedeutung waren und nur verwirren sollten. Absender und Empfänger besaßen einen so genannten „Nomenklator", mit dessen Hilfe die geheime Schrift gelesen werden konnte. In einem erhaltenen Brief an den König von Neapel teilte Papst Johannes XXII. mit, dass seinen

Auseinandersetzungen zwischen Kaiser und Papst

Widersachern ein Dokument in die Hände gefallen sei, das es ihnen ermögliche, geheime Nachrichten zu lesen. Von nun an würde deshalb für den Schriftverkehr ein völlig neuartiger Schlüssel gelten.

Der Schachzug Otto des Großen

In Byzanz wurden wichtige Ämter des Reiches mit Eunuchen besetzt. Der Kaiser hatte dadurch die Sicherheit, dass hohe Beamte keine eigenen Dynastien gründen konnten, die sich eventuell einmal zu Rivalen der kaiserlichen Familie entwickelten. Im Deutschen Reich umging Kaiser Otto der Große die permanenten Streitigkeiten der lokalen Herrscher um die Erbfolge auf eine andere Weise. Er stärkte zum Nachteil der Stammesfürsten die Macht der Bischöfe im Reich und verlieh ihnen zusätzlich weltliche Ämter. Er wusste, dass die wichtigen Kirchenmänner offiziell ehelos leben mussten und dadurch keine eigenen legitimen Kinder hatten. Verlieh er einem Kirchenmann Güter und Hoheitsrechte, konnte sie der Geistliche im Gegensatz zu den Gewohnheiten der Stammesfürsten nicht weiter vererben. Sie fielen nach dem Tod des Kirchenmannes wieder an die Krone zurück. Otto gelang es auf diese Weise, einerseits geeignete Geistliche für sich zu gewinnen und andererseits den hohen Klerus an das Königtum zu binden. Zu der Macht der Stammesfürsten ergab sich durch diesen Schachzug ein Gegengewicht. Allerdings wurden dem Papst die Türen weit geöffnet, um sich in die Belange des Deutschen Reiches einzumischen. Kaum eine Information konnte noch vor dem Papst geheim gehalten werden.

Durch die neu gewonnene weltliche Macht und die Möglichkeit, große Reichtümer anzuhäufen, wurden die Kirchenmänner mit der Zeit zu Kirchenfürsten und ein Niedergang der Religion setzte ein. Ähnlich wie die Stammesfürsten strebten auch sie bald nach Reichtum, Macht und Einfluss. Abt Ruodberg von Bamberg hatte den Beinamen „der Geldsack", denn es ging ihm bereits als einfacher Mönch immer nur um die klingende Münze. Noch im Kloster betrieb er Wucher und vermehrte statt der eigenen Frömmigkeit sein Vermögen. Neugierig verfolgte er Nachrichten über Todesfälle wichtiger Persönlichkeiten, um sich notfalls in das Amt eines Kirchenfürsten einzukaufen. Als die Position des Abtes von Reichenau frei wurde, griff Ruodberg zu. Er machte den Vertrauten des Königs großzügige Geschenke und stiftete dem König persönlich sogar rund tausend Pfund Silber. Abt Ruodberg von Bamberg wurde schließlich Abt des vermögenden Klosters Reichenau.

Als König Heinrich IV. in Worms Hof hielt, um die Herrschaft über die bedeutende Abtei in Fulda neu zu vergeben, drängten sich die Interessenten und steckten seinen Ratgebern immer wieder Geld in die Taschen. Sogar Söhne des Adels, die keine Priester waren, strebten nach dem begehrten Lehen. Dem König wurde das Gerangel schließlich zuviel. Er hatte einen einfachen Mönch beobachtet, der erstaunt zusah, wie würdige Kirchenmänner an ihrer Karriere strickten. Rasch ließ er den Mönch rufen und übergab ihm Stab und Ring der Abtei Fulda. Nach der Überlieferung soll die Bevölkerung heftig applaudiert haben.

Das doppelte Spiel der Legaten

Im Römischen Reich war der Legat ein Gesandter des Imperiums für besondere Aufgaben. Für den Papst aber war ein päpstlicher Legat nicht nur ein an seinen Auftrag gebundener Gesandter, sondern er vertrat zusätzlich noch stark erweiterte Interessen. Er war das Sprachrohr des Papstes und hatte neben seinem besonderen Auftrag auch alle übrigen päpstlichen Interessen durchzusetzen. Zu Legaten wurden deshalb nur ausgewählte Vertraute eines Papstes ernannt, so dass dieser sich sicher sein konnte, dass sie stets loyal zu ihm stehen würden.

Schickte der Papst beispielsweise einen Legaten zum deutschen König und Kaiser, so war dieser einerseits ein päpstlicher Gesandter und andererseits gleichzeitig auch ein Vertreter der Kirche, der sogar gegen den Willen des Königs dem deutschen Klerus Anweisungen geben konnte. Im Verständnis von Papst Gregor VII. war ein Legat „ein Bote des heiligen Petrus" (*nuntius Sancti Petri*), der wie der Papst selbst primär die Interessen des heiligen Petrus und damit der Kirche vertrat. Sogar wenn ein Legat überwiegend im Dienste eines Königs stand, war er dennoch dem Papst gegenüber verpflichtet. Solche Treuebeziehungen wurden von dem Kirchenoberhaupt oft ausgenutzt, um einen Keil in die Politik des Königs zu treiben. Standen bestimmte Bischöfe in Opposition zum König, konnte der Papst diese Bischöfe aufwerten, indem er sie zu seinen Legaten ernannte. Dem König wurde dadurch signalisiert, dass sich diese neu ernannten Legaten von nun an auf den besonderen päpstlichen Schutz verlassen konnten und auch der dem König ergebene Teil des Klerus nicht gegen sie vorgehen durfte. Waren Bischöfe dagegen nach der Sicht Roms in ihren Meinungen dem König eventuell näher verbunden als dem Papst, wurden sie bei solchen Ernennungen einfach übergangen und erhielten vielleicht sogar noch einen ihnen wenig genehmen Opponenten als Legat vorgesetzt. Legaten waren das Sprachrohr sowie die Augen und Ohren des Papstes und stellten für Rom eine Art von „fünfter Kolonne" dar. Zahlreiche Orden verstärkten schließlich noch durch ihre Predigtarbeit die Meinung des Papstes in der Öffentlichkeit und riefen manchmal sogar zum Widerstand gegen den König auf. Nur selten konnte der König solchen Aktivitäten entgegentreten und sie unterbinden.

Der Stauferkönig Konrad III. ließ sich bei wichtigen Entscheidungen häufig von Abt Wibald von Corvey und Stablo beraten und pflegte ein enges Verhältnis zu ihm. Der Abt hatte Einblick in die reichhaltige Korrespondenz des Königs und war mit Entscheidungsprozessen vertraut. Gleichzeitig erhielt Abt Wibald allerdings auch Anweisungen des Papstes und musste dessen politische Interessen vertreten. Für Papst Eugen III. war er somit eine Art Geheimagent am Hof von König Konrad III. Der Abt musste sich durch seine Einbindung in die Hierarchie der Kirche gegenüber dem Papst stärker verpflichtet fühlen als gegenüber seinem König. Fällte der König beispielsweise Entscheidungen, die sich gegen den Papst richten konnten, gelangten diese Informationen schneller nach Rom, als es dem König lieb war. Hinweise auf regelmäßige Treffen des Abtes mit päpstlichen Legaten sind bis heute erhalten geblieben.

Für die Kommunikation des Papstes mit seinen Legaten gab es einen eigenen Kurierdienst. Etwa 30 bis 40 päpstliche Kuriere, die *cursores*, wurden regelmäßig durch den päpstlichen Hof besoldet und pendelten zwischen Rom und den Legaten. Sie waren durch einen Eid an den Papst gebunden und wurden von einem speziellen *magister cursorum* beaufsichtigt. Nachrichten wurden ihnen stets versiegelt und in einer wasserdichten Verpackung übergeben. Jeder Empfänger musste schriftlich bestätigen, dass das Siegel bei der Übergabe unbeschädigt war. Bei der geringsten Beschädigung des Siegels wurde die übergebene Nachricht sofort für ungültig erklärt und widerrufen.

Ging es um geheime Absprachen, schickte der Papst ebenfalls die Legaten vor. Ein Beispiel bietet das Schicksal der berühmten Heidelberger Universitätsbibliothek, die Bibliotheca Palatina, im 30-jährigen Krieg. Rom unterstützte während dieses Krieges die katholischen Fürsten mit beträchtlichen Geldmitteln und räumte auch finanzielle Abgaben aus geistlichen Gütern ein. Der Papst betrachtete jedoch diese Zahlungen nicht als eine Unterstützung der für ihn so wichtigen katholischen Seite, sondern interpretierte sie als ein Darlehen, das er wieder zurückhaben wollte. Der deutsche Kaiser und auch der Herzog von Bayern waren deshalb in Rom hoch verschuldet. Für Papst Gregor XV. bot sich bei den Auseinandersetzungen neben den Gewinnen aus Darlehen auch der Vorteil, dass er einen Anteil an der Kriegsbeute erhielt. Als Heidelberg 1622 von dem katholischen Heerführer Tilly erobert wurde, hielt der Heerführer sofort seine Hand schützend über die Bibliothek der Heidelberger Universität. Der päpstliche Legat Leo Palatius reiste umgehend aus Italien an, ließ die kostbaren Buchschätze verpacken und nach Rom schaffen. Später wurde behauptet, die Bibliotheca Palatina wäre ein Geschenk an den Papst gewesen, und die Bücher wären vom Papst vor Brandschatzungen gerettet worden. Gleichzeitig erhielt Herzog Maximilian von Bayern auf Drängen des Papstes die Würde eines Kurfürsten.

Als Napoleon 1797 Rom besetzte, verlangte er als Friedensbedingung auch einen Teil der Vatikanischen Bibliothek. Seine Kunstkommissare wählten zahlreiche Bücher der ehemaligen Bibliotheca Palatina aus und brachten sie nach Paris. Nach dem Ende der Ära Napoleons forderte der Vatikan die Bücher wieder zurück, doch die badische Regierung konnte ältere Rechte geltend machen. Einige Bände fanden anschließend den Weg zurück nach Heidelberg. Bei den restlichen Büchern argumentierte der Vatikan allerdings entgegen seiner bisherigen und jahrhundertealten Stellungnahmen unverblümt, die Bibliotheca Palatina sei keine Schenkung gewesen, sondern der Papst habe sie als Vergütung für geleistete Hilfe erhalten.

Auch während der Zeit der Kreuzzüge zeigte das Verhalten der Päpste eine gewisse Doppelzüngigkeit. Begnadete Prediger forderten mit allem Nachdruck die abendländischen Ritter zur Teilnahme an den Kreuzzügen und zum Kampf für eine heilige Sache auf. Doch weitere Unterstützungen gab es nicht, und die Ritter mussten ihre Teilnahme sogar selbst bezahlen. Sie gingen nicht nur das Risiko ein, bei den Kämpfen ums Leben zu kommen, sondern setzten auch ihr Vermögen und das Wohl ihrer Familien aufs Spiel. Manche Plünderungen ergaben sich, weil die Ritter durch die Kreuzzüge völlig verschuldet waren.

Einflussnahme der Päpste

Im europäischen Mittelalter hatte die Kirche das Bildungsprivileg. Die wenigen Menschen, die schreiben und lesen konnten, waren durch die Schulen von Kirchenmännern gegangen. Es gab Kloster-, Dom-, Stifts- und Pfarrschulen, an denen hauptsächlich zukünftige Geistliche oder die Kinder des Adels ausgebildet wurden. Unterrichtssprache war Latein, so dass sich die Wissenden bereits in ihrer Sprache von den Unwissenden, die sich ausschließlich auf Deutsch verständigen konnten, unterschieden und unter sich blieben. Auf eine breite Volksbildung wurde kein Wert gelegt. Wissenschaften und Künste hatten sich der Priorität der Religion unterzuordnen. Durch das Bildungsprivileg konnten die Schüler im Sinne der Kirche beeinflusst werden.

Als die deutschen Könige und Kaiser, wie bereits erwähnt, versuchten, die Kirchenmänner zusätzlich zu ihrer kirchlichen Macht auch in ihre eigenen Dienste zu nehmen und sie dafür reich belohnten, erregten sie sofort das

Misstrauen der Päpste, die um ihre Dominanz fürchteten. Insbesondere in Klöstern wurde eine Gegenbewegung organisiert, um den Einfluss des Königs und Kaisers auf den hohen Klerus und damit auf die Kirche zurückzudrängen oder gar zu brechen. Es kam zum Investiturstreit, der während langer Zeitphasen die Entwicklung des Mittelalters in Deutschland prägte. Bei seiner Investitur durch den weltlichen Herrscher erhielt der Kirchenmann direkt vom Kaiser die Symbole seines Amtes, Ring und Stab, denn er vertrat neben der kirchlichen auch die weltliche Macht.

Diese Vorgehensweise war nicht im Sinne des Papstes: Seiner Meinung nach durften kirchliche Ämter nur durch die Kirche vergeben werden. Es gab Opposition, Intrigen und geheime Missionen. Schließlich wurde der Investiturstreit verschärft und die Kirche drehte den Spieß einfach um. Der Papst wollte nun über den Kaiser herrschen und auch die weltliche Macht dominieren. Da ihm die eigenen Machtmittel zur Durchsetzung dieser Pläne fehlten, wurden als überzeugende Argumente Bibelinterpretationen angeführt. Die Menschen waren damals allgemein sehr religiös, und die Bibel wurde als eine staatstragende Schrift akzeptiert. Gleichzeitig konnte der Papst durch ein gut funktionierendes eigenes Spionagenetz und geheime Diplomaten jederzeit seine weltliche Gegenseite beurteilen und geplante politische Aktivitäten erkennen.

Im Lukasevangelium ist von zwei Schwertern die Rede, die geschickt in eine geistliche und eine weltliche Macht umgedeutet wurden, wobei natürlich die geistliche Macht dominierte. Nach dieser Deutung war es möglich, den Kaiser an einer langen Leine zu führen und zu einem Befehlsempfänger zu machen. Durch seine Spione war der Papst außerdem darüber informiert, wer den Sturz des regierenden Kaisers wünschte und nach dessen Thron drängte. Kam der herrschende Kaiser den Interessen des Papstes nicht nach, wurde er gebannt und mit dem Höllenfeuer bedroht. Nach der Ansicht Roms sollten Kaiser jederzeit abgesetzt und durch einen, dem Papst genehmen Herrscher ersetzt werden können.

Trotz der Ansprüche der Päpste auf eine universelle Herrschaft gelang es dem Geschlecht der Staufer während dieser Zeit, die Position des Deutschen Reiches weiterhin zu stärken. Das Herrschaftsgebiet wurde tief nach Italien ausgedehnt und der Kirchenstaat nach und nach eingekesselt. Wieder intrigierte Rom und versuchte mit bewährten Methoden zu spalten. Bettelmönche wurden vorgeschickt, um die Bevölkerung zu beeinflussen. Der Stauferkaiser Friedrich II. wurde sogar exkommuniziert und von Rom diffamiert. Da verschiedene Päpste während dieser Auseinandersetzungen allerdings zu Kreuzzügen aufgerufen hatten, mussten sie sich mit ihrer Propaganda zurückhalten. Eigene militärische Macht besaßen die Päpste nicht, sondern ließen andere für sich kämpfen. Um die Staufer dennoch zu schwächen, unterstützte Rom trotz aller Kreuzzugsinitiativen der Kaiser einzelne Gegenspieler des Reiches und ermutigte Ansprüche der französischen Könige auf italienisches Territorium. In den folgenden Auseinandersetzungen mit Frankreich und anderen Bündnispartnern des Papstes gingen die Staufer zuletzt unter.

Doch der Papst stand nun in Abhängigkeit zum französischen König. Der allerdings hatte weder Interesse daran, Kaiser zu werden, noch wollte er seinem Staat wie der deutsche Kaiser eine religiöse Grundlage geben. Religiöse Machtmittel und Drohungen waren bei ihm wirkungslos. Das Scheitern des Kreuzzugsgedanken hatte die politischen Machtansprüche der Päpste bereits stark geschwächt, vollends gebrochen wurden sie durch das Auftreten von Papst Bonifaz VIII. gegenüber dem französischen König Philipp dem Schönen. Frankreich war vom päpstlichen Geheimdienst lange nicht so gut durchdrungen wie das Deutsche Reich, so dass Rom nicht optimal informiert war. Der Papst schätzte deshalb die Realitäten der Zeit falsch ein und forderte in der Bulle *Unam Sanctam* den französischen König ultimativ zu einem unbedingten Gehorsam gegenüber der Papstherrschaft auf. Doch der französische König war nicht auf das Wohlwollen von Stammesfürsten angewiesen und konnte deshalb nicht ausgespielt werden. Er besaß eigene militärische Macht und wenig Skrupel, diese einzusetzen. Ihn störte die Exkommunikation durch den Papst nicht. Er ließ Papst Bonifaz VIII. kurzerhand verhaften und verjagte ihn aus Rom. Seine Nachfolger zwang er im französischen Avignon zu residieren.

Spionierende Missionare

Päpstliche Legaten waren nicht nur die Überbringer von Botschaften, sondern gleichzeitig auch Meister der geheimen Diplomatie. Missionare erfüllten ähnlich vielseitige Aufgaben. Offiziell übernahmen sie Missionstätigkeiten und versuchten, Angehörige fremder Völkern zum Christentum zu bekehren. Daneben aber waren sie auch hervorragende Späher und erfüllten für den Papst noch zahlreiche weitere Aufträge. Sie waren Forschungsreisende und nicht selten auch Spione. In fremden Ländern arbeiteten sie oft nach den klassischen Strategien der Spione: Sie traten in unauffälliger Verkleidung auf und stellten sich als Angehörige von unverdächtigten Berufsgruppen vor. Meist waren Missionare Ordensbrüder, die sorgfältig auf ihre Tätigkeit vorbereitet wurden und auch die Sprachen der von ihnen besuchten Völker beherrschten.

Im 13. Jahrhundert war in Europa der Mongolensturm bereits in aller Munde und beunruhigte die Bevölkerung. Die Grausamkeiten der als unbesiegbar geltenden mongolischen Reiterheere hatten sich in aller Eile herumgesprochen, und die europäischen Herrscher waren schwach sowie untereinander zerstritten. Papst Gregor IX. beschloss deshalb Missionare zu den Mongolen oder Tataren, wie sie damals von den Europäern genannt wurden, zu schicken, um nähere Erkundigungen einzuziehen. Die Aufgabe fiel den Dominikanern zu, die zwischen 1231 und 1237 einige Missionsreisen mit getarnten Spionageaktivitäten unternahmen. Den Anfang machten vier Dominikanermönche aus Ungarn, die gleichzeitig auch die Bewohner ihrer ursprünglichen Heimat tief im Osten missionieren wollten. Die Männer machten sich im Frühjahr 1231 auf den Weg und waren zunächst verschollen. Erst im Spätherbst 1233 kehrte einer der Mönche schwer krank zurück und konnte vor seinem Tod nur noch eine Reisebeschreibung hinterlassen.

Die nächste Missionsreise startete im Frühjahr 1234 und wurde erneut von vier ungarischen Dominikanermönchen durchgeführt, die Leitung hatte Pater Julianius. Auftraggeber der Reise war Benedictus Salvius de Salvis gewesen, ein Legat des Papstes bei König Bela IV. von Ungarn. Der ungarische König übernahm die Kosten und ließ die Mönche nach Konstantinopel bringen, wo sie sich in Richtung Krim einschifften. Von dort aus ging es mit einer Handelskarawane entlang der Wolga weiter, bis sie im März 1235 den Handelsplatz Bundal erreichten. Dort trafen sie eine hohe mongolische Persönlichkeit, die mehrere Sprachen sprach und zu ihrer Überraschung auch deutsch. Pater Julianius erfuhr, dass der Mann ein Jahr vorher an der Kuril-Tai, der großen Fürstenversammlung der Mongolen, teilgenommen hatte. Schockierend war die Information, dass der Großkhan der Mongolen gerade Truppen sammelte, um zu einem Kriegszug gegen den Westen aufzubrechen. Sofort brachen die Dominikaner ihre Mission ab, um diese wichtige Nachricht in die Heimat zu melden. Sie erreichten ihr heimatliches Kloster nach großen Strapazen im Dezember 1235 und sprachen bereits im Januar 1236 bei dem Legaten des Papstes in Ungarn vor. Dieser informierte auch den ungarischen König Bela IV. Pater Julianius wurde sofort nach Rom beordert und berichtete dort, dass der Großkhan gerade im Begriff sei, seine Truppen an der Wolga zu konzentrieren und für den geplanten Vormarsch nach dem Westen nur noch eine Verstärkung aus der Mongolei abwarten wolle. Im Mai 1236 wurde Pater Julianius erneut in den Osten geschickt, um weitere Nachrichten zusammenzutragen. Er kehrte im Herbst 1237 zurück und schilderte, dass sich inzwischen ein riesiges mongolisches Heer tatsächlich an der Wolga sammelte. Leider versandeten diese wichtigen Meldungen aus dem Frühjahr 1236 und dem Herbst 1237 folgenlos in der Bürokratie und wurden nicht ernst genommen.

Als der Mongolensturm mit einem Heer von rund 150 000 Kriegern tatsächlich 1240/41 über Europa hereinbrach, waren die osteuropäischen Herrscher kaum vorbereitet und wurden hilflos überrannt. Schlesien wurde verwüstet. Aus Syrien, das bereits von den Mongolen angegriffen worden war, eilten sogar Gesandtschaften an den Hof des Königs von Frankreich und England und schlugen ein Bündnis aus Moslems und Christen gegen die Mongolen vor. Doch unternommen wurde nichts, stattdessen bekämpften sich der deutsche Kaiser und der Papst gegenseitig, so dass kein Heer zusammengestellt wurde.

Gerettet wurde Europa letztlich durch den überraschenden Tod des Großkhans Ögödei, ein Sohn des berühmten Dschingis Khan. Die mongolischen Heerführer kehrten zurück, denn sie wollten sich an der Wahl des neuen

Großkhans beteiligen. Da sie in Europa auf keinen für sie nennenswerten Widerstand gestoßen waren, dachten sie nur an eine Unterbrechung des Krieges und wollten später wieder zurückkehren. In Russland etablierten sie das „Reich der Goldenen Horde". Die europäischen Herrscher verstanden die Ursache des plötzlichen Rückzuges nicht, deuteten ihn möglicherweise als Schwäche und trafen keine Vorbereitungen zur Verbesserung ihrer Abwehr.

Im Jahre 1243 wurde schließlich Innozenz IV. zum neuen Papst gewählt und die Gefahren des Mongolensturms wurden der mittel- und südeuropäischen Bevölkerung endlich bewusst. Der Papst beauftragte zwei Franziskanermönche mit jeweils einer Gesandtschaft zum Herrscher der Mongolen zu reisen und mit ihm Kontakt aufzunehmen. Unterwegs sollte spioniert werden, um möglichst viele Informationen über die Stärke und die Kampftaktiken der Mongolen zu erhalten. Von der Gesandtschaft des Mönches Laurentius aus Portugal sind heute keine Dokumente erhalten. Zahlreiche Unterlagen gibt es dafür über die Reise des Mönches Giovanni Piano del Carpini, der tatsächlich vom Großkhan empfangen wurde. Carpini erhielt vom Papst einen Brief, in dem dieser in einer völligen Verkennung der Machtsituation den Großkhan aufforderte, die Eroberungen umgehend zu beenden, die Bevölkerung zu schonen und zum Christentum überzutreten.

Im April 1245 machte sich Carpini im Alter von über 60 Jahren mit einem kleinen Gefolge aus einem Dolmetscher und fünf Dienern auf den Weg. Sie reisten zunächst nach Krakau in Polen und schlossen sich dort der Gesandtschaft eines russischen Großfürsten an, die zum mongolischen Heerführer Batü unterwegs war. Anfang 1246 hatten sie die Stadt Kiew erreicht, die von den Mongolen bei vorhergehenden Kämpfen in Schutt und Asche gelegt worden war. Sie erhielten dort eine mongolische Eskorte und neue Pferde. Batü trafen sie in seinem Lager an der Wolga an. Das Schreiben des Papstes wurde dort übersetzt und von Batü mit großer Aufmerksamkeit gelesen. Carpini musste zwei seiner Diener als Geiseln zurücklassen und durfte nur mit einem verkleinerten Gefolge weiterreisen. Er erhielt eine neue Eskorte und anschließend ging es über die Kurierstraßen in großer Eile weiter; bis zu siebenmal wurden täglich die Pferde gewechselt. Unterwegs machte Carpini viele Notizen und schrieb alles auf, was er für notwendig erachtete. Im Juli 1246 waren sie in der mongolischen Hauptstadt Karakorum angekommen und erhielten im Auftrag des gerade neu gewählten Großkhans Kuyuk in einem abgesonderten Lager eine Jurte als Quartier sowie gute Verpflegung. Die Stadt selbst durften sie nicht besichtigen. Nachdem Kuyuk zum Großkhan gekrönt worden war, empfing er die Abgesandten des Papstes. Der Hof war erstaunt, dass sie im Gegensatz zu den vielen anderen Abgesandten aus den eroberten Gebieten keine Geschenke, sondern nur einen Brief bei sich trugen. Der Großkhan ließ sich mit der Antwort auf den Brief viel Zeit und empfing Carpini erst etwa vier Monate später. In der Zwischenzeit hatte Carpini unter großen Gefahren bei zahlreichen Menschen

Informationen über die Mongolen, ihr Heer und ihre Kriegsführung gesammelt. Oft traf er sich mit gefangenen Technikern, die im Dienste der Mongolen im Lager tätig waren und bereitwillig Auskunft gaben. In seiner Antwort an den Papst verbat sich Kuyuk die Anmaßungen Roms und forderte Innozenz IV. zu einem Besuch in seiner Residenz auf. Mit großer Mühe konnte Carpini verhindern, dass der Großkhan mongolische Gesandte mit ihm nach Rom schickte. Mit Recht fürchtete er, die Mongolen könnten die Schwächen Europas studieren, oder sie könnten getötet werden und dann den Großkhan zu einem Rachefeldzug anregen.

Im November 1246 erlaubte der Großkhan Carpini und seinem Gefolge die Hauptstadt wieder zu verlassen. Eine Eskorte brachte sie erneut in das Lager von Batü an der Wolga, wo die beiden zurückgelassenen Diener sie wieder in Empfang nahmen. Batü fügte kein eigenes Schreiben an den Papst bei, sondern forderte sie auf, dem Papst mitzuteilen, er solle den Brief des Großkhans sehr sorgfältig lesen. Anschließend wurden sie zur Grenze gebracht und durften das gewaltige Reich der Mongolen wieder verlassen.

Im Herbst 1247 konnte Carpini dem Papst den Brief des Großkhans überreichen und ihm auch seine Erfahrungen und Beobachtungen mitteilen. Seine Informationen über das Heer und die Kampfstärke der Mongolen waren furchterregend. Europas Könige, die ebenfalls Mitteilungen erhielten, waren allerdings zu sehr mit sich selbst beschäftigt, um die Aufzeichnungen von Carpini zu beherzigen und Konsequenzen zu ziehen. Allein der Papst reagierte auf den Brief und schickte als weiteren Gesandten den Dominikanerpater Ascelin zum Großkhan. Ascelin war allerdings ein schlechter Diplomat und verhielt sich so arrogant, dass er in einem mongolischen Heerlager am Kaspischen Meer fast hingerichtet worden wäre und ihn nur ein Gesandter des Großkhans im letzten Augenblick retten konnte. Im Jahre 1248 wurde Ascelin wieder mit einem Brief an den Papst zurückgeschickt. In ihm verbat sich der Großkhan jede Einmischung des Papstes in seine Entscheidungen. Möglicherweise glaubte der Papst mit dem Großkhan ähnlich wie mit dem deutschen Kaiser umgehen zu können. Glücklicherweise nahmen die Mongolen ihre Pläne nicht mehr auf, Europa komplett zu erobern, sondern gaben sich mit ihren bisherigen riesigen Besitztümern zufrieden.

Der Krieg der hundert Jahre –
Spionage im Mittelalter

Die Ritter des Mittelalters legten Wert auf einen fairen Kampf. Eine Schlacht wurde mit dem Gegner häufig abgesprochen und ähnelte einem Duell. Vorher erkundeten die Kriegsparteien nicht selten sogar gemeinsam das für den Kampf vorgesehene Gelände. Zwei Heeresgruppen prallten anschließend nach festen Regeln aufeinander und wer zuletzt noch stand, hatte ohne Einschränkung gewonnen. Die Zivilbevölkerung blieb in vielen Fällen verschont, denn der Kampf war eine Angelegenheit der Ritter untereinander. Strategische Tricks und auch Fallen waren ebenso wie Überraschungsangriffe verpönt, denn der Kampf sollte offen und vor allen Dingen ritterlich sein. Einige Waffen, wie etwa die Armbrust, galten als unritterlich. Ein Gegner war geachtet und konnte bei einer Niederlage sogar mit Milde rechnen, wenn er selbst ritterlich gekämpft und Tapferkeit gezeigt hatte. Gab ein gegnerisches Heer auf, zeigte seine Unterlegenheit an und floh, wurde es kaum verfolgt und vernichtet. Heimtückische Kriegsführung und der Angriff aus dem Hinterhalt wurden verachtet. Geriet ein solcher Gegner in Gefangenschaft, wurde er nicht geschont und musste mit dem Tod rechnen. Im Kampf wurde Ehre unter Beweis gestellt und die durfte nicht durch Hinterhältigkeit verloren gehen. In einer Schrift des Mönches Honoré Bonet aus dem 14. Jahrhundert ist zu lesen, dass ein „gerechter" Krieg mit „gerechten" Mitteln und ohne List und Täuschung geführt werden müsse. Die Aufgabe der Spione beschränkte sich aufgrund dieser Sicht meist auf eine Tätigkeit als Späher; sie sollten einen Vormarsch erkunden oder erfahren, wie stark der Gegner war. Ansonsten galten Spione als hinterhältig und verachtenswert. Sie hatten bei einem harten aber fairen Kampf wenig zu suchen.

Die Einstellung zum schonungslosen aber ehrenhaften Kampf der abendländischen Ritterschaft geriet bei den Kreuzzügen arg in Bedrängnis. Denn im Morgenland wurde wie vorher in der Antike mit allen denkbaren Tricks und Fallen gekämpft; Spione waren dabei Teil der Kriegsführung. Islamische Feldherren bezeichneten die Kreuzritter in erhaltenen Dokumenten sogar als dumm, weil sie offen kämpften und keine Fallen stellten. An den fairen Kampf in ihrer Heimat gewöhnt, rannten die Kreuzritterheere in manche Falle. Beim Sturm der Stadt Mansura wurden beispielsweise die schwer gepanzerten Kreuzritter ohne Widerstand in die Stadt eingelassen, was sie nicht misstrauisch machte. Doch in der Stadt wurden die Gassen auf einmal so eng, dass die Ritter ihre Pferde kaum noch wenden konnten. Sie wurden dann von den Dächern aus mit schweren Steinen beworfen und unterlagen. Durch Scheinangriffe wurden Truppen der Kreuzritter wiederholt in Sumpfgebiete gelockt, wo sie dann mit ihren schweren Panzern im Morast versanken. Bei allen Kreuzzügen waren mangelhafte Kenntnisse der geografischen Situation ein besonderes Problem. Zog ein Kreuzritterheer ab, hinterließ es seinen Nachfolgern kaum brauchbare Landkarten, so dass bei jedem Kreuzzug immer wieder einheimische Führer engagiert werden mussten, die häufig Spione waren oder die Aufgabe hatten, das Heer in unwegsames Gelände zu leiten. In solchen Gebieten konnten bei einer Schlacht meist die eigenen Stärken nicht voll entfaltet werden, oder die Kreuzritter gerieten in einen Hinterhalt. Im Kampf Mann gegen Mann waren die Kreuzritter hervorragend, doch auf neuartige Kampftaktiken konnten sie sich kaum einstellen. Insbesondere gegen Ende der Kreuzzugszeit ging manche Schlacht verloren, weil die abendländischen Kreuzritter nicht angemessen auf die listenreichen Kampfestechniken und die Verschlagenheit der islamischen Krieger reagieren konnten.

Das Fehdewesen

Fehden waren die Privatkriege zwischen den Rittern und ihren Sippschaften. Die Ursachen für solche privaten Kämpfe waren oft belanglos, nicht selten suchte jemand einfach nur Streit, und der Erhalt der eigenen Ehre erzwang eine Reaktion. Manche Fehde entstand, weil ein junger Ritter einer Edeljungfrau die Ehe versprochen und sich dann aus dem Staub gemacht hatte. Andere Gründe waren Eifersüchteleien, Liebschaften, Abneigungen, Hass sowie die üblichen menschlichen Schwächen aber auch kriminelle Aktivitäten einer Partei. Jeder freie Mann – aber nicht die freie Frau – konnte prinzipiell eine Fehde führen. Ritter machten das Fehdewesen zu einem Kult und vererbten manchmal Streitigkeiten über Generationen hinweg. Fehden wurden dadurch zu einer Landplage. Durch eine Fehde wurde ein tatsächliches oder auch nur angenommenes privates Unrecht im Kampf wieder gut gemacht.

Häufig lagen Ritter mit Städten im Streit. Sie schickten einen Fehdebrief und kündigten den Ratsherren den Streit an. Der Stadt Frankfurt erklärten zwischen 1381 und 1425 nicht weniger als 108 Ritter eine Fehde. Die Stadt Köln besitzt noch heute über 700 Fehdebriefe, die ihr zwischen 1330 und 1360 zugestellt wurden. Als vermögende Handelsstadt lagen Nürnberg und seine „Pfeffersäcke", wie die reichen Kaufleute oft abfällig genannt wurden, für lange Zeit mit einem großen Teil der deutschen Fürsten in Fehde. Ritter Hennerle von Streif hegte einen Groll gegen die Stadt Worms, weil sie zwei ihm bekannte Raubritter einfach hatte aufhängen lassen. Er brachte andere Ritter auf seine Seite und erklärte 1373 der Stadt die Fehde. Schließlich zog er plündernd durch das

Abendländischer Ritter kämpft gegen moslemische Krieger

Wormser Umland und drangsalierte die Bauern. Um endlich Ruhe zu finden, stellten die Wormser Bürger Ritter Hennerle für 200 Gulden jährlich bei der Stadt an. Ritter Hennerle war jetzt in seinem Element und kümmerte sich um die Verteidigung der Stadt.

Im Spätmittelalter wurden Fehden immer stärker ausgeweitet und Fürsten, Bischöfe sowie Städte stritten sich in kriegsähnlichen Zuständen. Manche Ritter kämpften so lange gegeneinander, bis sie und ihre Sippe ruiniert waren.

Bei Städten war nach einer Fehde der Haushalt oft über Jahre zerrüttet. War die Wut besonders groß, wurden Burgen und Städte belagert und keine Kosten gescheut, um die Rachegelüste auszutoben. Waren die Streithähne schließlich erschöpft, musste der Verlierer ein Dokument unterschreiben und auf eine weitere Rache verzichten, während die Sieger zu feiern begannen. Oft wurden auch Vermittler eingeschaltet, um Sühne- und Ausgleichszahlungen auszuhandeln. Doch auf Revanche wurde selten verzichtet, manchmal genügte es, einige Leibeigene des Feindes totzuschlagen und schon ging die Fehde wieder los.

Um seine Fehden in den Griff zu bekommen, umgab sich ein betroffener Ritter meist mit einem Kreis von Zuträgern; Menschen, die ihm Informationen zusteckten und auch mit dem üblichen Tratsch versorgten. Freunde verkleideten sich als Bettelmönche und zogen durch die Lande, um zu horchen und sich umzusehen. Auf dem Gebiet der Fehdegegner war allerdings Vorsicht geboten, denn die hatten auch ihre Zuträger. Leibeigene Bauern erhielten Vergünstigungen, wenn sie genau hinschauten und ihrem Herrn jeden verdächtigen Fremden meldeten. Wichtig war auch, Minnesänger zu gewinnen, die vielleicht in der Burg des Gegners bei ihrem Auftritt einiges beobachten und später berichten konnten.

Eine Legende ist vermutlich die Suche des Minnesängers Blondel nach dem englischen König Richard I. Löwenherz. König Richard war bei seiner Rückreise aus dem Heiligen Land 1192 von Herzog Leopold V. von Österreich auf Burg Dürnstein festgesetzt worden. Eine ruchlose Tat, die sogar dem Papst gemeldet wurde, denn jedem Kreuzritter war bei der Rückreise freies Geleit zu gewähren. Der Minnesänger Blondel soll auf der Suche nach dem König von Burg zu Burg gezogen sein und jeweils ein bestimmtes Lied gesungen haben. Auf Burg Dürnstein habe ihm dann der König mit einer Fortsetzung des Gesanges geantwortet. In der Realität trat Herzog Leopold den berühmten Gefangenen später an Kaiser Heinrich VI. ab, der ihn erst nach einer hohen englischen Lösegeldzahlung und einem ihm gegebenen Lehnseid wieder frei ließ.

Femegerichte

Als eine der Reaktionen auf die ständigen Fehden der Ritterschaft und auf die Ungerechtigkeiten der Justiz entwickelten sich hauptsächlich im 14. Jahrhundert die gefürchteten Femegerichte. Sie tagten völlig im Geheimen, umgaben sich mit einer mystischen Aura und stützten sich auf Spitzel und Spione. Ihre Mitglieder gaben sich untereinander durch geheime Zeichen zu erkennen und verabredeten „Notworte", um sich bei Gefahren sofort gegenseitig zu helfen. Viele Fürsten gehörten heimlich einem Femegericht an und es gibt Hinweise, dass um 1429 auch Kaiser Sigismund Mitglied eines solchen Gerichtes war. Oberster Gerichtsherr war der Erzbischof von Köln, er nahm auch die neuen Gerichtsmitglieder auf, die in einem besonderen Ritual feierlich versprechen mussten, alle ihre Tätigkeiten völlig geheim zu halten. Vor einem normalen Gericht hatte der

Adel meist gute Karten, und es war eine Ausnahme, wenn etwa ein Ritter oder ein anderer Adeliger verurteilt wurde. Parallel entwickelte sich deshalb eine zweite Justiz mit Zuträgern und Denunzianten. Erfuhr ein Femegericht von einer ungesühnten Tat, musste es seine streng geheimen Ermittlungen aufnehmen. Fronboten wurden ausgeschickt, um einen Angeklagten zu laden. Verhandelt wurden nur solche Fälle, die mit der Todesstrafe gesühnt wurden.

Donnerte er plötzlich mitten in der Nacht dreimal an das Burgtor und stand dennoch kein Bote davor, so fand der Burgherr vielleicht eine an das Tor angenagelte Ladung zu einem Femegericht vor. Der Ladung zu folgen war allerdings riskant. Viele Angeklagte wurden deshalb entführt und mit Gewalt vor das Gericht gebracht. Femegerichte tagten in der Regel um Mitternacht im tiefen Wald oder in einer Ruine. Alle Mitglieder des Gerichts waren schwarz gekleidet und völlig vermummt, so dass niemand sie erkennen konnte. Der Richter nannte sich „Freigraf" und hatte als Zeichen seiner Macht ein Schwert und einen Strick vor sich auf dem Tisch liegen. Ihm zur Seite standen Schöffen. Er musste streng die Regeln der Feme-Gerichtsbarkeit befolgen. Wurde der Angeklagte als schuldig verurteilt, wurde er noch an Ort und Stelle von einem ebenfalls anwesenden Henker hingerichtet und erlebte den Sonnenaufgang nicht mehr. Erschien der Geladene nicht und konnte auch vorher nicht entführt werden, wurde er bei einem Schuldspruch „verfemt" und war damit vogelfrei. Das Urteil wurde anschließend ebenfalls nachts an das Burgtor genagelt. Nun konnte der Verurteilte getötet werden und „Wissende" waren verpflichtet, ihn zu töten. Er erfuhr allerdings zu keinem Zeitpunkt, wer gegen ihn geklagt hatte und warum es zur Verurteilung kam. Nur mögliche Ahnungen konnten ihm eine Auskunft geben. Misstrauen und Verdächtigungen wurden gesät, und jeder Unbekannte konnte in Zukunft ein Vollstrecker sein. Die Vollstreckung glich einem Meuchelmord und konnte noch Jahre später erfolgen. Allerdings mussten drei „Wissende" als Zeugen bei der Hinrichtung anwesend sein. Neben der Leiche wurde ein besonders markierter Dolch abgelegt, der bewies: Hier wurde ein Feme-Urteil vollstreckt.

Im Netz der Raubritter

Im Spätmittelalter beschleunigte sich der Niedergang der Ritterschaft. Durch die wachsende Macht der Fürsten wurden Ritter immer weniger benötigt und sie verloren ihre wirtschaftliche Grundlage. Freie Bürger, die mächtigen Städte und die Kaufleute traten in Konkurrenz zu ihnen und begannen sie zu verdrängen. Insbesondere die einfachen Ritter, die ohne ein reiches Lehen nicht an größeren Fürstenhöfen unterkommen konnten, wurden immer öfter zu Raubrittern. Sie vergaßen ihre ritterlichen Tugenden und taten das, wofür sie ihr Leben lang trainiert hatten: Sie kämpften. Doch der Kampf galt nicht dem Lehnsherrn, sondern ging auf eigene Rechnung; sie kämpften, um reich zu werden.

Raubritter provozierten bei jeder Gelegenheit Fehden, denn das Recht des Siegers zur Plünderung machte sie reich. Sie nahmen vermögende Bürger und auch wohlhabende Standesgenossen gefangen, denn jede Lösegeldzahlung vergrößerte ihr Vermögen. Doch am liebsten überfielen sie die reichen Kaufmannszüge, bei denen es wirklich etwas zu holen gab. Entlang der großen Handelswege wie etwa Flüssen oder Fernstraßen reihten sich versteckt auf Felsen oder in tiefen Wäldern die Burgen der Raubritter. Von dort zogen sie aus mit dem Ziel, große Kaufmannszüge, die teure Handelswaren mit sich führten, zu überfallen. Die mitreisenden Kaufleute wurden zusätzlich gefangen genommen und erst gegen ein Lösegeld wieder freigelassen. Je länger sich die Angehörigen mit der Zahlung des Lösegeldes Zeit ließen, umso höher wurden die Forderungen, denn die Raubritter rechneten einfach die tägliche Kost und Logis hinzu. Ritter Götz von Berlichingen überfiel einmal erfolgreich einen Handelszug und nahm gleich 30 Händler gefangen, die er nun zur Lösegelderpressung festsetzen musste. Sein Verlies aber war nicht groß genug. Traurig bemerkte er: „Da hab ich Hühner und keinen Korb."

Um über Kaufmannszüge rechtzeitig informiert zu sein, knüpften Raubritter oft mit Standeskollegen konspirative Verbindungen und unterhielten einen eigenen Geheimdienst. Kein Raubritter war allein aktiv, sondern wurde von Knappen, Knechten und weiteren Helfern begleitet. Vor den Lagerhallen in der Stadt oder an den Stadttoren warteten Handlanger und notierten alles, was sie sahen. Wer ausritt und vermögend aussah, wurde begutachtet und wenn nötig verfolgt. Kundschafter wurden ausgeschickt, um Straßen und Flüsse zu kontrollieren und dann sofort Meldung zu machen. In ländlichen Wirtshäusern und Herbergen saßen dunkle Gestalten und mischten sich unter die Gäste, um sie auszuhorchen. Mancher Wirt erhielt eine Prämie, wenn er den Knechten der Raubritter eilig wichtige Nachrichten zusteckte. Sogar auf die Informationen der Dorfpfarrer wurde nicht verzichtet. Beteten Kaufleute in der Kirche für eine gute Weiterreise ohne Gefahren und erbaten sie noch vom Pfarrer den Segen, dann erhielt genau dieser Pfarrer für seine Kirche umgehend eine Spende, wenn er anschließend zu den Verbindungsleuten eines Raubritters eilte. Mit dem Wert der Beute stieg auch die Spende.

Mancher Kirchenherr besserte sich sogar selbst als Raubritter sein Vermögen auf. Heinrich Graf von Henneberg war im 13. Jahrhundert Domherr in Würzburg. Er überfiel und beraubte reiche Bürger und wenn sich diese wehrten, wurden sie sofort von ihm exkommuniziert. Domherr Dietrich von Neuenahr predigte im 15. Jahrhundert sonntags zu seinen Schäfchen im Dom zu Köln. An manchen Wochentagen legte er jedoch seine Rüstung an und überfiel zusammen mit seinen Kriegsknechten fromme Gläubige, um sie auszurauben. Ebenfalls im 15. Jahrhundert boten adelige Nonnen im Kloster Mariensee bei Hannover den Reisenden günstige Übernachtungsmöglichkeiten an. Doch in der Nacht wurden die Gäste heimlich bestohlen, oder es wurden ihnen gegen

Bezahlung Liebesdienste angeboten. Als Herzog Wilhelm von Braunschweig den Sündenpfuhl ausräumen ließ, saßen die Nonnen auf dem Kirchendach und warfen mit Steinen.

Mutig waren die Raubritter schon, und der Volksmund preist noch heute ihre Taten. Sogar ihre hoch stehenden und mächtigen Standesgenossen, die Fürsten, sprachen manchmal wohlwollend von ihnen. Markgraf Friedrich von Brandenburg tadelte die Raubritter in seinem Gebiet und gestattete ihnen zwar, die Taschen der „Pfeffersäcke" ruhig „einmal zu schütteln", aber sie sollten die Besitzer der Taschen nicht gleich „abmurksen". Nürnberger Kaufleute beschwerten sich einmal bei Kaiser Maximilian und baten um Hilfe gegen den Raubritter Götz von Berlichingen, der nur eine Hand hatte und den Raubritter Hans von Selbitz, der nur noch ein Bein besaß. Der Kaiser soll daraufhin sinngemäß geantwortet haben: „Heiliger Gott, was soll das werden? Der eine hat nur eine Hand und der andere nur ein Bein. Was würdet ihr erst tun, wenn der erste zwei Hände und der zweite zwei Beine hätte?"

Raubritter Eppelein von Geilingen macht noch heute die Nürnberger wütend. Sie hatten ihn 1377 nach langer Verfolgung endlich gefasst und wollten ihn auf der Stadtmauer aufhängen. Als letzter Wunsch wollte Ritter Eppelein noch einmal auf seinem Streitross sitzen. Er wurde gefesselt darauf gesetzt und hatte die Nerven, dem Tier anschließend die Fersen in den Leib zu rammen, so dass es über die Mauer sprang und 16 Meter tief in den Wassergraben stürzte. Ritter Eppelein konnte fliehen. Danach machte in Deutschland ein Spruch die Runde: „Die Nürnberger hängen keinen, es sei denn, sie hätten ihn." Die Burg von Raub-ritter Franz von Sickingen war uneinnehmbar und konnte erst nach schwerem Artilleriebeschuss erobert werden. Als die Sieger die Trümmer durchsuchten und den schwer verletzten, sterbenden Raubritter fanden, meinte dieser trocken: „Nichts für ungut, hab' jetzt mit einem höheren Herrn zu reden" und starb.

Eine neue Art von Krieg

Der Hundertjährige Krieg (1339–1453) zwischen England und Frankreich veränderte die Kriegsführung des Mittelalters. Klassische Ritterheere verloren an Bedeutung und machten den Söldnern Platz, zusätzlich wurden Fußsoldaten und insbesondere die Artillerie immer wichtiger. Schlachten waren im Spätmittelalter immer weniger ritterlich und wurden von geheimen Aktionen begleitet. Heerführer mussten noch stärker als vorher Kriegslisten beherrschen. Der Ausgang einer Schlacht war nicht mehr wie im frühen Mittelalter eine Art Gottesurteil, das der Mensch nicht beeinflussen konnte, sondern das Schlachtenglück hing jetzt direkt von jedem selbst ab. Im Umfeld von Auseinandersetzungen waren alle Mittel recht, um sich einen Erfolg zu sichern. Nun wurden auch verstärkt Spione aktiv, die manchmal sogar gezielt beim Gegner eingeschleust oder angeworben wurden. Kriege wurden von nun an sowohl an der militärischen Front als auch an der Spionagefront geführt. Spione sollten ihre Auftraggeber informieren und die Gegenseite gezielt in die Irre führen. Aufgrund von verschiedenen Dokumenten können heute sogar solche frühen Spionageaktionen rekonstruiert werden.

Eine der ersten der heute noch bekannten frühen Spionageaffären des Mittelalters ereignete sich bereits vor dem Hundertjährigen Krieg in London. Der englische Höfling Sir Thomas Turberville geriet bei militärischen Auseinandersetzungen zwischen England und Frankreich in französische Gefangenschaft und wurde eingekerkert. Er saß bei Reims im Gefängnis und begann langsam die Hoffnung aufzugeben, vielleicht eines Tages seine englische Heimat wieder sehen zu können. Da machte ihm der französische König Philipp IV. das Angebot, er könne freikommen, wenn er in London als französischer Geheimagent tätig werden würde. Seine Aufgabe wäre nur, die Bewohner von Schottland und Wales gegen die englische Krone aufzuwiegeln, damit der englische König Edward I. seine Truppen in England konzentrieren musste und sie nicht mehr nach Frankreich schicken konnte. Turberville stimmte zu und es wurde für ihn 1296 eine dramatische Flucht aus dem Gefängnis inszeniert, seine Kinder musste er allerdings als Geiseln in Frankreich zurücklassen. Der englische König war über die erfolgreiche Flucht und Heimkehr des von ihm geschätzten Sir Thomas hoch erfreut und berief seinen Gefolgsmann in den englischen Staatsrat. Damit verfügte Frankreich über einen optimal platzierten Spion, der an allen wichtigen Beratungen des englischen Königs teilnahm. Tuberville hielt sein Versprechen und schickte über Sonderkuriere verschlüsselte Informationen nach Frankreich. Seine Aktivitäten waren hervorragend getarnt und der französische König konnte sich ein Bild über militärische Aktivitäten in England machen. Bald bemerkten allerdings Vertraute des englischen Königs, dass es in den Nachrichtensystemen des Hofes ein Leck gab. Sie meldeten es dem König. Als Mitglied des Staatsrates erfuhr Tuberville von der brisanten Nachricht und teilte sie seinen französischen Kontaktleuten mit. Diese Meldung wurde allerdings zufällig abgefangen und Tuberville sofort verhaftet. Unter Folter gestand er seine Spionagetätigkeit. Er wurde zum Tode verurteilt und hingerichtet.

Während früher hauptsächlich Kaufleute als Spione aktiv wurden, gelang es im Hundertjährigen Krieg neue und vorher unverdächtige Personengruppen im Spionagedienst zu platzieren. Es waren einerseits Frauen und andererseits harmlos wirkende Priester. Personengruppen, denen damals allgemein Friedfertigkeit nachgesagt wurde und denen kaum jemand unterstellte, dass unter ihnen Spione sein könnten. Von Frankreich aus reisten zu Beginn des Hundertjährigen Krieges wiederholt Frauen unauffällig nach Flandern, um Angriffsvorbereitungen der Engländer und ihrer Verbündeten zu beobachten. Solche Reisen fanden zuletzt fast regelmäßig statt, und von 1340 sind sogar Dokumente über eine Bezahlung dieser Frauen erhalten. Oft erhielten die Frauen außerdem den Auftrag, innerhalb von Flandern von Brügge nach Gent zu fahren, um die Stimmung in der Bevölkerung zu studieren. Beide Städte waren Handelszentren und Treffpunkte von weitgereisten Kaufleuten, die viel zu erzählen hatten. Ebenfalls im Jahr 1340 meldete eine französische Spionin, der Herzog von Brabant, der Graf von Flandern und andere lokale Fürsten wollten dem englischen König den Treueeid schwören. Der französische König wusste nun, dass England erfolgreich Verbündete gewann. Gleichzeitig teilte eine andere Frau mit, der König von England würde sich in Gent aufhalten und die Bevölkerung hätte ihn bereits als Lehnsherrn anerkannt. Weitere Horchposten zur Spionage waren die Städte Dover und Calais, wo sich englische Nachschubwege konzentrierten und regelmäßig viele Fremde auftauchten. Die englische Armee hatte beispielsweise in Calais ständig weit mehr als 50 000 Armbrustbolzen auf Lager, die von den Befehlshabern in Stückzahlen von mehr als 10 000 angefordert wurden. Englische Verwaltungsbeamte hatten sogar die Anweisung, ausländische Matrosen und Kaufleute in Calais zu beobachten und auch auszufragen. Jedes Gerücht wurde hier ausgewertet und dokumentiert.

Machten sich Frauen der Spionage verdächtig, waren die Strafen für sie in der Regel nicht so hart wie bei Männern. Sie wurden nicht hingerichtet und mussten meist nur das Land verlassen. Einige solcher Fälle sind sogar dokumentiert. Es gibt Hinweise, dass während des Krieges aus den englischen Gebieten in Frankreich einmal eine Colette Meno und ein anderes Mal eine Marianne Dupuis ausgewiesen wurden. Beide Frauen standen unter dem Verdacht, nicht nur mit dem französischen König zu sympathisieren, sondern ihn auch zu unterstützen. Wie sie entdeckt und enttarnt wurden, blieb allerdings unerwähnt.

Großes Misstrauen gab es während des Hundertjährigen Krieges in England gegen Ausländer und insbesondere gegen Mitglieder von Orden, deren Mütterhäuser in Frankreich standen. Fremde Mönche waren doppelt suspekt, einerseits wegen möglicher Spionageaktivitäten und andererseits weil der französische Klerus dem Papst gegenüber loyal war, während der englische Klerus eine Unabhängigkeit von Rom anstrebte. Ausländische Mönche und Nonnen wurden wegen Verdacht auf Spionage nicht selten aufgefordert, das Land zu verlassen oder ihre Bewegungsfreiheit wurde stark eingeschränkt. Gegen ausländische Priester gab es während des Krieges in England einmal gerichtliche Ermittlungen, weil sie angeblich Goldmünzen aus dem Land geschafft hatten, um die Goldreserven des Staates zu schmälern. Wurden in englischen Häfen Truppen und Waffen verschifft, durften meist ausländische Besucher, aber auch fremde Matrosen, Kleriker und Kaufleute, diese Häfen nicht betreten. Im Jahr 1380 wurde Geoffrey Broun, der sich als Engländer bezeichnete, im Hafen Harfleur in der damals englischen Normandie festgenommen. Ihm wurde vorgeworfen, er stehe mit französischen Spionen in Verbindung. Tatsächlich konnte nachgewiesen werden, dass Broun wegen seiner guten Sprachkenntnisse von französischen Spionen zuvor an der englischen Küste abgesetzt worden war, um Verteidigungsanlagen zu dokumentieren.

Nicht selten ging es im Hundertjährigen Krieg bei Spionageaktionen wie zu allen anderen Zeiten auch allein um Geld. Jean de Saint-Amand war zwar Priester, aber gemessen an seinem Vorstrafenregister einfach nur ein Betrüger. Er benötigte immer Geld. An einem Oktoberabend des Jahres 1367 kam er in einem Gasthaus in der Bretagne mit einem englischen Tischgenossen ins Gespräch. Beide unterhielten sich lange, und der Engländer gewann vermutlich den Eindruck, dass Saint-Amand möglicherweise ein guter Spion wäre. Mitten in der Nacht verließen sie das Lokal und der Engländer brachte Saint-Amand zu einer Mühle bei Saint-Malo. Sie trafen dort einen weiteren Engländer, der beide zum englischen Kommandanten von Saint-Malo führte. Nach einem langen Gespräch fragte der englische Kommandant Saint-Amand, ob er gegen gute Bezahlung als Spion arbeiten wolle. Aufgrund seiner guten Orts- und Sprachkenntnisse sollte er als Priester durch die Lande ziehen und predigen, gleichzeitig sollte er nebenbei Erkundigungen einziehen, wie groß die militärische Stärke des Herzogs von Brabant sei und ob der Herzog nun auf französischer oder englischer Seite stünde. Die Informationen sollten dann an ständig wechselnde Kontaktpersonen weitergegeben werden. Saint-Amand willigte nach einer Bedenkzeit und weiteren Gesprächen ein. Zuletzt erhielt er sogar die doppelte der ursprünglich zugesagten Geldsumme. Er reiste anschließend nach Calais, wo er allerdings verhaftet wurde. Möglicherweise war der geheimnisvolle Engländer im Gasthaus ein Anwerber für Spione gewesen, denn aufgrund der Sprachkenntnisse versuchten die Engländer hauptsächlich unter den Einheimischen Spione zu finden. Nach Dokumenten aus dem Jahr 1370 erhielten englische Spione, die in Calais eingesetzt waren, in diesem Jahr eine Entlohnung von mehr als 70 Pfund. Die Summe ist außergewöhnlich hoch, denn alle Boten des englischen Königs verdienten im gleichen Jahr zusammengenommen rund 183 Pfund. Englische Gouverneure verfügten über einen geheimen Etat, aus dem sie nach eigenem Ermessen Spione bezahlen konnten.

Mysteriös war während des Hundertjährigen Krieges die Aufgabe des französischen Priesters und Arztes Jean Fusoris, der möglicherweise sogar als Doppelagent arbeitete. Im August 1415 verhafteten die Franzosen einen Priester, der zwei Briefe für Fusoris bei sich trug. Der eine Absender war Richard Courtenay, Bischof von Norwich und ein Vertrauter des englischen Königs, der zweite Absender ein Bediensteter des Bischofs. Brisant war der Inhalt der Briefe, es ging um eine Anfrage zum möglichen zukünftigen Widerstand der Franzosen gegen die Engländer. Fusoris wurde daraufhin verhaftet, doch es kam nie zu einer Anklage; er wurde weder verurteilt noch freigesprochen. Weltliche und kirchliche Gerichte stritten sich so lange um die Zuständigkeit, bis der Fall im Sande verlaufen war. Ermittlungen zufolge hatte Fusoris bereits im Jahr vorher, Anfang 1414, den englischen Bischof in Paris getroffen und etwa ein halbes Jahr später reiste er mit einer französischen Gesandtschaft nach England, wo er angeblich sogar ein geheimes Gespräch mit dem englischen König führte. Die Affäre Fusoris gleicht an manchen Stellen modernen Versionen aus der Welt der Geheimdienste. Vermutlich hatten höchste Stellen nie das Interesse gehabt, den Fall aufzuklären. Es zeigt, dass sowohl das Spiel der Doppelagenten als auch der Schutz den diese genießen, eine lange Tradition haben.

Königliche Geheimdienste

Nach dem Hundertjährigen Krieg haben beide Parteien ihre Geheimdienste noch stärker als vorher ausgebaut und dauerhaft etabliert. In England waren 1431 die „Späher des Königs" gegründet worden. Es war ein Geheimdienst, der sich nach innen richtete. Die Späher hatten die Aufgabe, jede Veröffentlichung im Land nach aufrührerischen Texten zu durchsuchen. Waren sie erfolgreich, erhielten sie eine Belohnung von jeweils 20 Pfund. Wurde später der Angeklagte überführt und verurteilt, erhielten sie noch einmal die Hälfte von dessen Besitztümern. Allerdings wurden die „Späher des Königs" oft missbraucht, um gegen private Feinde von hoch gestellten Persönlichkeiten vorzugehen. Nach seinem Sieg über Richard III. baute 1485 Heinrich VII. die „Späher des Königs" zu einem voll organisierten Geheimdienst aus. Er unterschied beim Personal zwischen drei verschiedenen Arten von Mitarbeitern: dem Geheimagenten, einer Person, die ortsgebunden war und einen hohen sozialen Rang besaß; dem Informanten, einer Person aus den niederen Ständen, die gegen Vorteile wie etwa Geld Nachrichten weitergab oder denunzierte; sowie dem Spion, der seine Tätigkeit zum Beruf gemacht hatte und umherreiste oder von seinen Vorgesetzten geschickt wurde.

In Frankreich gab es unter König Karl V. erste Ansätze für einen organisierten Geheimdienst, der wie in England ebenfalls nach innen gerichtet war. Er setzte sich aus Spionen und Spitzeln zusammen und überwachte die eigene Bevölkerung, auch hier fiel ein häufiger Missbrauch durch den Hochadel auf. König Karl VII. stellte schließlich so genannte „Ordonnanzkompanien" auf, die mit großen Vollmachten das Land kontrollierten.

Furcht vor den Bleikammern –
Venezianische Geheimdiplomatie

Weltweit ist Venedig noch heute eine einzigartige Stadt und ihre Pracht verweist auf einen vergangenen Reichtum. Statt Straßen gibt es Kanäle und die Häuser stehen auf Pfählen im Meer, denn Venedig ist auf mehr als 100 Inseln erbaut und liegt mitten in einer Lagune des nördlichen Po-Deltas. Vom Festland aus muss eine Strecke von rund vier Kilometern zurückgelegt werden, um nach Venedig zu gelangen. Der Grund für diese merkwürdige Lage einer Stadt ist in den Wirren der Völkerwanderung zu suchen. Nach dem Vordringen der Langobarden nach Norditalien und dem Einfall der kriegerischen Hunnen war das alte Volk der Veneter in eine schützende Lagune geflüchtet und siedelte von nun an auf dem Wasser. Es war ein guter Schutz, denn weder die Germanen noch die Hunnen besaßen eine Flotte. In ihrer Isolation konnte sich die Stadt ungestört entwickeln.

Nach dem Ende des Weströmischen Reiches geriet Venedig unter eine byzantinische Verwaltung, die allerdings gegen Ende des 1. Jahrtausends immer schwächer wurde. Die Stadt wurde nach einer vom Papst geschürten Erhebung 726 zu einer Republik, die von nun an durch einen Dogen geleitet wurde. Dieser Doge residierte seit etwa 811 auf der Insel Rialto, die zum Ausgangspunkt der Stadtentwicklung wurde. Die Republik Venedig unterschied sich zwar in ihrer Verfassung und Entwicklung von den anderen italienischen Staaten ihrer Zeit, war allerdings dennoch alles andere als demokratisch. Der Doge war eine Art Alleinherrscher, der auf Lebzeiten nach einem komplizierten System gewählt wurde und über den der Adel der Stadt eifersüchtig wachte. Meist konnte ein Mann erst in einem fortgeschrittenen Alter zum Dogen gewählt werden, so dass die Amtszeit durchschnittlich 11 bis 12 Jahre dauerte. Von 976 bis 1032 stellte mit geringen Unterbrechungen die Familie Orseolo den Dogen und versuchte deshalb das Amt zu einer Familienherrschaft zu machen, was am Widerstand des Adels scheiterte. Danach wurde die Macht des Dogen eingeschränkt, er blieb zwar Heerführer, verlor jedoch in der Finanzverwaltung und in der Justiz an Einfluss. Jeder Doge war Vorsitzender des Herrschaftsrates der Stadt (*Signoria*) und wurde von Tribunen in seiner Amtsführung überwacht. Nach einer Adelsverschwörung von 1310 wurde zusätzlich noch der „Rat der Zehn" zur Kontrolle etabliert. Die Mitglieder dieses Rates wurden jährlich neu gewählt und ihre Namen blieben streng geheim. Sie beaufsichtigten zusätzlich eine Art von Geheimdienst und Geheimpolizei.

Der Reichtum Venedigs erwuchs aus dem Handel. Das Vermögen der großen Familien stammte nicht aus dem Grundbesitz sondern setzte sich aus Geld und Warenwerten zusammen. Allein durch seine Lage war Venedig als Seemacht prädestiniert und verdiente am Ost-West-Handel. Praktisch alle Waren, die aus dem Morgenland und aus Indien stammten oder sogar über die Seidenstraße aus dem fernen China eingeführt wurden, gingen durch die Hände der venezianischen Handelsherren. Für Baumwolle aus dem Orient und andere Güter hatte die Stadt das europäische Monopol. Europas wichtigste Handelsstraße begann in Venedig und führte dann über Augsburg nach Brügge. Der Reichtum wurde durch eine mächtige Flotte zäh verteidigt und ausgedehnt. Bald wurde Venedig neben einer Seemacht auch eine Landmacht, die sich entlang des Mittelmeers überall in der Form eines Flickenteppichs Gebiete und Stützpunkte sicherte. Bereits im 12. Jahrhundert gab es venezianische Niederlassungen an den Küsten von Dalmatien, Kleinasien, Syrien und Ägypten. Als internationales Zahlungsmittel begannen während dieser Zeit die Dukaten aus Venedig den Solidus aus Byzanz zu verdrängen. Konkurrenten wurden durch Kriege, Intrigen und Machenschaften ausgeschaltet, allein gegen Genua zogen sich Streitigkeiten über etwa 100 Jahre hin, bis sich zuletzt Venedig durchsetzte. Regiert wurde Venedig von rund 1600 Patrizierfamilien, die sich Macht und Reichtum teilten und sich eifersüchtig gegenseitig überwachten. Alle zentralen Ämter im Staat und in der Stadt wurden von Mitgliedern dieser Familien wahrgenommen. Der Große Rat setzte sich aus Angehörigen der bedeutendsten Familien der Stadt zusammen, aus ihrem Kreis kam stets der Doge. Der Kleine Rat war schließlich das Parlament der Stadt und ein Kollegium aus dem Dogen und 12 weiteren Mitgliedern bildete die Regierung. Venedig war somit eine typische Oligarchie, in der weni-ge Familien über das Schicksal der Ende des 15. Jahrhunderts immerhin rund 150 000 Einwohner der Stadt bestimmten.

Die Staatsinquisitatoren

Ab 1539 bestimmte der „Rat der Zehn" jährlich drei Richter, deren Aufgabe allein darin bestand, mögliche Rebellionen und Umstürze früh aufzuspüren und zu verhindern. Diese Staatsinquisitatoren (*Inquisitori di stato*) schufen ein Klima aus Angst, Denunziation und Intrigen. Für sie arbeitete eine effektive Geheimpolizei mit bezahlten Zuträgern. Bürger wurden aufgefordert, ihre Mitbürger zu denunzieren und konnten völlig anonym Namen von Verdächtigten mitteilen. Menschen, die in die Fänge der Staatsinquisitatoren gerieten, wussten zu keinem Zeitpunkt, warum sie überhaupt verhaftet und verurteilt wurden. Ihr Prozess blieb streng geheim und gegen ein Urteil gab es selbst bei der Todesstrafe keine Berufung. Menschen konnten einfach spurlos verschwinden und tauchten nie

Seufzer-Brücke, Weg zu den Bleikammern in Venedig

wieder auf. Casanova, ein noch heute populärer Sohn der Stadt, wurde beispielsweise verhaftet, ohne jemals den Grund dafür zu erfahren. Er verschwand 1755 in den berüchtigten Bleikammern, einem Gefängnis unter dem Dach des Dogenpalastes, und wäre sicherlich vergessen worden, wenn ihm nicht eine spektakuläre Flucht gelungen wäre. Möglicherweise war Casanova der Kontakt zum französischen Botschafter in der Lagunenstadt zum Verhängnis geworden, denn venezianischen Bürgern war jede Verbindung zu Ausländern verboten. Für Frankreich war Casanova sogar als Spion aktiv und beobachtete im Jahre 1757 Kriegsschiffe in Dünkirchen. Eine seiner Aufgaben war es, durch charmantes Auftreten Informationen über die Ausrüstung und die Zahl der Matrosen zu erfahren. Er brachte es fertig, den Schiffsoffizieren eine solche Wichtigkeit zu suggerieren, dass sie bereitwillig viel zu viel erzählten. Seine Tätigkeit war allerdings nach einem Jahr wieder beendet, und er konnte sich erneut den Aufgaben widmen, die ihn später so berühmt machten.

Mit der Zeit riss der „Rat der Zehn" immer mehr Macht an sich und die Staatsinquisitatoren mischten sich auch in das Privatleben der einfachen Bürger ein. Eine Flut von Vorschriften wurde produziert. Eine mächtige Geheimpolizei kümmerte sich sogar um die Kleiderordnung und setzte die Moralvorstellungen des Staates durch. Die getrennten Lebensräume und der Lebensstil von Adel und Bürgern wurden, um jede Form von Annäherungen zu verhindern, überwacht. Es durfte keinem einzigen Adeligen gelingen, Bürger zu einer Revolution aufzuhetzen, und jede politische Gruppenbildung wurde im Keim erstickt. Einmal im Jahr wurde diese Bevormundung allerdings außer Kraft gesetzt. Dann war Karneval in Venedig und Standesunterschiede verschwanden kurzzeitig hinter einem kostbaren Maskenkostüm, so dass die Geheimpolizei Schwierigkeiten hatte, missliebige Bürger zu identifizieren. Herren sprachen sich dann mit „*sior maschera*" („Herr Maske") an und waren für die strenge Obrigkeit nicht mehr fassbar. Gesichtsmasken wahrten das Inkognito und garantierten dem Lebenshunger einen Durchbruch. Adel und Bürger waren während dieser Zeit trotz aller Trennung erotischen Abenteuern nicht abgeneigt und ihre Töchter und Söhne fanden zusammen. Sogar der Klerus wollte bei den Maskeraden nicht zurückstehen. Um nicht aufzufallen, blieb dem Erzbischof im 17. Jahrhundert nur noch übrig, auch für die Geistlichkeit beim Karneval einen Maskenzwang zu verordnen.

Bei den obersten Schichten der Gesellschaft war die strenge Obrigkeit dagegen blind und taub, denn der Geheimdienst wurde durch sie gesteuert. Wenn es um die Interessen des Staates ging, wurden Regeln und Gesetze außer Kraft gesetzt. Berühmt und legendär war dabei die Rolle der Kurtisanen von Venedig, die den Aufwand von Prinzessinnen trieben, jedoch meist attraktiver waren als diese. Venezianische Kurtisanen waren wegen ihrer Schönheit und Raffinesse in ganz Europa begehrt. Sogar König Heinrich III. von Frankreich, der wie alle französischen Könige auf diesem Gebiet nicht gerade unbedarft war, verlangte bei einem Staatsbesuch eine Nacht ohne Protokoll. Die begehrtesten der Kurtisanen wurden vom Geheimdienst gehätschelt, denn sie waren nicht selten Augen und Ohren der Republik. Im verallgemeinerten und heutigen Sinn waren sie hochbezahlte „Staatshuren", die wichtigen Persönlichkeiten gefielen und sie gleichzeitig aushorchten. Junge Frauen aus den einfachsten Verhältnissen konnten, wenn sie außergewöhnlich attraktiv waren, über notwendige Talente verfügten und keine Scheu kannten, während der Blütezeit Venedigs vom Geheimdienst senkrecht in höchste gesellschaftliche Kreise emporgehoben werden. Sie mussten nur wissen, dass sie ein Mittel zum Zweck waren und ihr schneller Reichtum bis ins hohe Alter reichen musste.

Venezianische Botschafter

Die Republik Venedig sowie der Kirchenstaat des Papstes waren die ersten europäischen Staaten, die dauerhafte diplomatische Beziehungen zu anderen Ländern anbahnten. Bereits aus dem Jahr 1268 stammt eine Anweisung, dass jeder venezianische Gesandte nach seiner Rückkehr innerhalb von 15 Tagen einen ausführlichen Bericht über seine Erfahrungen und Beobachtungen über die Mission der Staatsführung abliefern musste. Sogar Fragen, die ihm im Ausland gestellt wurden und die er nicht beantworten konnte oder wollte, waren zu notieren. Um ihn vom Verdacht der Käuflichkeit frei zu halten, durfte kein Gesandter bei Besuchen ein persönliches Geschenk annehmen. Ihm selbst war es allerdings gestattet, Intrigen zu spinnen, zu bestechen und Persönlichkeiten seines Gastlandes notfalls zu erpressen. Venedig unterhielt sogar Botschafter, die dauerhaft im Ausland lebten und dort auch als Spione aktiv waren. Ihnen standen größere Geldsummen zur Bezahlung von Zuträgern und Spionen zur Verfügung. Abfangen von fremder Post, Diebstahl und Bestechung waren für venezianische Botschafter keine kriminellen Handlungen, sondern gehörten zur Kunst der Diplomatie. Im 16. Jahrhundert leistete sich Venedig feste diplomatische Vertretungen in Madrid, Wien, Rom, Paris und London; sie waren alle Spionagestützpunkte. In anderen Staaten gab es Niederlassungen, die rasch Diplomaten zur Verfügung gestellt werden konnten. Als das Osmanische Reich Handelswege nach Venedig zu blockieren begann, schickte Venedig eigens einen Botschafter nach Persien, der nur formal diplomatische Aktivitäten entfaltete, in Wirklichkeit aber die Aufgabe hatte, mögliche Lücken in den türkischen Sperren zu finden. Botschafter Josafat Barbaro reiste vier Jahre lang durch Mesopotamien, Arabien und Persien und besuchte alle wichtigen Handelsplätze. Er zahlte Bestechungsgelder und warb Spione an. Anschließend empfahl er dem Dogen, die türkischen Sperren im Norden zu umgehen. Er regte Verträge mit den Russen an, um teure indische und chinesische Waren in Zukunft entlang des Kaspischen Meeres sowie der Wolga zu transportieren. Dadurch könnte Venedig wieder verdienen und den Türken wäre es nicht mehr möglich, die Preise hochzutreiben und Gewinne abzuschöpfen.

Während des Mittelalters war Latein die Sprache der Diplomaten und ihrer Korrespondenzen. Wichtige Verträge wurden in Latein verfasst. Seit dem Ende des 15. Jahrhunderts setzte sich dank der Umtriebigkeit der Venezianer langsam das Italienische durch und erst im 18. Jahrhundert das Französische, während heute das Englische dominiert.

Auch bei einer Tätigkeit im Ausland blieben einflussreiche Bürger Venedigs häufig noch Kundschafter für ihren Staat. Für venezianische Kardinäle war es fast eine Selbstverständlichkeit, Absprachen mit dem Papst, die eigentlich geheim waren, umgehend nach Venedig zu melden. Kardinal Domenico Grimani lebte um 1500 in der Nähe von Rom und ließ beispielsweise alle Depeschen, die durch seine Hände gingen, heimlich abschreiben und die Kopie nach Venedig schicken.

Mit seinen Staatsarchiven war Venedig erstaunlich modern. Alle diplomatischen Korrespondenzen, geheimen Berichte und Briefe aber auch alle Verträge und Abkommen wurden zentral archiviert und konnten dadurch gut bewacht werden. Damit unterschied sich Venedig schon früh von vielen europäischen

Staaten, bei denen noch im 15. Jahrhundert viele Minister ihre von ihnen selbst bearbeiteten Staatspapiere bei sich zu Hause lagerten. Ihnen stand dafür eine massive verschlossene Holztruhe, eine *arcas* (vermutlich der Vorläufer für den Begriff „Archiv"), zur Verfügung, die nach ihrem Tod unter Aufsicht dem jeweiligen Herrscher übergeben wurde, der sie dann in seinen unterschiedlichen Schlössern abstellte. Aus diesem Grund mussten nicht selten zahlreiche staatliche Dokumente nach dem Tod eines Königs lange in seinen verschiedenen Wohnsitzen gesucht werden. Wichtige Geheimdokumente wurden in Venedig durch besondere Kuriere transportiert und waren verschlüsselt. Eine eigene Staatspost, die so genannte „Bailage", widmete sich den diplomatischen Korrespondenzen und hatte in allen Metropolen Niederlassungen. Auch nachdem Konstantinopel in die Hände der Türken gefallen war, unterhielt Venedig immer noch seine dortige Niederlassung der Bailage. Der Leiter der Bailage in Konstantinopel trug den Titel „Bailo" und war allein dem Großen Rat verantwortlich. Er musste auch Gesandte betreuen, die für Verhandlungen geschickt wurden.

Gingen Dokumente verloren, wurde stets die Verschlüsselung der Texte geändert. Nicht selten waren Verschlüsselungen überraschend einfach und doch schwer zu durchschauen. Als die Bedrohung durch das Osmanische Reich für Venedig immer dramatischer wurde, ging 1499 einmal ein Brief eines Spions ein, der berichtete, dass Piraten ein venezianisches Schiff von 200 *botti* (120 Tonnen) gekapert hätten. Diese Nachricht war ein Code, der aussagte, dass die Türken gerade dabei waren, eine Flotte von 200 Kriegsschiffen zu sammeln.

Für die übrigen und nicht geheimen Dokumente wurde manchmal der Dienst von großen Banken in Anspruch genommen. Meist hatten diese großen Banken ihren Sitz in Italien und unterhielten Zweigstellen im Ausland. Zusammen mit der Bankpost wurden von ihnen auch weniger wichtige Staatspapiere und Botschaften befördert. Französische Zweigstellen von großen italienischen Banken übernahmen sogar kostengünstig die Beförderung von amtlichen Depeschen.

Venedig im Krieg

Um seine über das Mittelmeer verteilten Besitzungen zu beschützen und die Handelswege zu kontrollieren, unterhielt Venedig eine mächtige Flotte. Außerdem gab es in jedem größeren Hafen Spione für militärische und wirtschaftliche Interessen. Im 15. Jahrhundert verfügte die venezianische Handelsflotte über rund 3300 Schiffe, die oft im Geleit fuhren und von Kriegsschiffen begleitet wurden. Handelsschiffe vom allgemein verbreiteten Typ der Galeeren konnten über eine Ladekapazität von mehr als 250 Tonnen verfügen. Sie waren rund 40 Meter lang und wurden sowohl von Segeln als auch von Ruderern angetrieben. Rund 200 Mann Besatzung befanden sich auf diesen großen Handelsgaleeren, so dass aufgrund der Flottengröße in Venedig etwa 36 000 Seeleute lebten. Der

Schutz der Handelsschiffe durch schnelle und wendige Kriegsgaleeren war notwendig, weil es im Mittelmeer von Piraten nur so wimmelte. Sie überfielen von ihren nordafrikanischen Stützpunkten aus die Handelsflotten und beschäftigten in den großen Hafenstädten ebenfalls eigene Spione. Die Piraten waren überwiegend Moslems und stellten der osmanischen Kriegsflotte erfahrene Kapitäne und Besatzungen zur Verfügung.

In Kriegszeiten konnte Venedig seine Kriegsflotte ungewöhnlich rasch vergrößern und erreichte dadurch schnell eine hohe Kampfkraft. Die Stadt unterhielt einen von hohen Mauern festungsartig abgegrenzten und streng bewachten Werftbereich, der „Arsenal" genannt wurde. Vom Meer aus war der Zugang zum Arsenal nur so breit wie ein Schiff, und für Fremde war das Gebiet hermetisch abgeriegelt. Tag und Nacht riefen sich die Bewacher stündlich eine Parole zu, um ihre Aufmerksamkeit anzuzeigen. Während der Blütezeit Venedigs war das Arsenal die größte Industrieanlage Europas. In diesem rund 24 Hektar großen Gebiet gab es drei Hafenbecken, in denen um das Jahr 1480 etwa 80 und später sogar 116 Kriegsgaleeren gleichzeitig gebaut werden konnten. Die einzelnen Teile einer Galeere lagen bereits vorgefertigt in Hallen und wurden in einer Art Fließbandarbeit zusammengesetzt. Seile und Taue wurden in einem 300 Meter langen Gebäude gedreht. Rund 250 gut ausgebildete Facharbeiter sollen in der Lage gewesen sein, innerhalb eines halben Jahres etwa 20 Galeeren zu bauen. In großen, von außen nicht einsehbaren Schuppen, die einzeln etwa 40 mal 20 Meter lang waren, lagen oft mehr als 100 Galeeren, die bei Bedarf nur noch ausgerüstet werden mussten, um dann seetauglich zu sein. Alle Arbeiten waren hervorragend organisiert, denn rund zehn dieser auf Vorrat gebauten Galeeren konnten innerhalb von 6 Stunden voll bewaffnet und zum Auslaufen gebracht werden. Durchschnittlich waren 2000 Menschen im Arsenal beschäftigt. Sie waren privilegiert und hochbezahlt, wurden allerdings auch streng überwacht. Von fremden Werften wurden begehrte Spezialisten oft gegen eine fürstliche Belohnung abgeworben und dann an Venedig gebunden. Damit sich unter den Arbeitern keine Spione einschleichen konnten, bildeten die Handwerker meist Familiendynastien, und Väter gaben ihr geheim gehaltenes Wissen nur an ihre Söhne weiter.

Eine typische venezianische Kriegsgaleere war ungewöhnlich schnell und wurde von einem großen Lateinersegel sowie von Ruderern angetrieben. Ihr Tiefgang betrug bei einer Länge von 40 Metern nur rund anderthalb Meter und die Breite nur rund 5 Meter. Am Bug war sie mit einem massiven Rammsporn ausgestattet. Über der Mittellinie der Vordecks war eine etwa 5000 Pfund schwere und 4,50 Meter lange Bugkanone montiert, mit der gehackter Eisenschrott verschossen wurde. Auf Plattformen und entlang der Mittellinie waren zusätzlich noch kleinere Geschütze angebracht, daneben gab es noch Plätze für Bogenschützen und Musketiere sowie für das Enterkommando. Die 150 oder mehr Ruderer arbeiteten in Schichten und verliehen der Galeere eine Durchschnittsgeschwindigkeit von etwa 3 Knoten. Bei Angriffen konnte sogar eine Spurtgeschwindigkeit von 7 Knoten erreicht werden. Mit Windunterstützung konnten Kriegsgaleeren bis zu 12 Knoten schnell sein. Durch ihre schlanke Bauweise und den geringen Tiefgang waren sie allerdings auf hoher See bei starkem Wellengang sehr gefährdet, so dass Seeschlachten meist in Küstennähe stattfanden.

Die Kapazitäten und die Stärke seiner Flotte nützte Venedig schon früh skrupellos für eigene Vorteile aus. Als Papst Urban II. im November 1095 zum Kreuzzug aufrief, folgten die abendländischen Fürsten mit großem Eifer und nur Venedig hielt sich abseits. Es wollte sich die guten Geschäfte mit den islamischen Staaten nicht verderben. Später verlangte Venedig von den Kreuzritterheeren horrende Summen für den Transport in das Heilige Land. Flottenunterstützungen während der Kriegszüge der Kreuzritter gewährte Venedig nur gegen Handelskonzessionen sowie Rechte für Handelsniederlassungen. Manchmal setzten sich Teile der venezianischen Flotte auch ab, um Reliquien oder Kunstschätze zu rauben. Während sich europäische Fürsten und Ritter für die Kreuzzüge verschuldeten, machte Venedig ohne Hemmungen Gewinne.

Den vierten Kreuzzug von 1202 bis 1204 leitete Venedig sogar zu seinem eigenen Vorteil um. Es brachte die Kreuzritter dazu, statt das Heilige Land, den Konkurrenten von Venedig, die byzantinische Hauptstadt Konstantinopel, zu erobern und zu plündern. Große Teile des Beutegutes wurden nach Venedig gebracht. Die Pferde von San Marco sind beispielsweise Diebesgut und wurden einst in Konstantinopel gestohlen. Andere geraubte Kunstwerke erhielten neue Namen, um ihre eigentliche Herkunft zu verschleiern. Papst Innozenz III. tobte zwar später über den missbrauchten Kreuzzug und die Machenschaften von Venedig, aber die Lagunenstadt hatte Tatsachen geschaffen und beschleunigte ihren Aufstieg. Im 15. Jahrhundert boten die Venezianer sogar Pauschalreisen in das Heilige Land an. Für etwa 50 Dukaten wurde ein Pilger zunächst von Venedig nach Jaffa transportiert, ritt dann auf einem Esel nach Jerusalem und konnte anschließend wieder gut versorgt nach Venedig zurückkreisen. In dem Pauschalpreis waren auch Schutzzölle für die Moslems und Bestechungsgelder enthalten. Für die Fürsorge, die letztlich ein gutes Geschäft war, erhielten die venezianischen Handelsherren hohes Lob; sie hatten als erste die Pauschalreise erfunden.

In seinen Geschäften und diplomatischen Aktivitäten war Venedig skrupellos und wurde deshalb sogar von Partnern nicht selten ebenfalls hart angepackt. Als Seemacht war die Lagunenstadt ein ernst zu nehmender Gegner, doch für wirklich große Auseinandersetzungen war Venedig nicht mächtig genug. Es benötigte deshalb Bündnisse und Allianzpartner, um bei den Großen mitzumischen. Im 16. Jahrhundert wurde das Osmanische Reich die dominierende Macht des östlichen Mittelmeeres und ein gefürchteter Rivale für venezianische Interessen. Lange Zeit waren die Türken nur an Land gefährlich und auf

See schwach. Erst als erfahrene moslemische Piratenkapitäne ihre Schiffe übernahmen, wurde das Osmanische Reich auch zur Seemacht. Aus Furcht vor dem Verlust seiner Besitztümer und Niederlassungen in Griechenland war Venedig mit dem Papst sowie dem deutschen Kaiser und König von Spanien, Karl V., ein Bündnis eingegangen, und es kam im Sommer 1537 zu einem Krieg mit den Türken. Für eine gemeinsame Kriegsflotte stellten Venedig 81 Schiffe, der Papst 13 Schiffe und Karl V. 30 spanische Schiffe zur Verfügung. Über die Leitung des christlichen Flottenverbandes gab es Streitigkeiten. Als die Flotte in der Ägäis mit türkischen Flottenverbänden zusammenstieß, zogen sich Venedigs Partner einfach zurück und überließen die venezianischen Schiffsverbände ihrem Schicksal. Venedig verlor den Kampf und musste aufgeben, türkische Truppen besetzten daraufhin einige griechische Inseln, die vorher zu Venedig gehört hatten.

Venedig wollte nach der Niederlage einen Botschafter zum Sultan schicken, doch dieser lehnte es ab, ihn zu empfangen. Als alle Verhandlungsversuche erfolglos blieben, nahm die Stadt mit dem König von Frankreich, Franz I., Kontakt auf und bat um Vermittlung. Franz I. stimmte zu, denn er wollte seinem Hauptgegner, dem deutschen Kaiser Karl V., schaden und sein Bündnis mit Venedig schwächen. Der französische König wies seinen Botschafter in Konstantinopel, Antoine Rincon, an, mit dem Sultan Kontakt aufzunehmen. Rincon bestach hohe türkische Beamte mit kostbaren Geschenken im Wert von über 67 500 französischen Livres und konnte die Regierung des Sultans umstimmen. Venedig schickte nun seinen Botschafter Luigi Badoer mit allerdings ungenügenden Instruktionen zum Sultan und gab ihm heimlich 30 000 Dukaten Bestechungsgelder mit. Zwei Sekretäre der venezianischen Regierung erfuhren von den Plänen und verkauften entsprechende Geheimdokumente an Guillaume Pellicier, den französischen Botschafter in Venedig. Pellicier gab die Information an seinen König weiter und schickte gleichzeitig eine Kopie der Dokumente an den Sultan. Die Regierung des Osmanischen Reiches verhandelte anschließend mit großer Höflichkeit, aber nur zum Schein und sehr langwierig mit Badoer, denn sie kannten genau dessen Instruktionen. Plötzlich warfen die Türken dem überraschten Badoer vor, er sei ein Lügner und Betrüger und drohten mit einem erneuten Krieg gegen Venedig. Der betrogene venezianische Botschafter wurde eingeschüchtert und unterschrieb, weil die Anweisungen seiner Regierung teils widersprüchlich waren, den vom Sultan bereits vorbereiteten Friedensvertrag, mit dem Venedig einen Teil des Peloponnes und weitere griechische Inseln an das Osmanische Reich abtrat.

Spione von Kaiser Karl V. hatten von den Absprachen zwischen Frankreich und dem Osmanischen Reich erfahren und hefteten Auftragsmörder auf die Spuren des französischen Botschafters. Als Rincon mit Dokumenten des Sultans und Aufzeichnungen aus eigenen Spionageaktivitäten nach Frankreich zurückkehren wollte, riss seine Spur unterwegs plötzlich ab. Er und ein enger

Mitarbeiter waren in Italien von einem eingeschleusten Kommando ermordet worden. Anschließend forschten französische Spione intensiv nach ihrem verschollenen Botschafter und durchsuchten Norditalien. Bald machten sie einen Vertrauten von Rincon ausfindig, der von diesem vorher noch geheime Dokumente zur Aufbewahrung erhalten hatte. Der Mord wurde sofort von Frankreich zu einer Affäre hochgespielt, doch Karl V. wies überzeugend nach, dass er von nichts etwas gewusst hatte.

Skrupellose Machtfamilien –
„Spionagekunst" der Renaissance

Im Mittelalter war der einzelne Mensch in eine göttliche Hierarchie eingebettet. Sein Platz in der Gesellschaft war ihm vorgegeben und er fand sich meist schicksalhaft damit ab. Es bedurfte außergewöhnlicher Glücksumstände, um die Grenzen seines Standes zu überspringen. Kriegstaten konnten beispielsweise einen Fürsten anregen, einen mutigen Soldaten zu adeln und in der Hierarchie nach oben zu bringen. Ganz anders war die Situation in der Renaissance, die auf Traditionen der Antike zurückgriff. Der Mensch konnte nun selbst bestimmen, wo er stand, und insbesondere die Mitglieder der gesellschaftlichen Oberschicht nutzten solche Ansichten, um den eigenen Egoismus durchzusetzen. Macht bestimmte die Politik und alle Mittel waren recht, um diese Macht zu erreichen und zu behalten. Politisch begründete Verbrechen gab es bereits vor der Renaissance. Während der Renaissance aber galten sie in vielen Staaten als eine Selbstverständlichkeit und wurden bei allen sich bietenden Gelegenheiten genutzt. Spionage wurde zur Kunst erhoben und gehörte zur Machtpolitik. Um seine Ziele zu erreichen, war dem Machtmenschen jedes Mittel recht; Intrigen, Spionage, Betrug und – wenn es sein musste – auch Mord und Totschlag. Ethische Normen zu befolgen und sich an überlieferte Moralvorstellungen zu halten, konnte schnell als Schwäche ausgelegt werden und regte den Gegner zu neuen Machenschaften an.

Der Politiker und Schriftsteller Niccolo Machiavelli (1469–1527) beschrieb in seinem Werk „Der Fürst" eindringlich den Machtmenschen der Renaissance, der rücksichtslos seine Interessen durchsetzte und für den traditionelle ethische Normen nicht mehr galten. Der ritterliche Mensch des Mittelalters hatte als Vorbild ausgedient, es zählte nur noch der Willensmensch, der sein Handeln allein seinem Willen unterordnete. Das vom Herrscher bestimmte Wohl des Staates genoss Priorität und die Interessen des einzelnen Menschen zählten dabei wenig. Macht und Reichtum waren das Ziel des Handelns, und es störte kaum, wenn der individuelle Mensch auf der Strecke blieb. Der Ruhm des Herrschers ergab sich aus seinem Erfolg und nicht aus dem ethisch korrekten Weg dorthin. Waren Macht und Reichtum erreicht, wurden sie mit allen erdenklichen Mitteln verteidigt.

Die Beispiele der Skrupellosigkeit auf dem Weg zur Macht während der Renaissance in Italien sind endlos. Es soll nur eines herausgegriffen werden:

Papst Sixtus IV. wollte seinem Neffen, Raffaello Riario, den er gerade zum Erzbischof ernannt hatte, eine neue Machtposition verschaffen und nutzte das Ränkespiel der florentinischen Adelsfamilie Pazzi gegen die herrschenden Medici. Es wurden Meuchelmörder angeworben, um wichtige Vertreter der Familie Medici beim Kirchgang zu ermorden. Die Tat sollte am Ostersonntag des Jahres 1478 während des Hochamtes im Dom von Florenz stattfinden. In den Kirchen gab es damals noch keine Bänke, so dass sich die Gläubigen frei bewegten, sie konnten jederzeit kommen und gehen. Als Zeitpunkt des Verbrechens wurde der Augenblick gewählt, wenn der Priester die Hostie zur Wandlung erhob und sie heiligte. Es war bekannt, dass sich dann die knienden Menschen beugten, nach innen kehrten und der heiligen Handlung ehrfürchtig gedachten. Durch das Beugen des Kopfes nahmen sie allerdings nicht wahr, was um sie herum geschah und waren damit leicht angreifbar. Die Mörder sollten deshalb in diesem Augenblick aufspringen, um die Angehörigen der Medici, die sich während der Messe unter den Gläubigen befanden, blitzschnell von hinten zu erdolchen.

Kaum hatte der Priester die Hostie feierlich gehoben, sprangen die Mörder schon auf und stürzten sich auf die beiden anwesenden Medici. Die Tat ereignete sich völlig überraschend und traf Gläubige, die erst reagierten, als alles schon geschehen war. Giuliano de Medici wurde erstochen. Sein Bruder, Lorenzo de Medici, sollte von zwei Priestern ermordet werden. Doch diese verstanden den Dolch nicht zu führen und trafen Lorenzo nur an einer Schulter. Selbst in der Kirche hatte Lorenzo ein Schwert dabei, das er nun zog, um auf die Attentäter einzuschlagen. Danach sprang er über das Gitter zum Altarraum und rannte, verfolgt von den Mördern seines Bruders und beschützt von Freunden, zur Sakristei. Einer seiner Freunde wurde unterwegs getötet und ein zweiter schwer verletzt. Noch vor den Mördern erreichte Lorenzo die Sakristei und warf die Tür hinter sich zu. In dem anschließenden Chaos verschwanden die Mörder. Helfer saugten sofort Lorenzos Wunde aus, denn sie fürchteten, dass der Dolch vergiftet gewesen war.

Noch während der Messe war der Erzbischof von Pisa, Francesco Salviati, der ebenfalls an der Verschwörung beteiligt war, mit Söldnern, die sich als Priester verkleidet hatten, im Palast der Florentiner Stadtführung (*Palazzo della Signoria*) eingetroffen, um eine Botschaft des Papstes zu überbringen. Unter diesem Vorwand wollten sie durch einen Putsch die Amtsgeschäfte übernehmen. Salviati wurde in die Amtsräume geführt, verhielt sich allerdings so nervös und unprofessionell, dass die anwesenden Stadtväter misstrauisch wurden und die Palastwache kommen ließen. Nun traf auch die Nachricht vom Mord im Dom ein und weitere Wachen eilten herbei. Der Erzbischof verlor die Nerven, packte einen Strick und erhängte sich an einem Fensterkreuz. In den folgenden Tagen wurden in Florenz etwa 80 Menschen ermordet. Sie waren entweder an dem Attentat beteiligt, oder man vermutete, dass sie eventuell beteiligt gewesen sein könnten. Francesco de Pazzi, einer der Mörder von Giuliano de Medici,

Lucrezia Borgia, Tochter von Papst Alexander VI. und Schwester von Cesare Borgia

wurde in seinem Haus in einem Versteck gefunden und sogleich an dem Fensterkreuz aufgehängt, wo bereits die Leiche von Erzbischof Salviati hing. Der zweite Mörder, Bernardo di Bandini Baroncelli, war bis nach Konstantinopel geflohen, wurde allerdings vom Sultan ausgeliefert und ebenfalls aufgehängt. Papst Sixtus IV. war über das Misslingen der von ihm unterstützten Verschwörung wütend. Er verbot in Florenz Messen zu lesen und exkommunizierte Lorenzo. Die Guthaben der Medici-Bank in Rom wurden beschlagnahmt, weil Erzbischof Salviati „hingerichtet" worden war.

Im Mittelalter war die Kirche ein heiliger Ort und unantastbar. Flüchteten sich Verfolgte in eine Kirche, konnten sie auf Schutz hoffen. Morde in einer Kirche waren undenkbar. Während der Renaissance aber wurde die Kirche nicht selten ein Ort für Attentate. 1435 wurde in Fabriano in Italien die tyrannische Familie der Chiavelli während eines Hochamtes ermordet. Herzog Giovan-Maria Visconti und Herzog Galeazzo Maria Sforza fielen schließlich in Mailänder Kirchen jeweils einer Verschwörung zum Opfer. Im Charakter der Machtmenschen der Renaissance gab es seltsame Widersprüche. Einerseits waren sie meist hochgebildet und kultiviert, andererseits aber waren sie nicht weniger selten moralisch verkommen und ohne Skrupel. Während der Renaissance blühten insbesondere in Italien Kunst und Kultur in einer heute unerreichten Dimension, jedoch gleichzeitig auch die menschlichen Niederträchtigkeiten.

Für gekaufte Meuchelmörder existierte sogar ein Markt. Im 15. Jahrhundert gründete sich in Italien die Gemeinschaft der *Bravi*, eine Art Gewerkschaft der Auftragsmörder, die Fluchtmöglichkeiten organisierte und auch die Preise regelte. Da Italien damals in einen Flickenteppich von Kleinstaaten zersplittert war, stießen die Verfolger schnell an eine Grenze, was den Mördern nutzte. Beliebte Mordwaffe war ein Dolch mit einer Glasklinge. Die Waffe war nur für einen einmaligen Gebrauch bestimmt, denn beim Eindringen in den Körper zerbrach das Glas. Dabei entstanden viele Splitter, die, wenn das Opfer überlebte, im Körper nur schwer gefunden werden konnten und die Heilung der Wunde verzögerten. Insbesondere Neapel wurde zu einer Brutstätte der Meuchelmörder. Der neapolitanische Chronist Pontano bemerkte um 1500, dass es in der Stadt „nichts billiger zu kaufen gibt als ein Menschenleben". Schließlich gab es vereinzelt mehr Meuchelmörder als Auftraggeber. Der Chronist Cellini schrieb kurze Zeit später betrübt, dass in ganz Italien Meuchelmörder ihre Dienste anbieten und ein Wink genügen würde, um ein Menschenleben zu beenden. Reiche Bürger hielten sich sogar eine Privatwache, die sie, ihre Familie und ihre Besitztümer in einem zur Festung ausgebauten Haus rund um die Uhr beschützten.

Die Borgia

Bei den alten Herrschergeschlechtern Italiens waren die Borgia unbeliebt, denn sie stammten aus Spanien. Die Dynastie gründete der spanische geistliche Würdenträger Rodrigo Borgia. Sein Onkel, Papst Calixtus III., hatte ihn 1456 nach Rom geholt und seiner Karriere einen gewaltigen Schub verliehen. Der junge Borgia war alles andere als religiös und wurde deshalb bereits als junger Mann vom Papst wegen seines Lebenswandels ermahnt, was allerdings seiner weiteren Entwicklung nicht schadete. Rodrigo Borgia hatte sich für eine geistliche Laufbahn entschieden, weil sie ihm einen raschen Aufstieg und großen Reichtum versprach. Er vergnügte sich weiterhin mit attraktiven Damen und besaß bald einige uneheliche Kinder; anerkannt hatte er neun Kinder. Allein mit der Römerin Vanozza de Catanei, die, um ihr Mätressenleben zu verschleiern, Scheinehen einging, hatte er mehrere Kinder, von denen drei eine besondere Bedeutung erlangten: Es handelte sich um den berühmt-berüchtigten Cesare, der 1475 geboren wurde, um Juan, geboren 1476 und um die nicht weniger legendäre Lucrezia, geboren 1480.

Als Papst Innozenz VIII., der mehr von Bankgeschäften als von der Religion verstand, starb, erkannte Rodrigo, inzwischen selbst Kardinal, seine große Chance. Er wollte Papst werden. Mit viel Geld und großen Versprechungen kaufte er sich 13 Kardinäle, die versprachen, ihm bei der Papstwahl ihre Stimme zu geben. Die 14. Stimme kam von ihm selbst, doch es fehlte ihm noch immer eine Stimme. Über seine Zuträger hatte er erfahren, dass der 95-jährige Kardinal Gherardo angeblich pädophil sei und eine große Schwäche für kleine Mädchen habe. Es ist zwar nicht nachweisbar, doch eine Randnotiz des Notars der Borgia unterstreicht den Verdacht, dass dem greisen Kardinal möglicherweise die noch junge und gerade zu einer Schönheit heranreifende Lucrezia ins Bett gelegt wurde. 1492 wurde Rodrigo Borgia zum Papst gewählt und nannte sich Alexander VI. Für ihn ging das „Geld verdienen" jetzt erst richtig los und das Papsttum erreichte einen seiner Tiefpunkte. Für Geld war von Papst Alexander VI. alles zu haben. Wichtige Ämter des Kirchenstaates wurden für hohe Summen verkauft, und ein Würdenträger wurde nur Kardinal, wenn Geld floss. Wollten sich Europas Fürsten scheiden lassen, genügte eine entsprechende Zahlung und schon war das Problem erledigt. Sogar bei Mord und Totschlag konnte gegen eine etwas größere Geldzahlung die Befreiung von aller Schuld erzielt werden. Der neue Papst setzte Bestimmungen durch, dass das Erbe von Bischöfen und Kardinälen nach deren Tod dem Kirchenoberhaupt zufloss. Anschließend verstarb mancher geistliche Würdenträger nach seinem Papstbesuch auf eine rätselhafte Weise. Gegenüber seinen eigenen Angehörigen war der Papst fürsorglich und verschaffte mindestens dreißig von ihnen ein Amt. Das Geld wurde für einen aufwändigen Lebensstil und zur Finanzierung von Kriegen gehortet.

Im Jahre 1495 gelang es Alexander VI. eine neue Geldquelle zu erschließen. In Rom lebte damals Prinz Dschem aus dem Osmanischen Reich. Er hatte versucht gegen seinen regierenden Bruder, den Sultan von Konstantinopel, eine Revolution anzuzetteln, die misslang. Er musste deshalb fliehen und stellte sich unter den Schutz des Papstes. König Karl VIII. aus Frankreich plante in dieser Zeit einen Kreuzzug, um Jerusalem nach Jahrhunderten wieder für das Christentum zu gewinnen. Es war zwar eine romantische und unrealistische Vorstellung, aber der König sah sich ähnlich wie der deutsche Kaiser Maximilian als einer der letzten wirklichen Ritter, und er wollte die Kreuzzugsidee neu beleben. Der König versprach dem Papst 200 000 Goldstücke, wenn er ihm Prinz Dschem überlassen würde, dessen Aufgabe es nun sein sollte, im Osmanischen Reich einen Bürgerkrieg zu provozieren. Der Bürgerkrieg würde dann, so der Plan, militärische Kräfte der Türken binden, und der König könnte mit seinem Heer Jerusalem leichter erobern. Der Papst stimmte zu und nahm ganz heimlich Kontakt mit dem Sultan auf. Bald antwortete der Sultan ebenfalls geheim in einem sehr höflichen und zuvorkommenden Brief. Er bot an, dem Papst 300 000 Dukaten in Gold zu bezahlen, wenn er in Rom für Prinz Dschem ein würdiges Begräbnis ausrichten würde. Die Angelegenheit war delikat, denn Prinz Dschem erfreute sich bester Gesundheit. Als ein mit allen Wassern gewaschener Geschäftsmann wusste Alexander VI. allerdings sofort, um was es ging. Er übergab Prinz Dschem dem französischen König und kassierte 200 000 Goldstücke. Um den geplanten Kreuzzug zu feiern, gab es anschließend einige große Festessen. Wenige Tage später wurde Prinz Dschem überraschend krank und verstarb. Der Sultan schickte diskret 300 000 Golddukaten. Sebastian Pinzon, der Giftmischer der Borgia, hatte wieder einmal zugeschlagen. Ihm wurden geradezu wundersame Fähigkeiten nachgesagt. Er soll Gifte besessen haben, die den Geschmack der Mahlzeiten nicht beeinträchtigten und erst nach Tagen wirksam wurden.

Nur kurze Zeit später, im Heiligen Jahr 1500, hatte Alexander VI. wieder ein neues Geschäft aufgezogen. Pilger wurden aufgefordert, nach Rom zu kommen, um sich gegen Geldzahlungen von ihren Sünden zu befreien. Im gleichen Jahr wurde die Hochzeit von Lucrezia mit Herzog Alfonso d'Este gefeiert, und der Papst gab seiner schönen Tochter so viel Mitgift mit, dass 1500 Maultiere für den Transport nach Ferrara notwendig waren. Die Familie d'Este war Mitte des 15. Jahrhunderts recht groß geworden, denn Niccolò d'Este hatte mit verschiedenen Frauen mehr als 30 Kinder gezeugt.

Noch skrupelloser als der Vater, Papst Alexander VI., war sein Sohn, Cesare Borgia, das lebende Vorbild für das Buch „Der Fürst" von Machiavelli. Cesare war intelligent und hochgebildet, schreckte allerdings vor keiner Schandtat zurück. Mitmenschen beschrieben ihn als gerissen, durchtrieben und verkommen. Im Alter von 17 Jahren hatte ihn der Vater zum Kardinal mit lukrativen Einkünften gemacht, doch der Sohn wollte mehr. Er wollte nicht Kardinal sein, sondern sich dem Militär und der Politik zuwenden. Eine Rolle, die der Vater ursprünglich seinem Bruder Juan zugewiesen hatte. Als Alexander VI. einen

Tausch der Rollen ablehnte, soll Cesare angeblich beim überraschenden Tod des Bruders nachgeholfen haben. Juan ging gerne nächtlichen Liebesabenteuern nach und wurde eines morgens, von Degenstichen durchbohrt, im Tiber gefunden. Es wurde nie geklärt, ob ihn ein gehörnter Ehemann oder sogar der Bruder umgebracht hatte. Cesare war nun auf dem Weg nach oben. Er baute sich mit dem Geld des Vaters ein eigenes Heer auf und warb Condottiere an, die gleich ihr eigenes Heer gegen gute Bezahlung mitbrachten. Mit rund 24 Jahren begann er seinen ersten Kriegszug. Der Kirchenstaat wurde bald zu einer Art Borgia-Fürstentum, denn Cesare stürzte nach und nach die verschiedenen Kleinfürsten und Stadttyrannen. Nachdem er auch von Frankreich unterstützt wurde, gab es für ihn kein Halten mehr und er dehnte seinen Machtanspruch über den Kirchenstaat hinaus aus. Aus reiner Berechnung hatte er die Kusine des französischen Königs geheiratet und, nachdem er seine Ziele erreicht hatte, später wieder verlassen. Die Mittel seiner Erfolge waren nicht nur der Kampf, sondern auch Gift, Auftragsmorde, Spionage und Verrat. Als einer seiner Leute einmal die Bevölkerung drangsalierte und Menschen ermordete, sah er ungerührt zu. Später ließ er den Mann umbringen, um bei der Bevölkerung einen guten Eindruck zu hinterlassen. In einem Fall wurden friedensbereite Gegner von ihm zu einem Versöhnungsgespräch eingeladen. Bei diesem Treffen brachte er sie dann um. Guidobaldo da Montefeltro, Herzog von Urbino, lieh dem Kirchenstaat einmal seine Artillerie für Übungszwecke aus. Cesare nutzte sofort die Gelegenheit, um mit dieser Artillerie Urbino anzugreifen. In seiner Kriegsführung und seinem Interesse für die Technik war er sehr fortschrittlich und beauftragte sogar das Renaissancegenie Leonardo da Vinci für ihn neuartige Waffen zu entwickeln. Nachdem die Festung Forli in der Romagna durch Verrat gefallen war, geriet die in Italien hochverehrte Caterina Sforza in Gefangenschaft und wurde nach Rom in die Engelsburg gebracht, wo es geheime Gefängnisse gab. Um sie zu demütigen, soll Cesare die Fürstin vergewaltigt haben. Wenige seiner Untaten konnten Cesare direkt nachgewiesen werden, denn er schickte stets seine Schergen vor. Doch zahlreiche Chronisten wurden nicht müde, immer wieder zu berichten.

Lucrezia Borgia war nach neueren Erkenntnissen im Machtspiel ihres Vaters und ihres Bruders Cesare eine tragische Figur und nicht die raffinierte Giftmischerin, für die sie über Jahrhunderte gehalten wurde. Zeitgenossen beschrieben sie als eine sehr attraktive Frau, die auf Männer eine große Anziehungskraft ausübte. Ihre Wirkung auf Männer nutzte insbesondere Cesare für eigene Interessen aus. Lucrezia wurde verheiratet, wann immer ihr Vater und Bruder es wollten. Fand sich später ein noch mächtigerer Ehemann, wurde der aktuelle Gatte kurzerhand umgebracht. Einer ihrer frühen Ehemänner war Don Alfonso di Bisceglia gewesen, ein unehelicher Sohn des Königs von Neapel. Lucrezia liebte diesen Mann, denn als sie ahnte, dass Attentate geplant waren, verlegten beide ihren Wohnsitz auf die Burg Spoleto. Ihr Vater, Papst Alexander VI., forderte sie deshalb auf, nach Rom zu kommen. Als Grund gab er an, er würde den dringenden Wunsch verspüren, seinem Schwiegersohn den göttlichen Segen zu geben. Beide reisten mit unguten Gefühlen nach Rom und wurden im Papstpalast untergebracht. Heimlich hatte Lucrezia eine Leibwache angeworben, die beide ständig begleitete. Ein Attentat auf den Ehemann auf den Stufen des Petersdoms schlug deshalb fehl, doch Don Alfonso wurde leicht verletzt. Er hütete nun das Bett, und Lucrezia wich nicht von seiner Seite. Den Chroniken zufolge, soll Cesare plötzlich mit einigen seiner Schergen in das Zimmer gestürmt sein. Lucrezia warf sich schützend über ihren Mann. Doch ihr Bruder zerrte sie weg und jagte sie aus dem Zimmer. Anschließend töteten seine Schergen Don Alfonso. Kurze Zeit später wurde Lucrezia mit dem Herzog von Ferrara verheiratet. Dort wurde sie unabhängiger und förderte später Künstler und Gelehrte. Ihren schlechten Ruf verdankte sie den zahlreichen Feinden der Borgia, die meist aus einem ähnlichen Holz wie ihre Familie geschnitzt waren, Gerüchte verbreiteten und Papst Alexander VI. manchmal auch vergiftete Briefe oder Bücher zuschickten. Das Papier war fein mit Gift bestrichen, das beim Lesen eingeatmet werden sollte. Spione direkt an den Hof der Borgia zu bringen, war schwierig. Aufgrund ihrer spanischen Herkunft beschäftigten sie meist nur spanische Diener und sprachen untereinander überwiegend spanisch.

Die Medici

Offiziell war die Stadt Florenz eine Republik. In der Realität aber herrschte die Familie der Medici in der Stadt wie in einer absoluten Monarchie. Ursprünglich bestand die Stadtregierung aus einem Rat von neun immer wieder neu gewählten Mitgliedern, die für eine Wahl jedoch bestimmte Voraussetzungen erfüllen mussten. Diese Voraussetzungen waren so eng gefasst, dass sich nur etwa 6000 Bürger überhaupt der Wahl stellen konnten. Es handelte sich zwangsläufig um Menschen mit Macht und Einfluss und damit überwiegend um die Mitglieder der bedeutendsten Familien von Florenz. Durch Geldgeschäfte, den Handel und die Textilproduktion waren die Medici bald zur mächtigsten unter allen diesen Familien geworden und strebten in die Politik. Sie setzten sich durch und übernahmen die Herrschaft in der Stadt, obwohl sie eigentlich zur Regierung nicht legitimiert waren. Sie agierten aus dem Hintergrund, zogen die Fäden und niemand der es in der Republik Florenz zu etwa bringen wollte, kam an ihnen vorbei.

Ihr Vermögen hatte die Familie Medici mit der Medici-Bank gemacht, dem größten Bankhaus Europas mit rund 16 Zweigniederlassungen in den wichtigsten europäischen Hauptstädten. Cosimo Medici (1389–1464), genannt „der Alte", erweiterte das Familienimperium und bald besaß die Familie zum Bankgeschäft zusätzlich etwa 300 Firmen zur Tuchherstellung sowie Monopolpositionen im Orienthandel. Das Geld floss und es wurde mit seiner Hilfe geschmiert und intrigiert. Als Cosimo zur politischen Macht greifen wollte, wurde er zunächst verbannt, kehrte allerdings bald wieder nach Florenz zurück. Im Gegensatz zu den Borgia erreichten die Medici ihre Macht durch Geld und nicht durch Gewalt. Cosimo erkannte, dass Kunst und Kultur das Familienimage förderten und dass Stadtverschönerungen von den Bürgern honoriert wurden. Er biederte sich an und verschaffte der Familie Vorteile. Die Familie Medici wurde zum Inbegriff des Mäzenatentums. Für Künste und Wissenschaft gab Cosimo jährlich etwa die dreifache Summe dessen aus, was der Staatshaushalt von Florenz für beide Ressorts zur Verfügung stellte. Nach Schätzungen hatten die Zuwendungen von Cosimo etwa eine heutige Kaufkraft von mindestens 40 Millionen Euro. Die erste Generation der bedeutenden italienischen Renaissancekünstler wurde zu einem großen Teil durch Cosimo finanziert. Die Medici-Familie tat Gutes und sprach zur Erhaltung der Macht ständig öffentlich darüber. Es wurde behauptet, dass sogar die Fußmatten der Mönche und Nonnen in den Klöstern das Wappen der Medici trugen.

Natürlich hatten die Medici durch ihre staatstragende Position auch Feinde. Die Familie Albizzi hasste sie aus Neid, und die Familie Pazzi trachtete ihnen in dem bereits erwähnten Attentat nach dem Leben. Der Papst schließlich arbeitete ebenfalls gegen sie. Doch die Medici konnten viele Zuträger bezahlen, schickten Spione aus und waren stets wohl informiert.

Unter Lorenzo Medici (1448–1492) erreichte die Macht und Bedeutung der Medici ihren Zenit. Lorenzo war der Enkelsohn von Cosimo und wurde wegen seiner eleganten Kleidung und Erscheinung auch „der Prächtige" (*il Magnifico*) genannt. Er repräsentierte den neuen Menschen der Renaissance in seinem positiven Sinn, während Cesare Borgia mehr die negativen Seiten betonte. Lorenzo war weniger Kaufmann als sein Großvater, sondern hauptsächlich der hochgebildete und vielseitige Mäzen, ein Gelehrter, der Kunst und Wissenschaften förderte. Die wichtigsten italienischen Künstler aus der Blütezeit der Renaissance wurden von ihm zu Werken angeregt und unterstützt. Politisch schaffte er ein Gleichgewicht zwischen den Mächten Rom, Florenz, Neapel, Mailand und Venedig, das für Frieden sorgte und erst mit dem Einfall des französischen Königs zerbrach. Seine Interessen setzte er rigoros durch und beachtete kaum, dass er dadurch die Finanzkraft des Familienimperiums zerrüttete. Lorenzo vergrößerte die Gebiete von Florenz nicht durch Kriege, sondern durch Landkäufe. Als er die Stadt Imola für Florenz kaufen wollte, kam ihm allerdings der Papst in die Quere, der die Stadt ebenfalls erwerben wollte. Lorenzo blockierte dem Papst deshalb die Kredite der Medici-Bank, worauf dieser zu Konkurrenzbanken ging und die Medici das einträgliche Monopol der Geldverwaltung der Päpste verloren.

Lorenzo war der Entdecker des jungen Michelangelo. Er unterhielt in seinem Park neben einer Sammlung von Antiken auch eine Künstlerwerkstatt, in der junge Talente gefördert wurden. Michelangelo fiel ihm dort bald auf, und er stiftete ihn sogar zu einer Kunstfälschung an. Der junge Michelangelo hatte einen schlafenden Faun gefertigt, der in seiner Qualität wie eine Originalarbeit aus der Antike aussah. Lorenzo riet dem jungen Bildhauer, das Werk in saurer Erde zu vergraben, damit es sich später nicht mehr von einem antiken Objekt unterscheiden solle. Michelangelo befolgte den Rat, und Lorenzo gab das „gealterte" Kunstwerk an einen Händler in Rom, der es als antikes Original für 200 Golddukaten an einen Kardinal verkaufte. Der Kunsthändler betrog allerdings den jungen Michelangelo, denn er gab ihm nur 30 Golddukaten.

Die Sforza

Die Borgia regierten in Rom wie Könige, die Medici in Florenz und die Sforza schließlich in Mailand. Urahn der Sforza war Muzio Attendole, ein Bauernsohn aus der Romagne, gewesen, der als Söldner begann und es bis zum Condottiere mit eigenem Heer brachte. Er legte sich den Namen „Sforza", der Bezwinger, zu. Seine Nachkommen erhoben Sforza zum Familiennamen und wurden zu Herzögen. Ein Sohn von Muzio Attendole hieß deshalb bereits Herzog Francesco Sforza und war als Condottiere weitaus erfolgreicher als sein Vater. Er heiratete die uneheliche Tochter von Herzog Filippo Visconti, Herrscher von Mailand, und wurde nach dem Tod des ohne offizielle Kinder verstorbenen Herzogs Visconti im Jahr 1450 zum neuen Herrscher von Mailand bestimmt. Er übernahm eine blühende und sehr reiche Stadt, die er zur führenden Militärmacht in Norditalien machte. Wie andere Herrscher und Machtmenschen seiner Zeit war auch Francesco skrupellos. Einen alten Waffengefährten ließ er hinrichten, andere seiner Vertrauten liefen zu seinen Feinden über und einen seiner Söhne warf er ins Gefängnis, weil er Intrigen fürchtete. Seine Frau tötete schließlich einmal aus Eifersucht eine seiner zahlreichen Geliebten. Dennoch bewunderte ihn Papst Pius II. wegen seiner großen Bildung, seiner körperlichen Vorzüge und seiner Intelligenz; er sah in ihm einen typischen neuen Menschen der Renaissance.

Als Francesco 1466 starb, übernahm sein ältester Sohn Galeazzo die Macht. Doch dieser war so brutal und ausschweifend, dass er bald ermordet wurde. Ihm folgte Francescos jüngerer Sohn Ludovico, der wegen seiner gebräunten Haut auch „il Moro" genannt wurde. Er brachte Mailand zwar Wohlstand und förderte die Kunst, blieb aber dennoch ein Machtmensch, der auf eigene Vorteile aus war. Nach endlosen Affären mit Mätressen und Geliebten entschloss er sich schließlich mit 39 Jahren Beatrice d'Este zu heiraten. Die Braut war anspruchsvoll und bestellte nach der Hochzeit gleich 84 mit Gold und Juwelen verzierte Kleider. Der berühmte Leonardo da Vinci, den Ludovico in seine Dienste genommen hatte, sorgte bei den zahlreichen Festlichkeiten mit eigens konstruierten mechanischen Geräten für Überraschungen. Obwohl er Beatrice sehr zugetan war, ließ Ludovico mit anderen Frauen keine Affäre aus. Als

Beatrice nach der Fehlgeburt ihres dritten Kindes starb, nagten Schuldgefühle an ihm und er änderte sich.

Militärisch war Ludovico lange erfolgreich, doch um es mit dem französischen König aufzunehmen, war er zu schwach. Als ein französisches Heer in sein Herzogtum einrückte, floh er deshalb nach Tirol, um dort neue Söldner anzuwerben. Tatsächlich konnte er später Mailand wieder zurückerobern. Doch sein Erfolg war nur kurz. Die Franzosen schickten ein neues Heer und er verlor den Kampf. Im Jahr 1508 starb er schließlich im Gefängnis.

Andere Machtfamilien

Da Italien während der Renaissance in zahlreiche Staaten und Stadtstaaten aufgeteilt war, gab es noch mehr Machtmenschen vom Typ der Borgia, Medici oder Sforza. Sie alle waren keine bürgerlichen Menschen im modernen Sinn, sondern lebten ohne verbindliche Normen und hatten es auf Macht und Reichtum abgesehen. Gleichzeitig waren sie in der Regel hochgebildet und förderten Kunst und Wissenschaft oder waren manchmal selbst als Künstler oder Gelehrte tätig. Es war für die Menschen reine Glückssache, ob ihr Herrscher gütig oder brutal war.

Eine besonders skrupellose Persönlichkeit war König Ferrante von Neapel, der in seinem Wesen mit Cesare Borgia vergleichbar war. Er hielt sich durch Erpressungen, willkürliche Hinrichtungen und Ämterschacher an der Macht. Auf seine Gegner setzte er hochbezahlte Häscher, Intriganten und Kurtisanen an. Im Land wimmelte es von Spionen. Sie alle sollten Opfer „ans Messer liefern" und notfalls in das Land locken, damit sie dort sofort umgebracht werden konnten. Im Kellergewölbe seines Schlosses bewahrte er Leichen seiner ermordeten Feinde in Glasbehältern auf, die mit Spiritus gefüllt waren. Häufig soll er nachts mit Fackeln durch die Keller gelaufen sein und gemurmelt haben: „Ich lebe, aber du bist tot."

Federigo da Montefeltro, Herzog von Urbino, hatte als Condottiere manche erfolgreiche Schlacht geschlagen und war dabei unerhört reich geworden. Dennoch blieb er ein Mann von Ehre. Nachdem sein Halbbruder ermordet worden war, wurde er Herrscher von Urbino und zog sich von dem blutigen Kriegshandwerk zurück. Er besaß eine vorzügliche humanistische Bildung und beschäftigte sich selbst mit der Kunst. Nun wollte er seine Zeit diesen Genüssen widmen. Den Bürgern von Urbino erklärte er, er habe genug Geld und sie bräuchten von nun an nicht mehr so viele Steuern wie vorher zu bezahlen. Chronisten berichteten anschließend, dass ihn die Bürger verehrten wie Kinder ihre Eltern. Er ließ Schulen und Krankenhäuser einrichten, verteilte an die Armen Lebensmittel und sorgte für die Bürger seiner Stadt. Seinen Palast machte er zu einem Hort der Wissenschaft und Kunst und entfaltete wie die Medici Sammleraktivitäten. Er beschäftigte 30 Schreiber, die für ihn eine vorzügliche

Bibliothek schufen. Der Schriftsteller und Diplomat Castiglione nannte ihn „das Licht Italiens".

Von einem ganz anderen Schlag war der Condottiere Malatesta, dessen Familie die Stadt Rimini beherrschte und tyrannisierte. Ein Mitglied der Familie, Sigismondo Malatesta, war homosexuell und stellte öffentlich dem noch jungen Erzbischof von Rimini nach. Als der Erzbischof seine Werbungen nicht erhörte, fiel Sigismondo eines Tages während eines Hochamtes über den erschrockenen Geistlichen her.

Wohlgeordnet war während der zweiten Hälfte des 15. Jahrhunderts das Fürstentum Mantua, das von den Gonzaga beherrscht wurde. Gianfrancesco I. gründete 1425 eine Schule für Kinder aus adeligen Familien, die bald berühmt wurde und die humanistischen Ideale pflegte. Auch der älteste Sohn des Herrschers, Ludovico, wurde dort sorgfältig erzogen und war später als Condottiere erfolgreich. Mit seinem Vermögen finanzierte er in seiner Heimatstadt einige Kirchen und holte den Maler Mantegna nach Mantua. Es wurde außerdem eine große Kunstsammlung aufgebaut, die auch die späteren Herzöge regelmäßig erweiterten. Insbesondere Isabella d'Este förderte in Mantua die Kunstaktivitäten. Bei großen Künstlern bestellte sie Arbeiten und verlangte von ihnen mehr Produktivität. Außerdem galt sie als Expertin für Mode und guten Geschmack.

Die Kuriere der Zaren –
Russlands früher Geheimdienst

Bei der frühen Entwicklung des Russischen Reiches waren nicht nur slawische, sondern auch skandinavische und asiatische Einflüsse wirksam. Zu Beginn des Mittelalters lebten im Kerngebiet des heutigen Russlands slawische Stämme weit verstreut und bildeten lockere, eigenständige Gemeinschaften. Mit der Ausbreitung der Wikinger strömten bereits im 8. Jahrhundert in dieses Gebiet die Wäringer aus dem heutigen Schweden ein. Es waren Krieger und Kaufleute, die von den Einheimischen als „Rus" bezeichnet wurden und die entscheidende Impulse zur Bildung der ersten Staaten gaben. Eine weitere treibende Kraft waren die Tataren aus den Nachfolgestaaten des Weltreichs des Dschingis Khan. Sie hatten in den heutigen russischen Steppengebieten stabile Staatswesen errichtet und beeinflussten ebenfalls die slawischen Stämme. Bald entwickelten sich zwei größere slawische Staaten mit einem Schwerpunkt im Norden (Nowgorod) und einem im Süden (Kiew). Obwohl die Oberschicht dieser Staaten oft nicht-slawischen Ursprungs war, gelang eine Verschmelzung mit der slawischen Stammbevölkerung. Der Südstaat um Kiew fiel jedoch bald der Expansion der Tataren zum Opfer, während sich der Nordstaat um Nowgorod unter den Schutz der Tataren stellen musste, um nicht von Nachbarn vereinnahmt zu werden.

Von nun an konnte der Aufstieg von Moskau beginnen, ein kleiner aber selbständiger Fürstensitz, dessen Herrscher im 13. Jahrhundert zu Vasallen der Tataren geworden waren. Aufgrund ihrer tatarenfreundlichen Haltung wurden ihnen Eigenentwicklungen gestattet. Iwan Danilowitsch, genannt „Kalita" (der Geldbeutel), durfte für die Tataren sogar Steuern eintreiben und nutzte seine Position zur ständigen Vergrößerung seines Herrschaftsgebietes. Mit ihm nahm das „Sammeln von russischer Erde" seinen Anfang, es setzte sich später unter den Zaren fort. Nach dem Niedergang der Tatarenherrschaft hatte Moskau gegenüber seinen Nachbarn die besten Voraussetzungen, eine Vormachtstellung zu übernehmen und nutzte alle sich bietenden Chancen. Als Iwan III. im Jahr 1462 in Moskau den Thron bestieg, regierte er bereits ein vereintes und zentralisiertes größeres Reich. Doch der Herrscher war vorsichtig und traute seinen Untertanen nicht, geschweige denn Fremden. Er stellte seine Herrschaftsansprüche in die Tradition von Byzanz und übernahm im Wappen den byzantinischen

Doppeladler sowie an seinem Hof das absolutistische Hofzeremoniell von Konstantinopel. Er heiratete die Nichte des letzten byzantinischen Kaisers und erhob in dieser Tradition Moskau zum „dritten Rom". Um alte gesellschaftliche Strukturen zu zerschlagen und die neuen Bewohner verstärkt von sich abhängig zu machen, ordnete er vielfältige Umsiedlungsaktionen an. Kein Teilfürst konnte sich von nun an eine lokale Hausmacht schaffen.

Gewollte Fremdenfeindlichkeit

Nach seiner Eroberung von Nowgorod im Jahr 1478 kopierte Iwan III. das effektive mongolische Postwesen und baute es sogleich zu seinem Spionagezentrum aus. Mittelpunkt seiner Spionageaktivitäten wurde Moskau. Von dort aus waren seine besonderen Kuriere unterwegs. Sie überbrachten streng geheime Nachrichten und waren gleichzeitig seine Augen und Ohren. Hinter jedem Fremden vermutete Iwan III. einen Spion und förderte damit die Fremdenfeindlichkeit in der Bevölkerung. Sogar ausländische Kaufleute mit einer Handelslizenz durften in seinem Reich bei ihren Reisen nur bestimmte Wege benutzen; es war ihnen verboten, mit den Einheimischen Kontakt aufzunehmen. In Moskau mussten sie in zugewiesenen Häusern wohnen und wurden Tag und Nacht überwacht. Bei Dunkelheit wurden diese Häuser der Kaufleute sogar von außen abgeschlossen. Nur vom Herrscher ausgesuchte Personen durften mit ihnen in Verbindung stehen und die Geschäfte abwickeln.

Als 1492 Michael Snups aus Tirol mit einem Empfehlungsschreiben von Kaiser Maximilian in Moskau vorsprach, um das russische Gebiet bis zum Fluss Ob zu bereisen und zu erforschen, wurde er abgewiesen. Als Grund wurde ihm mitgeteilt, die Reise sei für Ausländer gefährlich und zu beschwerlich. Snups durfte noch nicht einmal über die Türkei oder Polen wieder zurückkehren, sondern musste Russland auf dem gleichen Weg verlassen, den er bei seiner Einreise genommen hatte.

Iwan der Schreckliche

Durch Iwan III. wurde die Führung des Russischen Reiches auf eine starke Herrscherpersönlichkeit zugeschnitten, die, um erfolgreich zu sein, mit eiserner Faust regieren musste. Als Iwans Nachfolger Wassili III. 1533 starb, war der Thronfolger allerdings gerade erst drei Jahre alt. Er wurde als Iwan IV. zum Herrscher ernannt und war für Entscheidungen viel zu jung. Im Reich kam es sofort zu Machtkämpfen und es drohte zu zerfallen. Eine herrschsüchtige Mutter erniedrigte das Kind und löste charakterliche Entwicklungen aus, die Iwan IV. später vor der Geschichte zu Iwan dem Schrecklichen machten. Das Kind genoss eine gute Bildung und war für neue Entwicklungen offen, aber es neigte immer wieder zu unkontrollierten Wutausbrüchen. Mit 17 Jahren wurde

Tod von Zar Iwan IV.

Iwan IV. gekrönt und nahm als erster russischer Herrscher den Titel „Zar" an. Wie sein Großvater Iwan III. griff auch Enkel Iwan IV. hart durch. Er führte Kriege, „sammelte russische Erde" und verbreitete Furcht und Schrecken. In einem seiner gefürchteten Wutanfälle erschlug er später sogar seinen eigenen Sohn. Die Moskauer Postzentrale wurde unter ihm zu einem Ministerium umgewandelt und eine geheime Postzensur eingeführt. Jeder Brief und insbesondere Korrespondenzen aus dem Ausland wurden mitgelesen. Den geheimen Kurierdienst verbesserte er, und seine Boten erreichten nun rasch jeden Ort des immer größer werdenden Reiches. Mit seiner Leibgarde, den berüchtigten Opritschniki, errichtete Iwan IV. ein Schreckensregiment und ließ zuerst die hohe Geistlichkeit sowie den Hochadel weitgehend ausrotten. Stattdessen förderte er einen von seinem Wohlwollen abhängigen Dienstadel. Menschen, die in Opposition zu ihm standen, wurden sofort umgebracht. Die Opritschniki bildeten den Vorläufer aller späteren russischen Geheimdienste. Seine Schergen waren zu einem unbedingten Gehorsam ihm gegenüber verpflichtet und genossen dafür, egal welche Verbrechen einzelne Mitglieder auch begingen, absolute Straffreiheit. Auch die einfache Bevölkerung sollte sich vor den Opritschniki fürchten. Sie liefen deshalb in einer völlig schwarzen Kleidung und mit schwarzen Schlapphüten umher und ritten auf schwarzen Pferden. Ließen Furcht und Schrecken nach, wurden Menschen totgeschlagen. Der Zar wollte nicht geliebt, sondern gefürchtet werden. Kam es zum Aufruhr, wurden die Bewohner ganzer Landstriche umgesiedelt, um unerwünschte Personen zu trennen und zu zerstreuen. Etwa 6000 Mann gehörten den Opritschniki an. Sie stammten meist aus dem niederen Adel und es gab sogar Ausländer unter ihnen. Waren sie erfolgreich, erhielten sie zur Belohnung große Ländereien und Leibeigene, die für sie arbeiteten. Bald gehörte etwa die Hälfte der Provinz Moskowien den Opritschniki.

Ihre größte Schreckenstat führten die Opritschniki 1570 aus. Spione hatten Iwan IV. zugetragen, dass sich die Stadt Nowgorod von Russland lösen wolle, um sich Polen-Litauen anzuschließen. Der Zar schickte sofort seine Opritschniki nach Nowgorod, und sie strömten von allen Seiten in die Stadt ein. Dort töteten sie alle Menschen, die ihren Weg kreuzten. Klöster und Kirchen wurden geplündert. Das Massaker dauerte etwa fünf Wochen und forderte einige zehntausend Menschenleben. Zuletzt wurden die Stadt und die Ortschaften der Umgebung niedergebrannt. Mit dem Erzbischof hatte der Zar etwas Besonderes vor. Er ließ ihn in ein Tierfell einnähen und weglaufen. Danach wurden Jagdhunde auf ihn gehetzt, die ihn zerrissen. Zuletzt bekam Iwan IV. allerdings vor seinen eigenen Schergen Angst. Er fürchtete die Kontrolle über sie zu verlieren und löste die Opritschniki 1572 auf.

Durch seine Willkürherrschaft und die zahlreichen Eroberungskriege hatte Iwan IV. ein großes Vermögen zusammengerafft. Jedoch traute er seinen engsten Mitarbeitern nicht. Seine bisherige Schatzkammer war ihm nicht sicher genug, und er entschloss sich, im Labyrinth des Kremls weitere gut gesicherte Schatzkammern bauen zu lassen. Ein Baumeister wurde beauftragt, an streng geheimen Orten und mit größter Verschwiegenheit neue Kammern anzulegen. Nach dem Ende der Arbeit wurde der Baumeister geblendet, damit er die geheimen Kammern nicht mehr finden und verraten konnte. Die Bauarbeiter ließ er durch seine Schergen umbringen. Die Männer, die sein Gold und seine Juwelen in die neuen Kammern gebracht hatten, wurden einfach eingemauert. Zuletzt wusste nur der Zar, wo seine Goldschätze aufbewahrt waren. Bis heute sind sie nicht gefunden worden.

Nach Iwans IV. Tod folgte ihm 1584 sein Sohn Feodor I. auf den Thron. Doch Feodor war schwachsinnig, den eigentlichen Thronfolger hatte Iwan IV. in einem Wutanfall erschlagen. Boris Godunow, ein Schwager des neuen Zaren, übernahm deshalb die Regierungsgeschäfte. Den jüngeren Bruder von Feodor,

Dimitri, ließ angeblich Godunow ermorden. Zar Feodor I. besaß keine Kinder und Gudunow selbst wollte Zar werden, was ihm tatsächlich von 1598 bis 1605 gelang.

Nach schweren Hungersnöten tauchte 1604 in Moskau überraschend ein Unbekannter auf, der sich Dimitri nannte und behauptete, der verschollene Sohn von Zar Iwan IV. zu sein. Er kam aus Polen und konnte mit der Unterstützung des Polenkönigs Sigismund rechnen. Der Geheimdienst von Zar Boris fand allerdings heraus, dass Zarewitsch Dimitri ein falscher Dimitri war. Der aus einem Kloster geflüchtete griechische Mönch gab nur vor, Dimitri zu sein. Die durch die Hungersnot geschockte Bevölkerung glaubte jedoch an ein Zeichen Gottes und machte den falschen Dimitri zum neuen Zaren. Im Land aber herrschten die Wirren und Intrigen sowie Mord und Totschlag weiter. Noch vor dem Ende seines ersten Herrschaftsjahres wurde Dimitri von einer aufgebrachten Menschenmenge erschlagen. Seine Leiche wurde verbrannt und die Asche mit einer Kanone in Richtung Polen geschossen, wo er hergekommen war. Da auch Boris Gudonow während dieser Zeit verstorben war, blieb der Zarenthron zunächst leer und Nachbarstaaten wollten ihn mit eigenen Kandidaten besetzen. Im Land ging es erneut drunter und drüber. Der Bojare Wassili Schujski versuchte mit Hilfe der Schweden Zar zu werden, was Polen nicht gefiel. Im Jahr 1610 rückten schließlich polnische Truppen in Moskau ein. Als Russland zu zerfallen drohte, rauften sich die letzten Vertreter des alten Hochadels, die das Massaker von Iwan IV. überlebt hatten, zusammen und ernannten einen polnischen Prinzen zum Zaren. Sie stellten dafür allerdings Bedingungen, die der polnische König nicht annehmen wollte. Gleichzeitig formierte sich Widerstand gegen die polnische Fremdherrschaft. Schließlich gelang es, eine Befreiungsarmee zusammenzustellen, die unter dem Kommando von Fürst Posharski die polnische Besatzung besiegte und 1612 Moskau besetzte. Im folgenden Jahr traf sich der große russische Ständerat (*Zemskij Sobor*) und ernannte den erst 16-jährigen Michail Fjodorowitsch Romanow zum neuen Zaren. Er entstammte dem Dienstadel und war kein Mitglied des alten Hochadels. Zar Michail III. gründete eine neue Dynastie, die Romanows, die für rund 300 Jahre Russland beherrschen sollte.

Die Romanows

Unter den Romanows nahm die Fremdenfeindlichkeit am russischen Hof erstmals ab. Der neue Zar und seine Berater schätzten ausländische Fachleute und holten sie ins Land. Russland wurde durch diese Duldung fremder Einflüsse langsam europäisiert. Großen Wert wurde auf einen Geheimdienst gelegt, der möglichst früh Verschwörungen erkennen sollte. Zu den ausländischen Experten gehörte auch Arthur Dee aus England. Offiziell war Dee als Arzt und medizinischer Berater des Zaren angestellt. Inoffiziell gehörte er jedoch dem englischen Geheimdienst an und überbrachte der englischen Regierung mit Hilfe von reisenden Kaufleuten Informationen über die politischen Entwicklungen in Russland. Der Nachfolger von Zar Michail III. förderte die Denunziation und führte in der Justiz zusätzlich politische Vergehen ein, die nicht durch normale Gerichte sondern durch besondere Kommissionen abgeurteilt wurden. Sogar die Unterlassung der Meldung eines politischen Vergehens wurde mit dem Tode bestraft. Leibeigene wurden aufgefordert, Vergehen ihrer Herrn zu melden. Die Zahl der Spitzel nahm deshalb rapide zu, denn jede verdächtige Beobachtung sollte so rasch wie möglich weitergeleitet werden. Dennoch konnte ein großer Kosakenaufstand nicht verhindert werden. In einem 1650 gegründeten Geheimbüro wurde die Leitung aller übrigen geheimen Organisationen zentralisiert, um sie noch effektiver zu machen. Mitarbeiter dieses Büros sollten ausländische Botschaften in Moskau infiltrieren und russische Botschafter im Ausland überwachen. Häufig wurden sie doppelt bezahlt. Sie erhielten sowohl ihren Lohn vom Geheimbüro als auch Bestechungsgelder der Personen, die sie überwachen sollten. Die allgegenwärtige Briefzensur wurde nicht verheimlicht, sondern sollte zeigen, wie mächtig und allwissend der Staat war.

Ende des 17. Jahrhunderts herrschte in Russland wieder ein sehr mächtiger Zar, es war Zar Peter der Große. Da sein Vater zweimal geheiratet hatte, gab es Kinder von zwei Frauen, gegen die sich Zar Peter I. in der Thronfolge durchsetzen musste. Bald reiste der junge Zar – als erster Zar überhaupt – zusammen mit einer Gesandtschaft inkognito in die hochentwickelten europäischen Staaten, um in eigener Sache als Spion tätig zu werden. Er wollte soviel wie möglich lernen und die technischen, wissenschaftlichen sowie kulturellen Errungenschaften des Westens studieren, um sie dann zu übernehmen.

In Amsterdam arbeitete Zar Peter fünf Monate lang als Schiffszimmermann und war sich für keine Arbeit zu schade. Bald bemerkten die Kollegen jedoch, welchen bedeutenden Mitarbeiter sie hatten, aber sie hatten die Anweisung, so zu tun, als wüssten sie es nicht. Nach der Teilnahme an einem Anatomiekurs in der Medizin machte er sich sogleich daran, die Zähne der Gesandtschaftsmitglieder zu kontrollieren und sie notfalls zu ziehen. In Königsberg durchlief er unerkannt eine Ausbildung zum Kanonier und erhielt nach bestandener Prüfung eine Urkunde. In Hannover wurde er von Kurfürstin Sophie und ihrer Tochter zum Essen eingeladen, worauf die Tochter vermerkte, die Tischsitten des Gastes seien recht rustikal gewesen. Dennoch war sie von dem Gast begeistert und meinte, er sei sehr fröhlich und gesprächig gewesen. Beim anschließenden Ball bemerkte Zar Peter erstmals, dass feine europäische Damen ein Korsett aus Walknochen trugen. Später notierte er erstaunt, dass die Damen in Deutschland recht harte Knochen hätten. In London mietete er sich mit anderen Mitgliedern der Gesandtschaft ein Haus und veranstaltete nach altrussischer Sitte Saufgelage, worauf sie nach dem Auszug 350 Pfund Renovierungskosten bezahlen mussten. Die Städte Amsterdam und London faszinierten Zar

Peter und schon fünf Jahre nach seiner Rückkehr begann er mit dem Bau seiner neuen Hauptstadt Sankt Petersburg.

Nach seiner Rückkehr aus dem Westen machte sich Zar Peter umgehend an die Neugestaltung seines Reiches, und ein Zeitalter der Reformen konnte beginnen. Er setzte sich energisch durch und duldete keinen Widerspruch. Dem russischen Adel ließ er die Bärte abschneiden, und nur gegen eine Sondersteuer durften hochstehende Persönlichkeiten Bärte tragen. Russland wurde durch ihn in einer rasanten Entwicklung dem Westen angepasst. Männer und Frauen mussten sich nach seinen Befehlen an die europäische Mode gewöhnen. Gleichzeitig waren in den Hauptstädten der westlichen Länder überwiegend seine Wirtschaftsspione aktiv. Sie sollten neue Techniken und Produktionsverfahren lernen und dann nach Russland weitergeben. Zar Peter modernisierte das Militärwesen und die Verwaltung, etablierte einen neuen Kalender, baute die Flotte aus und begann, wie andere Zaren vor ihm, in verschiedenen Kriegen „russische Erde zu sammeln". Durch Zar Peter wurde Russland zur Großmacht.

Sein Privatleben war allerdings nicht so erfolgreich wie seine Herrschaft, denn der Zar war eigensinnig und konnte sehr aufbrausend sein. Er war über zwei Meter groß, körperlich sehr stark und hatte keine Hemmungen, sich auch bei Hofe mit feinen Leuten zu prügeln. An seiner Tafel gab es keine Sitzordnung, und er setzte sich gerne mit Handwerkern zusammen, die ihn kumpelhaft mit „Kapitän Peter" anreden durften und mit denen er um die Wette trank. Ein englischer Kaufmann schrieb einmal, Zar Peter habe seine Gäste so betrunken gemacht, dass sie schließlich auf den Tischen tanzten. Der sehr trinkfeste Zar hätte dann, ohne selbst betrunken zu sein, erfreut mitgetanzt. Bei großen Festessen mit bis zu 300 Leuten befahl er seinen Köchen häufig, tote Mäuse unter die Mahlzeiten zu mischen und hatte dann eine diebische Freude, wenn es manchen Gästen übel wurde. Zar Peter war sehr fleißig. Noch vor Sonnenaufgang stand er täglich auf und trug zu seiner Arbeit, obwohl er außergewöhnlich reich war, mit Vorliebe einen schäbigen alten Mantel, in dessen Taschen er die Staatspapiere stopfte, dazu gehörten noch geflickte Socken und abgetragene Schuhe. Luxusleben war ihm fremd, sein Interesse galt mehr den Wissenschaften und weniger dem Aufwand bei Hofe.

Nach der Rückkehr von seiner großen Auslandsreise hatte sich Zar Peter von seiner Ehefrau Eudoxia getrennt und sie in ein Kloster geschickt. Anschließend bändelte er mit der hübschen und drallen Küchenmagd Marta Skawronska aus Lettland an und machte sie zu seiner Geliebten. Beide hatten zusammen 12 Kinder, von denen jedoch nur drei Mädchen das Kindesalter überlebten. Marta gehörte zu den wenigen Personen, die ihn, wenn er wütend war, zum Lachen bringen konnten. Saß der Zar mit Kumpanen zu Trinkgelagen zusammen, kam Marta spät in der Nacht zu ihm und verkündete: „Zeit nach Hause zu gehen, Väterchen!", worauf der Zar brav aufstand und mitging. Im Jahr 1712 heiratete Zar Peter seine Marta, sie trat zum russisch-orthodoxen Glauben über und nannte sich nun Katharina. Hofstaat und Kirchenfürsten waren entsetzt, denn Ehefrau Eudoxia lebte immer noch in einem Kloster.

Mit der ersten Ehefrau hatte Zar Peter einen Sohn, Alexej, den zukünftigen Thronfolger. Mit ihm verstand er sich nicht, er hielt ihn für feige und verweichlicht. Im Gegensatz zu seinem Vater liebte Alexej das alte Russland und war mehr an der Theologie als an den modernen Wissenschaften interessiert. Feinde seines Vaters benutzten ihn schließlich als Werkzeug gegen den Zaren. Zar Peter erfuhr durch seinen Geheimdienst von den Ränkespielen hinter seinem Rücken und ließ seinen Sohn wegen Hochverrats vor Gericht stellen. Außerdem befürchtete er, sein Sohn könne nach seinem Tod die Reformen wieder rückgängig machen. Unter schwerer Folter verstarb der Zarensohn noch vor dem Urteil. 1725, sechseinhalb Jahre später starb auch Zar Peter. Er hatte beobachtet, wie auf dem Fluss Newa ein Kahn mit Soldaten umgekippt war und wollte helfen. Trotz seines Alters sprang er in das eiskalte Wasser und wurde schwer krank. Nach ihm wurde seine Ehefrau Katharina, die Küchenmagd aus Lettland, für zwei Jahre Zarin. Doch sie erwies sich wie ihre Nachfolger als schwach und es ging im Reich erneut drunter und drüber.

Ein Krieg wird inszeniert

Im Nordischen Krieg (1700–1721) wurde die Vormachtstellung von Schweden an der Ostsee gebrochen. Einer der großen Gewinner des Krieges war Russland, das nun einen ungehinderten Zugang zum Meer fand und zur osteuropäischen Führungsmacht aufstieg. Am Ausbruch des Krieges hatte der in Livland geborene Diplomat und Spion Johann Reinhold von Patkul einen großen Anteil. Er war der erfolgreichste Geheimdiplomat seiner Zeit und arbeitete für viele Herren, unter anderem auch für Zar Peter I. Von Patkul war der Sohn eines livländischen Landrates, der als Major in schwedischen Diensten stand. Weil der Vater die Festung Wolmar 1657 an Polen übergeben hatte, kam er in Stockholm ins Gefängnis. Seine Frau folgte ihm und Johann Reinhold wurde 1660 in Stockholm geboren. Über die Kindheit des Jungen ist nichts bekannt. Dokumente tauchen erst wieder auf, als er an der Universität Kiel Jura studierte. Später ging Johann Reinhold von Patkul nach Livland zurück, um die ererbten Güter seines Vaters zu übernehmen, gleichzeitig wurde er in Riga Offizier in schwedischen Diensten. Als der schwedische Staat allerdings die Güter des livländischen Adels enteignete und große Not auslöste, wurde er Mitglied einer Kommission, die dem schwedischen König eine Bittschrift vorlegte. Die Proteste jedoch verärgerten den König sehr, und er ließ die Kommissionsmitglieder vor Gericht stellen und verurteilen.

Johann Reinhold von Patkul konnte gerade noch rechtzeitig nach Kurland fliehen und untertauchen. Er widmete sich anschließend mit allen Kräften dem Widerstand gegen Schweden. Dabei wurde er so bekannt, dass ihn August der Starke, König von Sachsen und Polen, in seine Dienste nahm. Der König benötigte ihn als Berater für geplante Maßnahmen gegen Schweden, das Polen immer mehr bedrohte. Doch der König war militärisch schwach und den Schweden nicht gewachsen. Von Patkul schmiedete für ihn einen Bündnisplan und knüpfte Kontakte zu möglichen Verbündeten. Daneben formulierte er ein Bündnis zwischen Sachsen und Russland und machte Zar Peter I. geschickt auf die Vorteile Russlands in einem Krieg gegen Schweden aufmerksam. Im Februar 1700 rückten sächsische Truppen in einer Geheimaktion gegen das von den Schweden besetzte Riga vor. Gleichzeitig wollten sie einen Aufstand anregen. Doch die Aktion misslang, und der schwedische König Karl XII. startete anschließend eine Offensive gegen Polen. 1702 eroberten seine Truppen sogar Krakau. August der Starke geriet in Bedrängnis. Von Patkul begab sich zum Zaren, um Hilfe zu vermitteln. Zar Peter nahm ihn in seine Dienste und es kam 1703 zum Abschluss eines Schutzpaktes zwischen König August und Zar Peter. Russland schickte Hilfstruppen und Geld, das König August allerdings mit seinen polnischen Geliebten vergeudete und nicht seinen Truppen zukommen ließ.

Schließlich wollte August der Starke mit den Schweden einen separaten Frieden abschließen, was den Interessen des Zaren entgegenstand. Von Patkul erfuhr von diesen Plänen und wollte dem König zuvorkommen. Er versuchte mit dem Zar Kontakt aufzunehmen, um ihm seinerseits den Beginn von Friedensverhandlungen vorzuschlagen. Nur die schützende Hand des Zaren konnte ihn nach seiner Meinung vor den Schweden retten. Außerdem wurden die russischen Hilfstruppen, obwohl sie Verbündete waren, in ihren Quartieren in Sachsen so schlecht versorgt, dass es bereits erste Spannungen gab. Der sächsische Geheimdienst fing das Schreiben ab, und von Patkul wurde in Abwesenheit von August dem Starken und unter Missachtung seiner damals bereits üblichen diplomatischen Immunität verhaftet. Obwohl er russischer Gesandter war, landete er 1705 im Gefängnis der sächsischen Festung Sonnenstein. Für August den Starken ging der Krieg verloren und er musste 1706 mit dem Schwedenkönig Frieden schließen. Zu den Friedensbedingungen der Schweden gehörte unter anderem auch die Auslieferung von Johann Reinhold von Patkul. König August stimmte zu, gab allerdings insgeheim die Anweisung, von Patkul fliehen zu lassen. Der Kommandant der Festung Sonnenstein verzögerte jedoch die Flucht, so dass ein schwedisches Vorkommando rechtzeitig eintraf und von Patkul verhaften konnte. Er wurde später hingerichtet. Zar Peter beschwerte sich in einem Schreiben an August den Starken über das schändliche Verhalten des Königs und informierte sogar den Kaiser in Wien. Zuletzt blieb Russland in diesem großen Krieg Sieger.

König und Parlament –
Entwicklung des englischen Geheimdienstes

Aufgrund seiner isolierten Insellage war England während des gesamten Mittelalters gut vor einer überraschenden Invasion geschützt. Wenn Feinde auf dem Kontinent Truppen sammelten, so mussten ihnen vor dem Angriff auch Schiffe und Häfen zur Verfügung stehen, und ein solcher Truppenaufmarsch ließ sich so gut wie nicht geheim halten. Eine militärische Feindbeobachtung war deshalb in England kaum entwickelt. Späher wurden höchstens aktiv, wenn Gegner im eigenen Land ausspioniert werden mussten. Als während der Renaissance die Spionage ein Werkzeug der Diplomatie wurde und ritterliche Verhaltensweisen immer mehr an Boden verloren, griff auch der englische König stärker auf Spionageaktivitäten zurück. Es galt nun nicht mehr als unehrenhaft, einen Gegner auf heimtückische Weise auszuspähen. Wie bei den übrigen europäischen Mächten übten sich zunächst die Gesandten in der Kunst der Spionage und schauten sich bei ihren Missionen um. Dabei versuchten sie mehr zu sehen, als ihnen eigentlich erlaubt war, denn der König sollte nach ihren Berichten seine Rückschlüsse ziehen können. Über Jahrhunderte war Frankreich der zentrale Gegner von England und Spione wurden überwiegend dort eingesetzt. Erst während der Reformationszeit und insbesondere im Verlauf der sich anschließenden Gegenreformation dehnte England seine Spionagenetze aus und wurde auch außerhalb der eigenen Grenzen aktiv.

Während der Reformation beschritt England Sonderwege. König Heinrich VIII. wollte seine Ehe mit Katharina von Aragon lösen, um seine Hofdame Anne Boleyn zu heiraten. Doch der Papst untersagte die Scheidung, so dass sich der König von der Autorität des Papstes lossagte und die englische Kirche von Rom trennte. Dadurch gewann er auch die Oberhand über die zahlreichen Kirchengüter in seinem Land. In seiner Kirche nahm der König anschließend die Position des Papstes ein. Seine Stellung nicht anzuerkennen, bedeutete von nun an Hochverrat und wurde mit dem Tode bestraft. Als Staatskirche entwickelte sich später die anglikanische Kirche, die nicht nur gegenüber der katholischen sondern auch gegenüber der protestantischen Kirche eine Sonderstellung einnahm. Nach dem Tod von Heinrich VIII. wurde sein Sohn, Edward VI., noch als Kind Nachfolger. Die Regierungsgeschäfte übernahm ein Onkel, der den Protestantismus weiter förderte und die katholische Seite unterdrückte. Nach

Edwards Tod wurde Maria die Katholische englische Königin. Sie war mit Philipp II. von Spanien verheiratet und drehte das Rad der Religionsentwicklung wieder zurück. Mit großer Gewalt setzte sie im Land den Katholizismus durch und förderte dadurch in der Bevölkerung den Hass auf die Papisten, die Anhänger Roms. Die Ehe von Maria blieb kinderlos. Nach ihrem Tod gelangte Elisabeth I., eine Tochter von Heinrich VIII. und Anne Boleyn, auf den englischen Thron. Sie versuchte die engen Bindungen von England mit Spanien wieder zu lösen und kehrte zur Dominanz des Protestantismus zurück. Ihre Politik war gegen die katholischen Mächte auf dem Kontinent gerichtet, was ihr die Feindschaft Spaniens einbrachte. König Philipp II. hegte den Plan, England zu besetzen und die Ketzerkönigin vom Thron zu stoßen. Er traf erste Vorbereitungen. Der englische Hof und die Stadt London wurden von spanischen Spionen durchdrungen. Ihre Berichte dokumentierten, dass England vor großen wirtschaftlichen Schwierigkeiten stand und wenig schlagkräftige Streitkräfte existierten. Eine Invasion könne deshalb möglicherweise erfolgreich sein.

Sir Francis Walsingham, erster Chef des englischen Geheimdienstes

Francis Walsingham war der Sohn eines Anwaltes und beruflich so tüchtig, dass er bereits mit 20 Jahren selbst Anwalt wurde und später auch einen Sitz im Parlament erhielt. Der Berater der Königin, Sir William Cecil, beauftragte ihn 1568, einen Geheimdienst aufzubauen, um insbesondere die zahlreichen spanischen Spione in London zu bekämpfen. Er machte Karriere und stieg zum persönlichen Ersten Sekretär der Königin auf. Die Finanzmittel von Walsingham waren zwar begrenzt, doch setzte er sie sehr geschickt ein. Er verfügte über fähige Spione, die ihm wichtige Informationen lieferten, so dass er einerseits eine internationale Verschwörung gegen Königin Elisabeth I. zugunsten der katholischen schottischen Königin Maria Stuart aufdecken konnte und andererseits auch in der Lage war, die geheimen Pläne des spanischen Königs zur Eroberung von England zu durchschauen.

Maria Stuart, eine Kusine der englischen Königin, war 1568 vom calvinistischen Adel in Schottland abgesetzt worden und floh danach nach England, wo sie von Königin Elisabeth I. unter Arrest gestellt wurde. Die Bedingungen waren allerdings großzügig, denn sie konnte eine eigene Dienerschaft behalten und auch Korrespondenzen pflegen. Dabei wurden verschlüsselte und geheime Nachrichten ausgetauscht. Ziel ihrer Aktivitäten war es, Königin Elisabeth I. zu stürzen und einen Bürgerkrieg auszulösen. Dabei halfen ihr Spanien und der Papst. Der Orden der Jesuiten war zwar in England verboten, dennoch gelang es, zahlreiche Jesuiten nach England einzuschleusen, um dort gegen die Königin Stimmung zu machen. Die gute Ausbildung und die Fremdsprachenkenntnisse der Mönche waren hier von Nutzen. Der englische Geheimdienst kontrollierte

Sir Francis Walsingham,
Gründer und erster
Chef des englischen
Geheimdienstes

in London alle Häuser, in denen nachweislich Katholiken lebten, doch es gab so viele geheime Verstecke, dass die Suche nur zum Teil Erfolg hatte. Pater Aylworth von den Jesuiten berichtete beispielsweise einmal von einer systematischen Hausdurchsuchung der Geheimpolizei. Die Polizisten klopften Mauern und Fußböden nach Hohlräumen ab, stachen in den Ställen mit Degen in die Heuschober und pflügten den Garten um. Doch ein ganz einfaches Versteck hatten sie vergessen. Sie schauten nicht unter einen großen Tisch im Salon, wo sich der Pater im Schutz der Tischdecke versteckt hatte.

Zur besseren Erkundung schickte der englische Geheimdienst eigene Spione nach Reims in Frankreich, wo zahlreiche katholische englische Studenten ein Jesuitenseminar besuchten. Dort wurden manche von ihnen von Rom oder von Spanien zu Spionagezwecken gegen die englische Königin angeworben. Einer der Spione des englischen Geheimdienstes, die dies verhindern wollten, war Christopher Marlowe, der später als Dramatiker berühmt wurde. Er trat 1587 zu Spionagezwecken in das Jesuitenseminar in Reims ein. 1593 kam er bei einer rätselhaften Wirtshausschlägerei ums Leben. Heute wird vermutet, dass vielleicht eine Reaktion auf seine Spionagetätigkeit der Grund dafür war.

Von Frankreich aus gelang es dem englischen Geheimdienst in das Netz der Spionageaktivitäten zum Sturz von Elisabeth I. einzudringen. Namen von Kontaktpersonen zu Maria Stuart wurden bekannt. Nach langer Überwachung aller dieser Kontaktpersonen ergaben sich für Walsingham plötzlich neue Anhaltspunkte, und es konnten Francis Throckmorton sowie andere Verschwörer verhaftet werden. Unter Folter gestand Throckmorton zusammen mit dem spanischen Botschafter und weiteren Ausländern sowie Vertretern des englischen und schottischen Adels eine Revolution zu planen, der auch Maria Stuart zugestimmt hatte. Während dieses Aufstandes war eine Invasion von England und Schottland durch Truppen des spanischen Königs vorgesehen. Die eigentlich geheimen Verhaftungen wurden allerdings schnell bekannt und zahlreiche Verschwörer flohen auf das europäische Festland. Throckmorton und die anderen Verhafteten wurden später hingerichtet. Mit der Hinrichtung von Maria Stuart zögerte die englische Königin noch, denn ihre Beziehung zur geplanten Verschwörung war noch nicht sicher nachgewiesen.

Walsingham suchte intensiv nach Beweisen für eine Beteiligung von Maria Stuart an diesem Komplott gegen die englische Krone. Die große Schwierigkeit für ihn war, an die Korrespondenz der ehemals schottischen Königin zu gelangen und sie zu entschlüsseln. Maria Stuart hatte große Erfahrungen im konspirativen Verhalten und ließ ihre geheimen Briefe nur in ihrem Beisein schreiben und verschlüsseln. Die Codierung besorgte ihr vertrauter Sekretär Gilbert Curle, der auch in bestimmten Zeitabständen die Verschlüsselungstechnik wechselte. Dem Codeexperten des englischen Geheimdienstes, Thomas Phelippes, gelang es allerdings alle unterschiedlichen Verschlüsselungen zu knacken, und Walsingham konnte jederzeit mitlesen.

Durch einen speziell platzierten Spion fand der englische Geheimdienst schließlich auch einen Zugang zu den Briefen der Maria Stuart. Diese lebte völlig abgeschottet in einem Schloss und wurde streng bewacht, jeder Besucher war bekannt. Für die Weitergabe ihrer geheimen Briefe benötigte sie deshalb vertrauenswürdige und erfindungsreiche Boten, die gleichzeitig sehr mutig sein mussten. Der strenge Katholik und ehemalige Student eines Priesterseminars, Gilbert Gifford, war ein solcher Kandidat. Er erklärte sich bereit, als geheimer Bote für Maria Stuart tätig zu werden. Was jedoch niemand in der Umgebung von

Maria Stuart trotz aller Prüfungen wusste: Gifford war ein Spion für Walsingham. Der englische Geheimdienst gab ihm zunächst die Gelegenheit, möglichst gute Arbeit zu liefern und einen guten Eindruck zu hinterlassen. In ausgehöhlten Spundzapfen für Bierfässer konnte Gifford geheime Nachrichten an Maria Stuart übermitteln und so ihr Vertrauen gewinnen. Der französische Botschafter in London überließ ihm anschließend alle geheimen Briefe für Maria Stuart, die er in den letzten zwei Jahren gesammelt hatte, aber wegen der fehlenden Gelegenheiten nicht hatte übergeben können. Der Codebrecher Phelippes hatte nun alle Hände voll zu tun, um die ihm vorgelegten Kopien der Briefe zu entschlüsseln und den Text an Walsingham weiterzureichen. Obwohl Maria Stuart stets sehr vorsichtig formulierte und Namensnennungen vermied, schälten sich dennoch langsam Namen einzelner Personen heraus. Anthony Babington, ein ehemaliger Page der inhaftierten schottischen Königin, plante den entschlüsselten Dokumenten zufolge eine weitere Verschwörung gegen Königin Elisabeth I. und wurde dabei erneut vom Ausland unterstützt. Er war von John Ballard, einem Mitglied der Jesuiten rekrutiert worden und erhielt auch von ihm Anweisungen. Außerdem hatten sich sechs Höflinge aus der direkten Umgebung der englischen Königin Babington angeschlossen und zugestimmt, Elisabeth I. bei einer günstigen Gelegenheit zu ermorden. Walsingham versuchte nun durch einen Trick die Namen der Höflinge zu erfahren: Ein Schriftfälscher fügte in seinem Auftrag an einen Brief, den Maria Stuart an Babington geschickt hatte und der ihm vorlag, einen einzelnen Satz hinzu. In dem abgeänderten Brief wurde Babington aufgefordert, die Höflinge endlich einmal näher vorzustellen.

Noch bevor eine Antwort auf den Brief eintraf, erfuhren andere Spione des englischen Geheimdienstes, dass Babington überraschend ins Ausland reisen wollte, um dort mit einigen Botschaftern den Zeitpunkt für eine Invasion fremder Truppen in England näher abzusprechen. Um Zeit zu gewinnen wurde bei der Ausgabe der Reisepapiere eine Verwechslung inszeniert. Babington erhielt zunächst die falschen Papiere und wollte nun einen Beamten des zuständigen Ministeriums treffen, um sich zu beschweren. Sie vereinbarten als Treffpunkt eine Gastwirtschaft, allerdings kam statt des Beamten ein getarnter Geheimdienstmann. Nach dem Essen sollte Babington verhaftet werden, doch er wurde vorher misstrauisch. Er ließ zur Ablenkung seinen Mantel und Degen auf seinem Platz liegen und teilte seinem Tischgenossen mit, er müsse nur kurz den Wirt sprechen. Rasch floh Babington und setzte sich ab. Als die sechs Höflinge dadurch den Kontakt zu ihm verloren, tauchten sie ebenfalls sofort unter. Es dauerte über vier Wochen, bis alle gefasst waren. Sie wurden anschließend hingerichtet. Nun lagen genügend Briefe und Dokumente als Beweis vor, um Maria Stuart des Hochverrates zu überführen. Sie kam vor Gericht und wurde am 8. Februar 1587 hingerichtet.

Sir Edward Stafford, der Doppelspion

Sir Edward Stafford war ein Verwandter von Königin Elisabeth I., was für seine Karriere sehr vorteilhaft war, denn er wurde von ihr recht schnell zum englischen Botschafter in Paris ernannt. Dort baute er ein Spionagenetz auf. An Walsingham schickte er regelmäßig Berichte über seine Beobachtungen, die dieser allerdings nicht würdigte. Eine Rückmeldung an Stafford war, er sende viel zu viele Berichte nach London. Stafford wurde gegenüber dem englischen Geheimdienstchef misstrauisch und befürchtete, dass dieser nicht alle seine Berichte an die Königin weiterleitete. Aber auch Walsingham traute Stafford nicht so recht und ließ ihn in Paris beschatten. Bald wurde klar, dass sich Stafford mit Vertrauensleuten von Maria Stuart traf und ihm der nach Paris geflohene Erzbischof von Glasgow gut bekannt war. Schließlich meldete der Spion Nicholas Berden nach London, dass Stafford mit Spionen des Papstes in Verbindung stehe. Außerdem werde er erpresst und zeige Depeschen aus London auch unbefugten Personen. Tatsächlich lebte Stafford über seine Verhältnisse und benötigte, um seine Spielschulden zu begleichen, immer wieder Geld. Die Lage des englischen Botschafters in Paris wurde schließlich auch den Spaniern bekannt. Mendoza, der spanische Botschafter in Paris, meldete seine Erkundigungen über Stafford seiner Regierung und teilte mit, dass er ihm zunächst einmal 3000 Kronen gegeben habe. Mit kleineren Anfragen testeten die Spanier die Zuverlässigkeit von Stafford und gaben ihm dafür Gold und Juwelen. Schließlich wurde bekannt, dass sich der französische Calvinist Heinrich von Navarra bei Königin Elisabeth I. über Stafford beschwert hatte. Stafford regte sich darüber ungewöhnlich auf, und die Spanier nutzten die Situation, ihn als Spion zu ködern. In der spanischen Diplomatenpost an den König erhielt er einen Decknamen. Stafford lieferte den Spaniern Informationen über englische Flottenverbände und über die Anstrengungen von Königin Elisabeth I. für ein Bündnis mit König Heinrich III. von Frankreich.

Stafford begann das riskante Spiel eines Doppelspions. Den Spaniern gab er Auskunft über englische Verteidigungsanstrengungen und den Engländern Informationen über die spanische Flotte. Walsingham schickte daraufhin einen seiner besten Spione, Richard Gibbes, nach Spanien, um die Mitteilungen von Stafford zu bestätigen. Gibbes stellte sich als katholischer Schotte vor, der vor den Engländern geflohen war und reiste unter wechselnden Vorwänden durch die Hafenstädte. Von spanischen Kapitänen ließ er sich sogar, um kein Misstrauen zu erwecken, über englische Häfen ausfragen. Er bestätigte die Meldungen von Stafford und die Anstrengungen der Spanier beim Flottenaufbau. Gleichzeitig sandten die Spanier auch einen eigenen Spion nach England, dessen Name unbekannt ist und der in den Akten als „B" geführt wird. Seine Aufgabe bestand darin, die Stimmung der Bevölkerung für einen Bürgerkrieg zu erkunden, Befestigungsanlagen zu dokumentieren und bedeutende Persönlichkeiten ausfindig zu machen, die über ihre Verhältnisse lebten und daher für Bestechungen empfänglich waren.

Walsingham verlor gegenüber Stafford nie sein besonderes Misstrauen und ließ ihm auch Spielmaterial zukommen oder sogar gezielte Fehlinformationen. Andere englische Spione sollten dann prüfen, ob diese Informationen tatsächlich bei den Spaniern angekommen waren. Der Nachweis, dass Stafford ein Doppelspion war, gelang dem englischen Geheimdienst jedoch nie. Stafford kehrte deshalb nach dem Ende seiner diplomatischen Aktivitäten nach England zurück und lebte dort als ein geachteter Ehrenmann. Er war der erste Doppelspion der Neuzeit, bei dem klar nachgewiesen wurde, dass er für zwei Seiten gleichzeitig gearbeitet hatte und auch von beiden Parteien bezahlt wurde. Dieser Nachweis war allerdings erst lange nach seinem Tod durch Archivauswertungen in England und Spanien möglich.

Spionageziel: Spanische Armada

Walsingham sammelte seine Informationen über die geplante spanische Invasion in England wie in einem gewaltigen Puzzlespiel. Frühe Nachrichten kamen überraschenderweise aus der Gascogne in Frankreich. Hugenotten hatten dort 1577 einen spanischen Brief abgefangen, der von Don Juan d'Austria, dem Halbbruder des spanischen Königs, stammte. Nachdem der Text entschlüsselt worden war, ergaben sich Hinweise auf eine geplante Invasion. Don Juan schlug vor, dass ein kleines spanisches Schiff an der englischen Küste im Sturm gezielt stranden solle, um der Besatzung die Möglichkeit zu geben, die Küste zu erkunden. Gegenüber den Engländern sei der Grund der Strandung unverdächtig.

Nachdem sich der Verdacht vom Bau einer großen spanischen Flotte immer weiter verdichtet hatte, setzte Walsingham seine besten Spione auf das Projekt an. In der unverdächtigen Toskana in Italien wurde eigens ein Quartier gegründet, von dem aus die Aktivitäten koordiniert werden sollten. Der Spion Anthony Standen freundete sich sogar mit dem florentinischen Botschafter in Spanien an, um direkt an der Nachrichtenquelle zu sein. Außerdem knüpfte er Kontakte zu einem Flamen, dessen Bruder beim spanischen Admiral Santa Cruz als Sekretär arbeitete und der bereit war, für viel Geld für die Engländer zu arbeiten. Über diese Quellen gelangten Nachrichten nach London, die belegten, dass die Ausrüstung der Armada noch nicht abgeschlossen war und dass vorerst noch nicht mit einem Angriff gerechnet werden musste. Der englische Admiral Francis Drake erhielt deshalb die Anweisung, den spanischen Hafen Cadiz zu überfallen und so viele Schiffe wie möglich anzuzünden. Durch den Überfall wurden 25 spanische Schiffe zerstört und so viel Schaden angerichtet, dass der Angriff der Armada um ein Jahr verschoben werden musste.

Anfang 1588 gingen in London recht zuverlässige Spionagemeldungen ein, dass die spanische Armada bereits zum Auslaufen ausgerüstet werde. Die

Spione schätzten, dass die Flotte wahrscheinlich im Mai auslaufen könne, was später auch der Fall war. Von Lissabon aus, das damals zu Spanien gehörte, machte sich am 11. Mai die gewaltige Flotte auf den Weg. Bald trieb ein Sturm die Schiffe auseinander, so dass sie sich neu formieren mussten. Es war geplant, entlang der Kanalküste zu segeln, um in Flandern eine Invasionsarmee aufzunehmen. Später konnte dieser Plan nicht eingehalten werden. In England machte sich Patriotismus breit und es wurden Verteidigungsstrategien und Kampftaktiken erprobt. Küstenbewohner beobachteten aufmerksam den Horizont und meldeten jedes verdächtige Schiff. Die Propaganda lief auf Hochtouren. Es tauchten Gerüchte auf, dass die spanischen Schiffe so viele Stricke dabei hätten, um alle englischen Männer aufzuhängen. Die englische Flotte war der Armada zahlenmäßig völlig unterlegen, besaß allerdings sehr wendige Schiffe, die den schwerfälligen spanischen Schiffen gut ausweichen konnten, auch verfügten die englischen Seeleute über eine bessere Ausbildung. Ein weiterer Vorteil der Engländer war, dass ihre Kanonen für einen Kampf über größere Entfernungen ausgelegt waren, während die Stärke der spanischen Kanonen im Nahkampf lag. In einer Taktik der Nadelstiche wurde die Armada ständig in Einzelgefechte verwickelt und beschossen. Der Kampf zog sich länger als neun Tage hin. Kleine englische Schiffe, die *Brander*, wurden mit Pulver beladen, angezündet und dann in die Verbände der Armada hineinmanövriert. Schließlich kam das Wetter den Engländern zur Hilfe. Stürme trieben die Schiffe der Armada auf die Nordsee hinaus und zerrissen die einzelnen Verbände. Viele Schiffe waren für das Mittelmeer gebaut worden und der rauen Nordsee nicht mehr gewachsen. Die aufgesplitterte Armada segelte um Schottland und Irland herum und verlor in der stürmischen See zahlreiche Schiffe. Ursprünglich waren 130 große Kriegsschiffe und 30 Frachter ausgelaufen, doch es kamen zuletzt nur etwa 76 Schiffe wieder zu den spanischen Häfen zurück. Von den rund 29 000 spanischen Matrosen und Soldaten waren etwa zwei Drittel während der Gefechte oder bei den Unglücken auf See umgekommen.

Oliver Cromwells Geheimdienst

Nach dem Tod von Francis Walsingham ging es zunächst mit den Qualitäten des englischen Geheimdienstes bergab. König Jakob I. stellte nur ungenügende Finanzmittel zur Verfügung und mancher ehemalige Spion machte sich deshalb selbständig. Thomas Phelippes, der für Walsingham so erfolgreich Geheimschriften lesbar gemacht hatte, gründete zum Beispiel ein privates Institut für Handelsspionage. Mehr durch Zufall erfuhr Phelippes 1605 von einer Verschwörung, bei der in London das Parlamentsgebäude mitsamt dem König in die Luft gesprengt werden sollte. Durch eilige Recherchen konnte er noch rechtzeitig die Verschwörer ausfindig machen. Nachdem König Karl I. den Geheimdienst von seinem Vater, Jakob I., übernommen hatte, gab es für ihn nur noch wenige gute Spione. Viele der bewährten ehemaligen Mitarbeiter waren zu den Franzosen übergelaufen und arbeiteten jetzt für Kardinal Richelieu. Als schließlich die Auseinandersetzungen zwischen König Karl I. und dem Parlament zu einem Bürgerkrieg ausarteten, verfügten die Königstreuen über keine guten Kundschafter und Spione. Eine Schlacht ging beispielsweise verloren, weil der Anführer der königstreuen Späher Angst hatte, von Cromwells Soldaten gefangen genommen zu werden und das Gelände nicht erkundete. Er hatte später einfach behauptet, er hätte keine gegnerischen Truppen gesehen.

Umso wirkungsvoller war der Geheimdienst von Oliver Cromwell, der dem Parlamentsheer viele Vorteile verschaffte. Cromwells Geheimdienst war in eine militärische Spionage für die Kampfhandlungen und in eine Auslandsspionage unterteilt. Samuel Luke führte die Späher des Parlamentsheeres an. Die Männer wurden von ihm sehr gut bezahlt und verkleideten sich meist als Händler oder Diener, um erfolgreich die Königstreuen auszukundschaften. Den Geheimdienst für das Ausland baute John Thurloe auf. Dabei griff er auf die bewährte Spionage der englischen Handelsmissionen und der englischen Botschafter zurück. Gute Spione erhielten für eine gute Arbeit viel Geld, denn Cromwell vertrat die These, dass er lieber für gute Informationen große Summen zahlte, als wenig Geld für schlechte Informationen. Thurloe hatte für seine Spione ein Jahresbudget von 70 000 Pfund zur Verfügung, was im 17. Jahrhundert einer unglaublich hohen Summe gleichkam. Alle Briefe, die bekannte Königstreue aus dem Ausland erhielten, wurden abgefangen und gelesen. Entschlüsselungsfachmann für Cromwell war der bekannte Mathematiker John Wallis, der auch die kompliziertesten Verschlüsselungen zu knacken verstand. Das Büro der geheimen englischen Briefüberwachung mit seinen Entschlüsselungsspezialisten diente später Frankreich und Österreich als Vorbild.

Im Netz von Thurloes Spionen verfügte jeder einzelne Spion über ein selbständiges Unternetz, so dass die Fangmaschen insgesamt sehr eng geknüpft waren. Als zum Beispiel der ehemalige Geistliche von König Karl I., John Hewitt, aus Frankreich nach England zurückkehrte, konnte er lückenlos beschattet werden. Der Geheimdienst griff erst zu, nachdem Hewitt zahlreiche Kontaktpersonen getroffen und damit unbeabsichtigt verraten hatte. Als Spione im fernen Jamaika das Auslaufen einer spanischen Silberflotte beobachtet hatten, meldeten sie die Nachricht umgehend nach London. Die englische Marine legte sich auf die Lauer und kaperte die Schiffe mit großer Beute. Spione mussten für Thurloe vor allen Dingen unauffällig sein, so dass auch einfache Menschen wie Diener oder Hauspersonal gute Dienste leisten konnten. Botschafter selbst waren nicht mehr direkt für den Schwerpunkt der Spionage verantwortlich, denn sie wurden in ihren Gastländern zu genau beobachtet. Gerade wegen ihrer Durchschnittlichkeit und Unauffälligkeit konnten viele Spione gut platziert werden. Auch ausländische Mitarbeiter wurden angeworben, um auf dem europäischen Festland und sogar in Südamerika Spionagenetze aufzubauen. In

Cromwells Geheimdienst waren sogar Jesuiten beschäftigt, die aus der Umgebung des Papstes oder seiner Kardinäle Nachrichten schickten. Wichtig war für Thurloe die Geheimhaltung und die Verhinderung von Lecks in den Nachrichtenwegen. Nur absolut notwendige Fachleute durften deshalb an Besprechungen teilnehmen. Das Protokoll fertigte jeweils nur ein einziger Sekretär, der alle Unterlagen sofort an seinen Vorgesetzten weiterreichte und keine Kopien besaß.

Von Samuel Morland erhielt Thurloe ein Rezept für eine Geheimtinte, das heute leider verschollen ist. Bei schwachem Kerzenlicht wurde ein Brief geschrieben und dann versiegelt. Wurde der Brief geöffnet, erschien bei Licht die Schrift, um einige Zeit später wieder zu verschwinden. Der Inhalt eines solchen geheimen Briefes musste sofort dokumentiert werden, denn zurück blieb nur ein leeres und unbeschriebenes Blatt. Wurde ein solcher Brief abgefangen, gab es bei Licht nicht genügend Zeit, um den Inhalt zu entschlüsseln.

Nach Cromwells Tod verhielt sich die englische Regierung ähnlich wie nach dem Tod von Königin Elisabeth I. Die Mittel des Geheimdienstes wurden erheblich gekürzt. Die verbliebenen Spione erledigten meist nur Spitzeldienste für den neuen König, Karl II. Auffallend war eine Spionageaktion unter Leitung von George Downing. Englische Spione hatten aus einer Kuriertasche einen Schlüssel entwendet und schafften es bei Nacht in das Haus von zwei niederländischen Regierungsmitgliedern einzudringen, den Schreibtisch zu öffnen und Geheimpapiere zu entwenden. Die Dokumente wurden für den englischen Geheimdienst kopiert und anschließend ebenso wie der Schlüssel unbemerkt wieder zurückgebracht, so dass die niederländische Regierung keinen Verdacht schöpfte. Leider interessierte sich der englische König nicht für die Ergebnisse dieser tollkühnen Aktion. Die Niederlande konnten durch solche Nachlässigkeiten ihre Machtposition stärken.

Weit empfänglicher war König Karl II. jedoch für die Anziehungskraft attraktiver Frauen. Der französische König Ludwig XIV. sandte einmal die Hofdame Louise de Kéroualle als Begleitung einer Delegation nach England. Die sehr hübsche Hofdame wurde direkt auf den englischen König angesetzt und brachte ihn dazu, einem geheimen Vertrag zwischen Frankreich und England zuzustimmen. Später wurde diese Hofdame Mätresse von König Karl II. und erhielt einen Adelstitel sowie ein Jahresbudget von 27 000 Pfund. Ihr Einfluss blieb beachtlich und war in Frankreich hochwillkommen. Nach dem Tod des englischen Königs kehrte sie zurück und wurde von König Ludwig XIV. wegen ihrer Verdienste für sein Reich zur Duchesse d'Aubigny geadelt. Da sie einen sehr aufwändigen Lebensstil pflegte, übernahm der König außerdem noch ihre Schulden. Die Hofdame war die am höchsten bezahlte „Spezialagentin" ihrer Zeit.

Geheime Intriganten –
Die Welt des Kardinal Richelieu

Armand Jean du Plessis, Kardinal Richelieu (1585–1642), gilt noch heute als ein Meister des diplomatischen Ränkespiels und der geheimen Aktivitäten. Er verwandelte Frankreich in einen straff organisierten absolutistischen Staat. Ohne seine Vorarbeiten hätten spätere Könige wie Ludwig XIV. nicht behaupten können, dass der König selbst den gesamten Staat repräsentiere und dass es keine Abweichungen von seiner Autorität gebe. Zur Zeit von Richelieu regierte zwar König Ludwig XIII. den Staat, doch im Hintergrund agierte der Kardinal als sein Erster Minister. Er zog mit großem politischem Talent die Fäden, bestimmte, was im Interesse des Staates lag und war der eigentliche Herrscher von Frankreich. Geheimniskrämerei und Öffentlichkeit lagen bei ihm dicht zusammen. Um seine Ideen von einem absolutistischen Staat durchzusetzen, baute er ein enges, erfolgreiches und für ihn verlässliches Netz von Spionen auf. Gleichzeitig beschäftigte er Auftragsschreiber, die in einer Art Staatspropaganda seine Ansichten und Pläne auf das Höchste lobten. Abweichende politische Vorstellungen gelangten kaum an eine größere Öffentlichkeit. Informationsbeschaffung und Beeinflussung der öffentlichen Meinung hatten für Richelieu hohe Priorität. Er förderte die Entwicklung von oft handschriftlich vervielfältigten Veröffentlichungen, die den Eliten des Staates unter dem Vorwand der Informationsvermittlung seine eigenen Meinungen und Vorstellungen unterbreiteten. Richelieu war stets gut informiert und konnte dadurch Kontakte knüpfen und seinen Feinden Fallen stellen. Gerade wegen seiner geheimen Aktivitäten und den zahlreichen Intrigen hatte er viele Feinde. Große Teile des Hochadels fürchteten mit Recht um ihre Macht und hassten ihn, doch es gelang nie, ihn zu stürzen. Der Schriftsteller Alexandre Dumas verewigte Richelieu in seinem Werk über die Abenteuer der drei Musketiere als Sinnbild des intriganten Bösewichts. Doch Richelieu sah sich selbst als einen Patrioten, der seinem Staat eine Vormachtstellung verschaffen wollte und dem dazu jedes Mittel recht war. Krone und Volk waren nach seiner Meinung eng miteinander verknüpft, doch Entscheidungen fällte nur die Krone. Sie entschied, ohne einen Einspruch zu dulden, über das Volk. Auf seinem Sterbebett soll ihn ein Priester ermahnt haben, seinen Feinden zu vergeben. Richelieu aber soll verständnislos geantwortet haben, dass er niemals selbst Feinde gehabt habe, alle seine Feinde wären gleichzeitig auch die Feinde des Staates gewesen.

Staatspropaganda

Im Mai 1631 gründete Richelieu eine Wochenzeitung mit dem Namen *La Gazette*, die von Théophraste Renaudot herausgegeben wurde. Der Herausgeber erhielt sogar die Vollmacht, im Ausland Korrespondenten zu beschäftigen. Gegner von Richelieu nannten Renaudot „eine der Kreaturen des Kardinals". Die Korrespondenten selbst waren hauptsächlich Spione, die sich als Journalisten tarnten. Die Eliten des Staates und alle anderen Menschen, die lesen konnten, informierte die Zeitung über Nachrichten bei Hofe, über diplomatische Verhandlungen und Entscheidungen sowie über militärische Aktivitäten und ausländische Ereignisse. Die Nachfrage nach *La Gazette* war groß. Ihr Hauptzweck blieb aber dennoch die Staatspropaganda. Mit der Zeitung wurden Meinungen nicht nur beeinflusst, sondern auch gemacht und verbreitet. Die wichtigsten Autoren waren der König selbst und sein Erster Minister Richelieu. Beiträge des Königs wurden meist von Richelieu redigiert und zum Druck freigegeben. Bei solchen Gelegenheiten konnte er natürlich entgegen der Gedankengänge des Königs neuartige Schwerpunkte setzen, um die Leser in seinem Sinn zu manipulieren.

Seit dem Jahr 1626 arbeitete beim König der Kammersekretär Michel Lucas, der die Handschrift von Ludwig XIII. täuschend echt nachahmen konnte und manches offiziell königliche Dokument sogar selbst schrieb. Richelieu durfte diesem Kammersekretär Weisungen geben, und es ist sehr wahrscheinlich, dass Lucas auch Dokumente schreiben musste, die nach dem Schriftbild zu urteilen vom König stammten, hinter denen aber in Wahrheit Richelieu stand. Im Umfeld von Richelieu waren zahlreiche einflussreiche Persönlichkeiten für die Staatspropaganda aktiv. Sie verfassten Flugblätter, Pamphlete oder andere Schriften und brachten sie in Umlauf. Häufig wurden sie direkt von Richelieu zum Schreiben angeregt oder sie erhofften sich durch ihre Tätigkeit sein Wohlwollen. In allen Fällen trugen sie Vorstellungen von Richelieu in eine breite Öffentlichkeit und machten für ihn Werbung.

Zu diesen Persönlichkeiten gehörte auch der Geistliche François Dorval-Langlois de Fancan, der für Richelieu wiederholt wichtige Dokumente verfasst und geheime Aufträge übernommen hatte. Fancan soll ein bewährter Geheimagent des Kardinals gewesen sein. Im Juni 1627 wurde Fancan plötzlich verhaftet, denn es gab Anhaltspunkte, dass er ein Doppelagent gewesen war. Er soll für ausländische Mächte spioniert und die von Richelieu bekämpften Hugenotten unterstützt haben. Schwer wog auch der Verdacht, Fancan habe vom Kölner Erzbischof und vom Kurfürsten von Bayern Geldgeschenke angenommen. Wirklich zwingende Beweise gegen Fancan lagen nicht vor, doch die Vermutung, den Gegnern der Krone Vorteile verschafft zu haben, reichte aus, um ihn für den Rest seines Lebens in die Pariser Bastille zu bringen.

Kardinal Richelieu als Herrscher. Er führt Machtsymbole an der Kette

Der Spion Pater Joseph

Dem Netz der Spione und Zuträger von Richelieu gehörten auffallend viele Mönche des Kapuzinerordens an. Dieser Orden wurde von ihm gezielt gefördert. Viele Beichtväter der französischen Könige waren Jesuiten. Sie konnten durchaus Entscheidungen des Königs beeinflussen, und mancher Beichtvater machte davon auch Gebrauch und erfüllte politische Missionen. Richelieu suchte deshalb nach einem Gegengewicht. Nachdem er in der Führung des Staates immer mächtiger geworden war, begann er nach und nach die Beichtväter von Ludwig XIII. zu verdrängen, denn ihm ging es ausschließlich um die Belange des Staates und nicht die der Kirche. Der königliche Beichtvater Caussin, ein Jesuit, beschwor Ludwig XIII., keine geheimen Bündnisse mit den Protestanten oder sogar den Türken zuzulassen, wie Richelieu sie forderte. Richelieu stellte ihn deshalb kalt und bevorzugte anschließend nur noch Beichtväter, die ihm für seine Interessen nützlich waren. Schon früh unterstützte er die Kapuziner, um am Hof die Positionen der Jesuiten zu schwächen.

Richelieu war in enger Freundschaft mit François-Joseph du Tremblay verbunden. Er war seine „graue Eminenz". François-Joseph du Tremblay, Sohn einer alten, mächtigen und in Paris ansässigen Adelsfamilie, war Abt der Kapuziner und nannte sich Pater Joseph. Bereits als Kind soll er sehr belesen gewesen sein und mit zwölf Jahren sprach er fließend Latein. Er hatte Richelieu kennen gelernt, als dieser noch Bischof war und erst am Beginn seiner politischen Karriere stand. Außerdem war Pater Joseph ein Vertrauter der Mutter der Königin und galt als ein begnadeter, einflussreicher Prediger. Geschätzt wurde sein psychoanalytisches Talent, Verhandlungspartner sagten ihm nach, er könne in Gedanken eindringen und sie beeinflussen. Pater Joseph war einer der wenigen Menschen, denen Richelieu voll vertraute. Er war deshalb für besonders schwierige geheime Missionen zuständig.

Richelieu fürchtete die Macht der Habsburger Kaiser, die mit ihren Ländereien Frankreich eingekreist hatten. Der seit 1618 auf dem Gebiet des Deutschen Reiches tobende Krieg hatte die protestantische Seite um das Jahr 1630 geschwächt und die Position des katholischen deutschen Kaisers gestärkt. Richelieu wollte diese Entwicklung nicht hinnehmen und versuchte nun Intrigen zu spinnen, um dem Kaiser Schaden zuzufügen. Denn alles, was dem Kaiser schadete, nützte nach seiner Meinung Frankreich. Die kostspielige Teilnahme an einem Krieg sollte zunächst durch Intrigen ersetzt werden. Einen Ansatz sah Richelieu bei den deutschen Fürsten, denen es im Kriegverlauf immer weniger um die Religion, sondern mehr um den Erhalt ihrer Macht und Privilegien ging. Sie fürchteten, dass der Kaiser zu ihren Lasten das Reich immer stärker zentralisieren würde, um die Macht dann in Wien zu konzentrieren.

Den Kaiser direkt konnte Richelieu kaum schädigen, doch er wollte mit Unterstützung der deutschen Fürsten den kaiserlichen Heerführer Wallenstein als Werkzeug zur Schwächung des Kaisers benutzen. Albrecht von Wallenstein, Herzog von Friedland und Mecklenburg, hatte ein eigenes Heer aufgebaut, das dem Kaiser große Erfolge brachte. Für manchen Fürst war Wallenstein deshalb inzwischen zu mächtig, und der französische Geheimdienst war bestens über diese Spannungen informiert. Beim Kurfürstentag zu Regensburg wollte Richelieu sein Intrigenspiel beginnen, und er schickte seinen besten Spion: Pater Joseph. Da Pater Joseph am französischen Hof keine offizielle Position hatte, war er in Begleitung von Marquis Charles Brulart de Léon, dem französischen Botschafter in der Schweiz, unterwegs. Dieser sollte den französischen König beim Kurfürstentag in Regensburg vertreten. Entscheidungsgewalt hatte allerdings nicht der Botschafter, sondern ausschließlich Pater Joseph.

Die Delegation mit Pater Joseph reiste zunächst nach Memmingen, wo Wallenstein sein Hauptquartier hatte. Noch am Abend des Treffens führte Pater Joseph längere Gespräche mit Wallenstein. Über den Inhalt dieser Gespräche gibt es heute nur noch Andeutungen. Es wird vermutet, dass der rhetorisch sehr geschickte Pater Joseph Wallenstein in eine Gesprächsfalle gelockt und ihn zu redselig gemacht hatte. Um Wallenstein in Sicherheit zu wiegen und ihm sein Vertrauen zu zeigen, sprach Pater Joseph zunächst über angeblich äußerst geheime französische Vorhaben: Der König würde die Rückeroberung des Heiligen Landes für die Christenheit anstreben. Dieses Vorhaben des Pater Joseph entsprang allerdings mehr seiner eigenen Wunschvorstellung, als dass es den offiziellen französischen politischen Planungen entsprach. Durch das angebotene Vertrauen wurde Wallenstein unvorsichtig und redselig. Er berichtete über die Zwänge, die ihm der Kaiser auferlegt habe und äußerte angeblich den Wunsch, eines Tages auf dem Gebiet des Deutschen Reiches ein eigenes Fürstentum zu gründen. Ohne es zu merken, lieferte er damit Argumente für eine sorgfältig geplante Intrige, die sich später auf dem Kurfürstentag gegen ihn richten sollte.

Am 25. Juli 1630 trafen Pater Joseph und die französische Delegation mit dem Schiff in Regensburg ein. Der Pater sprach zuerst mit dem bayerischen Kurfürsten Maximilian I., von dem er sich einen Einfluss auf den Kaiser erhoffte. Der bayerische Kurfürst war außerdem ein Bruder des Erzbischofs von Köln und war den Kurfürsten von Mainz und Trier wohl bekannt, so dass er bald wichtige Persönlichkeiten auf seiner Seite hatte. Den versammelten Kurfürsten versicherte Pater Joseph mit tiefer Überzeugung, dass sich die Positionen seines Königs absolut mit denen der Kurfürsten decken würden. Wie beiläufig und mit einer gespielten Vertraulichkeit bemerkte er zusätzlich, dass Kardinal Richelieu aus geheimen Quellen erfahren habe, dass der Kaiser dem Reich in Zukunft seinen Willen aufzwingen wolle. Er gab damit den Kurfürsten zu verstehen, dass ihre Stellung in Zukunft dadurch zwangsläufig geschwächt werden würde. Die Aufgabe des Paters wurde in den Gesprächen immer deutlicher. Er sollte einen Keil zwischen die Kurfürsten und den Kaiser treiben.

Später erhielt Pater Joseph eine Audienz beim Kaiser, wo er eine völlig gegenteilige Meinung vertrat und die Gerüchte, die dem Kaiser durch Zuträger inzwischen zu Ohren gekommen waren, wortreich widerlegte. Er versicherte mit tiefster Überzeugung, Kardinal Richelieu habe keinerlei Interesse, die Position der Kurfürsten gegenüber dem Kaiser zu stärken. In angeblich vertraulichen Einzelgesprächen mit dem Kaiser und den Kurfürsten streute er anschließend immer wieder mit Nachdruck den Inhalt seiner Unterredung mit Wallenstein in die Diskussionen ein. Die Absicht, Zwietracht zu säen, ging auf: Bereits einige Tage später schickten die Kurfürsten einen Beschwerdebrief über Wallenstein an den Kaiser. Sie unterstellten dem kaiserlichen Feldherrn, er würde eine verschwenderische Hofhaltung führen und Gewalttaten in seinem Heer dulden.

Der sorgfältig eingefädelte Angriff auf Wallenstein war für die Kurfürsten nur Ausgangspunkt für weitere Forderungen. Sie verlangten vom Kaiser, jede zukünftige Einmischung in ihre Angelegenheiten zu unterlassen, und drohten, indirekt von Pater Joseph ermuntert, mit dem Anschluss ihrer katholischen

Liga an Frankreich. Anschließend gärte es noch lange Zeit zwischen dem Kaiser und den Kurfürsten. Im August 1630 beschloss der Kaiser schließlich, Wallenstein das Oberkommando über das Heer zu entziehen und gleichzeitig die eigene Heeresstärke zu reduzieren. Pater Joseph war somit am Ziel seiner Pläne. Allein durch geschickte Intrigen war es ihm gelungen, dass sich der Habsburger Kaiser, ohne es zu merken, selbst schwächte. Er entließ einen fähigen Heerführer und verminderte gleichzeitig die Kampfkraft seiner Truppen.

Die Schwächung seines Heeres durch den Kaiser selbst war für Richelieu ein großer Erfolg, denn er ging mit dem Schwedenkönig Gustav Adolf einen Bündnisvertrag gegen den Kaiser ein. Er unterstützte den Eintritt von Schweden in den Krieg. Die Heere der katholischen Seite würden nach seiner Sicht in den Kämpfen mit den Schweden gebunden werden, und es Frankreich erlauben, seine Grenzen ohne eine große eigene Gefährdung bis an den Rhein vorzuschieben. Tatsächlich mobilisierte Richelieu nach dem Angriff der Schweden französische Truppen, um Lothringen und Teile des Elsass zu erobern.

Im Jahr 1631 drangen schwedische Truppen in einem Siegeszug bis nach Süddeutschland vor, besetzten München und bedrohten sogar das Habsburger Kernland. Der Kaiser ernannte erneut Wallenstein zu seinem Feldherrn und übergab ihm das Heer. Durch gute Kundschafter und eine ausgedehnte Spionage konnte Wallenstein das schwedische Heer jederzeit verfolgen und seine Stärke beurteilen. Die Schlacht von Lützen ging 1632 für Wallenstein zwar verloren, doch der schwedische König und Oberbefehlshaber war im Kampf gefallen. Für Wallenstein war der Krieg nun sinnlos geworden, und er suchte Verhandlungen mit den Schweden. Vom kaiserlichen Hof in Wien aus wurden bald erneut Intrigen gesponnen, um Wallenstein auszuschalten. In einem kaiserlichen Dekret von 1634 wurde Wallenstein sogar des Hochverrats bezichtigt und wenig später ermordet.

Richelieus Krieg

Für Richelieu glich die Einkreisung Frankreichs durch den Habsburger Kaiser einem Albtraum, denn sie verhinderte alle Vormachtsbestrebungen des französischen Königs. Nicht nur in Deutschland, sondern auch in Spanien versuchte Richelieu die Herrschaft der Habsburger zu brechen. Seine Spione stachelten deshalb die Bevölkerung in Portugal und Katalonien zu einem Aufstand an, um die spanische Vorherrschaft zu stürzen. Im Jahre 1635 erklärte Frankreich schließlich Spanien den Krieg, so dass von nun an außer England alle europäischen Mächte am 30-jährigen Krieg beteiligt waren.

Auf dem Gebiet des Deutschen Reiches kämpften jetzt neben den einzelnen deutschen Kriegsparteien noch französische, spanische und schwedische Truppen. Das Land wurde ausgeplündert und Städte und Dörfer verwüstet. Das Deutsche Reich begann stark zu verarmen. Die Kämpfe zogen sich noch lange hin, und erst 1648 schloss der Habsburger Kaiser in Osnabrück mit Schweden und in Münster mit Frankreich Frieden. Frankreich setzte durch, dass die deutschen Fürsten in Zukunft unabhängig vom Kaiser mit ausländischen Mächten Bündnisse eingehen konnten; sie waren also praktisch souverän. Es würde fortan also ein leichtes Spiel sein, die unterschiedlichen Fürsten in Opposition zum Kaiser zu bringen. Das Deutsche Reich hatte nur noch eine formale Bedeutung. Die Schweizer Eidgenossenschaft und die Niederlande schieden außerdem aus dem Deutschen Reich aus. Lothringen und große Teile des Elsass wurden endgültig französisch. Einen sicheren Machtanspruch hatte der Kaiser nach diesem Frieden allein in seinen Habsburger Kernländern.

Kardinal Richelieu verstarb am 4. Dezember 1642 und erlebte deshalb nur teilweise die Erfolge seiner Truppen und den Niedergang des Deutschen Reiches. Seinen Krieg führte der Kardinal nicht nur nach außen, sondern auch mit den Waffen des Geheimdienstes nach innen. Er gründete den Vorläufer des später berühmten *Cabinet Noir*, das Schwarze Kabinett, dessen Aufgabe es war, die Korrespondenz des französischen Adels sowie anderer, für den Staat gefährlicher Personen zu überwachen und mögliche Aufstände bereits im Keim zu ersticken. Antoine Rossignol wurde unter Richelieu zum führenden französischen Kryptologen, zum Entschlüsselungsspezialisten geheimer Codes. Rossignol hatte festgestellt, dass es in jedem Code ein bestimmtes Ordnungssystem gab, das bei einer Entschlüsselung nur durchschaut werden musste. Für die eigenen Codesysteme benutzte Rossignol den Zufall als Ordnungssystem, so dass die französische Staatspost während seiner Zeit von Unbefugten kaum entschlüsselt werden konnte. Um seinen Code besonders sicher zu machen, benutzte Rossignol rund 3000 Code-Elemente mit einer außergewöhnlich großen Vielfalt von Kombinationsmöglichkeiten. Der Codebrecher war für den französischen Staat so wichtig, dass sein Büro direkt neben den Gemächern des Königs lag. Nur Post, die von der geheimen Zensur vorher kontrolliert worden war, wurde befördert. König Ludwig XIV. las später mit besonderer Vorliebe die Post seiner zahlreichen Mätressen und spielte sie dann gegeneinander aus.

Zum *Cabinet Noir* gehörte unter König Ludwig XIV. auch ein geheimes Labor mit einer umfangreichen Ausrüstung, die es ermöglichte jedes Siegel und jeden Brief zu öffnen, zu lesen und bei Bedarf später zu fälschen. Falls Briefpapier bei der Entnahme zerrissen wurde, lag Ersatzpapier in jeder nur denkbaren Form, Farbe und Ausstattung bereit. Geld spielte keine Rolle. Schriftspezialisten konnten jede Handschrift nachahmen und bei Intrigen auch neue Sätze in Briefe einfügen. Jeder nur denkbare Poststempel konnte nachgemacht werden. Verklebte Briefe wurden unter einem feinen Dampfstrahl geöffnet und später wieder zugeklebt. Als wichtige Briefe immer öfter durch einen privaten Boten direkt überbracht wurden, beschloss Richelieu 1628 eine Postreform mit dem Tatbestand des Briefschmuggels. Fortan durften Briefe nicht mehr privat sondern nur noch vom Staat befördert werden.

Unter König Ludwig XV. konnte nahezu jeder Bürger sicher sein, dass seine Briefe ausnahmslos vom Staat mitgelesen wurden. Im Pariser Hauptpostamt gab es einen besonderen Verteiler, um verdächtige Briefe auszusortieren. Oft wurde sogar über Missstände im Staat in privaten Briefen an Freunde berichtet, denn es bestand die berechtigte Hoffnung, dass sie gelesen und dann weitergemeldet wurden. Selbst die Mutter des Königs beschwerte sich und klagte, dass sie in Zukunft kein Siegel mehr benutzen werde, denn jeder ihrer Briefe würde sowieso gelesen und abgeschrieben werden. Sogar im Ausland unterhielt das *Cabinet Noir* geheime Nebenstellen, um für die französische Politik wichtige Korrespondenzen abzufangen und noch vor Ort auszuwerten. Großen Einfluss hatten Geheimdienstmitarbeiter, die Briefkopien zur Vorlage für den König zusammenstellten. Es war bekannt, dass dem König mancher politisch wichtige Brief vorenthalten wurde. Dafür versorgten sie ihn jeden Sonntag zum Amüsement mit Briefen über Hofintrigen oder geheime Liebschaften.

Richelieus Nachfolger

Noch zu seinen Lebzeiten hatte Richelieu seinen langjährigen Mitarbeiter Jules Mazarin, der wie er selbst Kardinal war, zu seinem Nachfolger aufgebaut. Mazarin war italienischer Abstammung, hieß eigentlich Giulio Mazzarini und hatte nach einer Ausbildung bei den Jesuiten bereits mit 20 Jahren als Jurist promoviert. Anschließend übernahm er bei den päpstlichen Truppen militärische und diplomatische Aufgaben und erntete erste Lorbeeren. Er galt als ähnlich gerissen wie Richelieu und genoss als Italiener dessen besonderes Vertrauen. Bei Franzosen war Richelieu meist misstrauisch und vermutete Rivalen. Mazarin setzte nach Richelieus Tod dessen politische Pläne und Aktivitäten einfach fort. Angeblich soll er sogar mit der Witwe von König Ludwig XIII. verheiratet gewesen sein. Bekannt wurde er als Vormund des noch kindlichen Sohnes der Königin, König Ludwig XIV. Erst nach dem Tod von Mazarin übernahm Ludwig XIV. im Alter von 23 Jahren vollständig die Staatsgeschäfte.

Wie Richelieu legte auch Mazarin großen Wert auf einen guten Geheimdienst. Der Codebrecher Rossignol wurde von ihm weiter gefördert und verfeinerte seine Verschlüsselungssysteme. Mazarin warb weitere Spione an. Seinen Spion du Parc schickte er nach England, um dort erfolgreich geheime Gesandte des französischen Hochadels auszuspionieren. Einen weiteren wichtigen Spion fand Mazarin unter den Franziskanern. Pater Francis Berthod durfte sogar für seine Tätigkeit jede Art von Kleidung tragen, ohne gegen die Regeln seines Ordens zu verstoßen. Für kritische Situationen führte Pater Berthod geheime Botschaften mit sich. Als er einmal von Aufständischen verhaftet werden sollte, gelang es ihm, sich von einem Bauern gegen eine hohe Belohnung zum Herzog von Saint-Simon, einem Befehlshaber der königlichen Truppen, bringen zu lassen. Er übergab dem Herzog ohne weitere Aussagen einen Brief und ein

Wasserfläschchen, die beide nach der Anschrift eigentlich für einen Pfarrer bestimmt waren. In dem unauffälligen Brief war nur zu lesen, dass mit dem mitgeführten Wasser die Augen des Empfängers behandelt werden sollten, um besser sehen und lesen zu können. Ein Offizier des Herzogs verstand den Code. Er rieb das Briefpapier mit dem „Augenwasser" ein und eine vorher unsichtbare Schrift wurde sichtbar. Das Schreiben war von höchster Stelle ausgestellt worden, legitimierte den Pater als besonderen Vertreter des Staates und gab Anweisungen zu seiner Rettung. Pater Berthod wurde daraufhin heimlich als Seemann verkleidet und unauffällig in Sicherheit gebracht.

Ratschläge für Diplomaten

François de Callières, Privatsekretär von König Ludwig XIV., verfasste 1716 einen Ratgeber für Diplomaten. In der Schrift hob er insbesondere Kardinal Mazarin hervor und bewunderte dessen Selbstbeherrschung. Mazarin galt als Vorbild, weil weder in seiner Mimik noch in seiner Gestik seine augenblickliche Stimmungslage zu erkennen war. Der Kardinal provozierte nicht selten Gäste, um aus ihren Wutausbrüchen Rückschlüsse auf deren Charakter zu ziehen. Nach Maßgabe de Callières mussten an einen Diplomaten hohe Ansprüche gestellt werden und es war selbstverständlich, dass er sich gleichzeitig als Spion betätigte. Dazu musste ein Diplomat regelmäßig Feste feiern, viele wichtige Leute kennen lernen und auch der Damenwelt in seinem Gastland nicht abgeneigt sein. Gerade einflussreiche Frauen konnten einem Diplomaten wichtige Informationen liefern. Richtig verlieben durfte sich ein Diplomat jedoch nicht, denn seine Aufgabe bestand darin, die ihm ergebenen Damen auszuhorchen. Für Geschenke stand jedem Diplomaten ein besonderer Etat zu, wobei es sehr wichtig war, dass nur sorgfältig ausgewählte und teure Geschenke überreicht wurden. De Callières schlug vor, dass ein Diplomat auch die Künstler bei Hofe durch Käufe fördern solle. Denn viele Künstler konnten ihm einen nützlichen Zugang zum Herrscher verschaffen.

Nicht zu unterschätzen war nach de Callières die Bildung eines Diplomaten. Sie konnte nicht hoch und vielseitig genug sein, denn der Diplomat musste bei gesellschaftlichen Ereignissen rhetorisch brillieren können, um durch Wissen Aufmerksamkeit zu erregen. Außerdem sollte ein Diplomat die Vorteile, die ein Gastland in seinen Aktivitäten sucht, genau kennen. Auch hier wurde erneut Mazarin als Vorbild genannt. In den Friedensverhandlungen zum Ende des 30-jährigen Krieges hatte er sich genau über die Wünsche der einzelnen Verhandlungspartner informiert, sie nach Möglichkeit erfüllt und dadurch für Frankreich optimale Erfolge erzielt.

Geheime Gerichte

An seinem Hof in Versailles unterhielt König Ludwig XIV. ein geheimes Gericht, das völlig unabhängig von der offiziellen Justiz war und das keine Akten hinterließ. Nach einer Serie von Giftanschlägen und rätselhaften Todesfällen bei Hofe rief Ludwig XIV. beispielsweise das streng geheime *Chambre de Poison* ein. Mehr als 360 Personen von hohem Stand wurden festgenommen, 110 davon kamen vor Gericht und 36 wurden später hingerichtet. Etwa 150 Personen blieben ohne einen Prozess lebenslang im Gefängnis, weil ihre Aussagen den königlichen Hof und die Mätressen belastet hätten. Nach dem Ende der Verhandlungen wurden auf Anordnung des Königs alle Gerichtsakten verbrannt und jeder Hinweis auf die Verbrechen verwischt. Es ist nur dem Zufall zu verdanken, dass die Arbeit des *Chambre de Poison* heute bekannt ist. Polizeikommissar Nicolas de la Reynie hatte vergessen, in seinem Notizbuch einige Anweisungen zu streichen und das Buch zuletzt zu vernichten. Geheime Giftmorde waren während des Absolutismus in Paris nicht selten. Einmal versuchte eine junge Herzogin ihren bereits älteren Gatten mit einem in einer Arsenverbindung getränkten Hemd umzubringen. Die Marquise de Brinvilliers verteilte an die Armen kostenlos Speisen und Getränke, die vergiftet waren. Sie wollte nur die tödliche Dosis testen, um später mit dem Gift aus Geldgier ihre Familie zu ermorden.

Berüchtigt waren geruch- und geschmacklose Arsenverbindungen, die auch „Erbschaftspulver" genannt wurden. Geheimdienste benutzten die „Thronfolger-Elixiere", um ausgewählten Prinzen die Herrschaft zu sichern. Vorkoster lebten deshalb oft weitaus gefährlicher als der Herrscher selbst. Eine komplizierte Situation ergab sich, wenn es einem Vorkoster beim Essen übel wurde, ohne dass die Ursache bei den dargebotenen Speisen lag. Wahrscheinlich wurde der Philosoph Descartes in Schweden vergiftet, weil der Geheimdienst fürchtete, er könne die Königin zu einem Religionswechsel überreden.

Duell der Geheimdienste –
Napoleon und der Secret Service

Während der französischen Revolution veränderten sich politische und gesellschaftliche Verhältnisse innerhalb kürzester Zeit. Die feudale Ordnung der vorhergehenden Jahrhunderte brach zusammen, um den Idealen der Aufklärung Platz zu machen. Doch diese Ideale konnten nur zum Teil umgesetzt werden. Die Revolution lief aus dem Ruder, einzelne Parteien bekämpften sich gegenseitig und radikale Gruppen setzten sich zuletzt durch. Die große Revolution, die der Bevölkerung Freiheit, Gleichheit und Brüderlichkeit bringen sollte, endete in einer Gewaltherrschaft. In diesen chaotischen Zeiten wurden Menschen aus unterschiedlichen Schichten nach oben gespült und gewannen großen Einfluss.

Zu ihnen gehörte auch Napoleon Bonaparte, Sohn eines Rechtsanwaltes, dessen Familie einst von der Toskana nach Korsika ausgewandert war. Die Familie war adelig, aber völlig verarmt. Durch Kontakte seines Vaters erhielt Napoleon ein Stipendium an den Militärschulen von Brienne und später Paris. Der junge Militärschüler galt als hochintelligent, kaltblütig und skrupellos. Parteien waren für ihn allein ein Mittel auf seinem Weg zur Macht. In den Kämpfen während der Revolution gewann Napoleon Anerkennung, wurde zum Retter von Toulon und anschließend mit gerade 25 Jahren Brigadegeneral. Der Sturz von Robespierre riss allerdings auch ihn in die Tiefe. Er siedelte 1795 nach Paris über und hatte Mühe, eine Anstellung als Kartenzeichner zu finden.

Während dieser Zeit des erneuten Umbruchs hatten die ehemaligen Jakobiner einen schweren Stand. Die Jugend der wieder zu Wohlstand gekommenen Oberschicht, wegen ihrer Verbindung zum Gold *Jeunesse dorée* genannt, machte Jagd auf sie. Auf den Straßen herrschte Kriminalität, und mancher Jakobiner wurde morgens tot aufgefunden. Napoleon erkannte bei einem Spaziergang einen ehemaligen Abgeordneten, der gerade verprügelt werden sollte und half ihm. Als Dank erhielt er eine Eintrittskarte für ein luxuriöses Lokal der neuen Reichen und Mächtigen. Nach einigem Zögern entschloss er sich zu einem Besuch und traf dort Josephine de Beauharnais, Witwe eines ehemaligen Revolutionsgenerals, der nachgesagt wurde, sie sei eine Edelkurtisane. Die aus der Karibik stammende schöne Josephine hatte mächtige Freunde und war die Geliebte von Paul Barras, dem Ersten Direktor des herrschenden Direktoriums. Barras stammte trotz seiner revolutionären Vergangenheit aus altem gräflichem Adel, war von einer weltmännisch eleganten Erscheinung und trug stets feinste Kleidung aus bestem Tuch. Er galt als ein Lebemann, der sich mit zahlreichen Geliebten umgab. Der schönen Josephine war er inzwischen überdrüssig und versuchte sie an den jungen Napoleon abzutreten. Barras genoss in Paris ein hohes Ansehen, denn er hatte einen entscheidenden Anteil am Sturz von Robespierre gehabt. Kurzzeitig drohte damals sogar ein Bürgerkrieg, den Barras niederschlug. Die Söhne der Bürger gaben während dieser Zeit die Parole aus: „Gehen wir zum Barras!", woraus später ein geflügeltes Wort für den Militärdienst wurde.

Barras förderte Napoleon und fand sogleich für ihn Verwendung. Sein Geheimdienst hatte ihm zugetragen, dass ein Aufstand bevorstand. Napoleon wurde von ihm zum Divisionsgeneral ernannt und erhielt den Auftrag, gegen die Aufständischen vorzugehen. Vor der Kirche Saint-Roch ließ Napoleon die versammelten Aufständischen kurz entschlossen mit Kanonen zusammenschießen. Die wenigen Überlebenden flohen. Jetzt wusste Barras, zu welchen Taten der junge General aus Korsika fähig war.

Um sich auf noble Weise von seiner Geliebten zu verabschieden, schlug Barras eine Ehe zwischen Josephine und Napoleon vor. Doch Josephine wollte nicht; sie hielt den kleinen Korsen für zu unbeholfen und fühlte sich von dessen schlechten Manieren abgeschreckt. Später heirateten beide dennoch, und Barras war sogar Trauzeuge. In einem Brief an eine Freundin bemerkte Josephine anschließend, sie habe Napoleon nur geheiratet, weil ihn Barras zum Oberbefehlshaber der Italienarmee gemacht hatte. In Italien zeigte der erst 27-jährige Napoleon, dass er ein militärisches Genie und Meister der Strategie und Taktik war; mit einer schlecht ausgerüsteten Armee gewann er eine Schlacht nach der anderen. Seine Ehe mit Josephine blieb allerdings stets problematisch. Sie war anspruchsvoll, neigte zur Hysterie und warf mit Napoleons Geld nur so um sich; in einem Jahr kaufte sie einmal mehr als 600 Kleider.

Joseph Fouché, Napoleons Geheimdienstchef

Als Napoleon zum Kaiser aufgestiegen war, gab es neben dem alten Adel aus der Zeit der Könige noch den neuen, von Napoleon ernannten Adel. Menschen aus oft einfachen Verhältnissen und ohne besondere Ausbildung, aber mit großer Schläue, Tüchtigkeit und Skrupellosigkeit waren Napoleon aufgefallen und wurden gefördert. Es waren Männer der Revolution. Napoleon war die Herkunft seiner Leute völlig gleichgültig, sie mussten nur fähig und tüchtig sein. Von den 26 napoleonischen Marschällen waren nur zwei adelig. Murat, Gatte einer Schwester Napoleons und später König von Neapel, war zum Beispiel ursprünglich Kellner gewesen. Masséna, zuletzt Fürst von Eßling, begann seine Karriere als ein mit allen Wassern gewaschener Schmuggler, und Lannes,

Napoleon überquert die Alpen über den St. Bernhard-Pass am 20. Mai 1800

Herzog von Montebello, war Sohn eines Stallknechts und hatte sich vorher seinen Lebensunterhalt als Anstreicher verdient. Extrem war der Aufstieg des Herzogs von Castiglione, als ihn Napoleon zum ersten Mal traf, war er noch Landstreicher. Einen Onkel hatte Napoleon vom Dorfpfarrer zum Kardinal befördert.

Bitter beklagte sich der alte Adel über die Manieren des neuen Adels, denn die hatten sich seit ihrer Erhebung in den Adelsstand kaum verändert.

Napoleon selbst war hier keine Ausnahme und führte oft ein sehr loses Mundwerk. Sein Außenminister Talleyrand, ein echter Prinz aus uraltem Adel, meinte einmal zu Napoleon: „Wie schade, Sire, dass ein so großer Mann wie Sie so schlecht erzogen ist." Worauf Napoleon ausfallend geantwortet haben soll: „Ach Sie, Sie sind doch nichts als ein Stück Scheiße in seidenen Strümpfen." Dennoch schätzte Napoleon seinen Außenminister. Er redete nur gern wie Soldaten im Krieg. Dabei war seine Intelligenz phänomenal, denn er konnte ohne große Mühe drei oder noch mehr Sekretären gleichzeitig in einer geschliffenen Sprache unterschiedliche Briefe diktieren.

Joseph Fouché, der berüchtigte Geheimdienstchef des Kaisers, führte von allen wichtigen Persönlichkeiten der napoleonischen Zeit ein Dossier und wusste, wer erpressbar war oder „eine Leiche im Keller" hatte. Das Dossier war eine der Erfindungen des Geheimdienstchefs. Fouché war Sohn eines Schiffers aus Nantes. Er hatte Rechtswissenschaften studiert und beherrschte alle Tricks, um sich vom Beginn der Revolution bis zur Herrschaft Napoleons in höchsten Positionen zu halten und alle gefährlichen Situationen zu überleben. Er galt als durchtrieben, gerissen und brutal, gleichzeitig aber auch als mäßigend und ausgleichend. Während einer Revolte war ihm 1793 die Guillotine nicht schnell genug, um die Gefangenen hinzurichten. Er ließ sie zusammentreiben und mit schwerer Artillerie niederschießen.

Fouché war ein Meister im Organisieren und hatte für Napoleon einen äußerst effektiven Geheimdienst geschaffen, der später immer wieder kopiert wurde. Während seiner Amtszeit sollen ihm nie größere Fehler unterlaufen sein. Sein Ministerium bestand aus sechs Abteilungen wie etwa „Allgemeine Sicherheit", „Überwachungen", „Bestechungen" und einem hervorragenden Archiv; sie alle waren auf ihn konzentriert. Sonderkommandos standen bereit, um mögliche Widerstände sofort im Keim zu ersticken. Als das Papiergeld populär wurde, wurden auch Fälscherwerkstätten gegründet. Als erster Geheimdienstchef erkannte Fouché den Wert der Presse und des Theaters und nutzte beide für seine Tätigkeit aus. Jeder gute Journalist geriet zwangsläufig unter seine Kontrolle, denn er übte nicht nur Zensur aus, sondern schnappte auch der gegnerischen Presse die besten Köpfe weg. Das Land war von einem Netz aus Spitzeln und Spionen überzogen. Um Eigeninitiativen zu fördern, erfreuten sich gute Spione einer gewissen Selbständigkeit und erhielten bei Erfolg Sonderzahlungen. Auch im Ausland wurden Spionageschwerpunkte aufgebaut, um Spione, die nach Frankreich geschickt werden sollten, möglichst früh zu erkennen und bereits an der Grenze abzufangen. Grenzstädte und Häfen waren deshalb von Zuträgern durchsetzt. Dazu betrieb Fouché Gegenspionage und streute zur Verwirrung immer wieder sich widersprechende Meldungen und Widerrufe aus. Für Bestechungen standen große Summen zur Verfügung, wobei es nicht nur um einzelne Zahlungen ging. Manchmal wurden über längere Zeiträume zusätzliche Jahresgehälter gezahlt.

Josephine, die Ehefrau Napoleons, war eine seiner prominentesten Spioninnen. Sie unterhielt nach ihrer Heirat noch ein Verhältnis zu Barras, der über Napoleons Pläne informiert sein wollte. Fouché hatte die Aufgabe, ihr die Einnahmen aus einem geheimen Spielkasino zukommen zu lassen. Gegen gute Bezahlung musste sie nur mitteilen, wen sie demnächst zu empfangen gedenke. Von dem Geld kaufte sie dann manchmal feine Kaschmirschals für ihre Hunde. Über die Liebschaften seiner Ehefrau war Napoleon allerdings nicht erpressbar, denn er traf sich ebenfalls regelmäßig mit Geliebten. In einigen Schlössern gab es dafür eigene Schlafzimmer. Da er stets wenig Zeit hatte, ist der Ausspruch überliefert, dass er nach dem Eintreten seinen Geliebten vorwarf, sie wären noch nicht ausgezogen. Diener berichteten, dass Josephine manchmal hysterisch kreischend gegen die Türen dieser Zimmer schlug.

Militärische Spionage

Leiter der militärischen Spionage in den Armeen Napoleons war General René Savary. Er stellte Napoleon einmal den fähigsten seiner Spione vor, den Elsässer Karl Schulmeister, den der Kaiser direkt in Wien platzieren ließ. Schulmeister war der Sohn eines evangelischen Pfarrers und hatte sich in Straßburg als Eisenwarenhändler niedergelassen. Das Geschäft brachte allerdings nicht genügend ein, so dass er zusätzlich noch als Schmuggler tätig wurde. Eines Tages erwischte ihn die Polizei und stellte ihn vor die Alternative, entweder ins Gefängnis zu gehen oder wegen seiner guten Sprachkenntnisse als Spion aktiv zu werden. Schulmeister wurde Spion und erhielt dank seiner Erfolge immer lukrativere Aufträge. Seine oft tollkühnen Aktivitäten machten ihn zu einer Art James Bond der napoleonischen Zeit.

Mit gefälschten Papieren und viel Geld wurde Schulmeister, getarnt als ungarischer Edelmann, nach Wien geschickt und erhielt mit Hilfe von Bestechung eine Anstellung bei einem österreichischen Heerführer. In französischen Zeitungen wurden eigens Artikel gedruckt, die genau die Flucht eines verräterischen ungarischen Edelmanns beschrieben. Diese Veröffentlichungen halfen, letzte österreichische Bedenken zu zerstreuen.

Schulmeister wurde wegen seiner detaillierten Kenntnisse als Berater in den Stab Feldmarschalls Karl Freiherr von Mack-Leiberich aufgenommen. Er glänzte mit viel Wissen über das französische Heer. Gleichzeitig sorgte der französische Geheimdienst dafür, dass der österreichische Geheimdienst immer mehr fingierte Briefe abfing, die Aufstände gegen Napoleon ankündigten. Schulmeister konnte Feldmarschall Mack davon überzeugen, dass Napoleon nur mit einer kleineren Armee angreifen könne, denn viele Truppen würden wegen der drohenden Aufstände im Land selbst gebraucht werden. Dennoch waren militärische Auseinandersetzungen unausweichlich. Das österreichische Oberkommando beschloss schließlich, Erzherzog Karl mit einer größeren Armee nach

Norditalien zu schicken, da dort der Aufmarsch von Napoleon erwartet wurde. Feldmarschall Mack sollte mit einer kleineren Armee nach Bayern marschieren, um zu verhindern, dass sich die bayerische Armee mit Napoleon vereinigen konnte. Gleichzeitig wurde vereinbart, dass zwei russische Armeen anrücken sollten, um die Kräfte gegen Napoleon weiter zu verstärken. Napoleon ergriff sofort die Initiative, denn er wollte jede der Armeen einzeln schlagen und musste handeln. Sollte ihm dies nicht gelingen, könnte er am Oberlauf der Donau bald einer 140 000-Mann-Armee gegenüber stehen. Truppen seines Marschalls Masséna sollten gemäß seinen Plänen während dieser Zeit in Norditalien bleiben, um die Armee von Erzherzog Karl zu binden.

Bei einer der militärischen Besprechungen der Österreicher soll Schulmeister angeblich eine Meisterleistung gelungen sein. Er verfügte über ein herausragendes schauspielerisches Talent und eine große Wandlungsfähigkeit. Für ein Bestechungsgeld von etwa einer Million soll er sich von einem österreichischen General die Uniform ausgeliehen haben und in dessen Rolle geschlüpft sein, um anschließend an einem Kriegsrat mit dem Kaiser teilzunehmen.

Ohne die Ankunft der russischen Verbündeten abzuwarten, starteten die Österreicher ihre Invasion nach Bayern. Schulmeister begleitete Feldmarschall Mack auf dem Vormarsch und beeinflusste ständig die Marschrichtung. Trafen österreichische Patrouillen auf französische Truppenverbände, hatte er jeweils eine überzeugende Erklärung, um die Gefahren herunterzuspielen. Einmal begegneten sie der französischen Vorhut, danach wieder der Flankensicherung und schließlich nur noch geschützten Nachschubkolonnen. Die französische Hauptmacht, die konzentriert in sieben Kolonnen parallel marschierte, trafen sie nie. Die französische Armee war beweglicher als die österreichische, und Napoleon marschierte zur allgemeinen Verwirrung zunächst hin und her, wobei sich die Verbände zeitweise vereinigten und dann wieder trennten. In der Gegend von Ulm angekommen, war Schulmeister plötzlich verschwunden. Napoleon hatte die Österreicher eingekesselt. Ein Durchbruch der österreichischen Truppen misslang. Schließlich kapitulierte Mack im Oktober 1805 mit etwa 30 000 Mann; er war in eine Falle gelaufen.

Anschließend rückte Napoleon in Richtung Wien vor. Der untergetauchte Schulmeister schloss sich der französischen Kavallerie unter Marschall Murat an. Im November erreichte das französische Heer Wien und machte große militärische Beute. Inzwischen aber waren die russischen Truppen im Land, und Napoleon musste sich zum Kampf stellen. Bei Austerlitz in Böhmen kam es im Dezember 1805 zur so genannten Drei-Kaiser-Schlacht zwischen Frankreich, Österreich und Russland. Napoleon war zwar zahlenmäßig unterlegen, nutzte aber den Vorteil, den Ort der Schlacht bestimmen zu können; außerdem konnte er seine Truppen hervorragend platzieren und erneut Fallen stellen. Er blieb in der Schlacht Sieger; die Alliierten beklagten rund 27 000 Gefallene, die Franzosen rund 7000. Anschließend gab sich Österreich geschlagen. Etwa ein Jahr später, 1806, besiegte Napoleon Preußen in der Schlacht bei Jena und Auerstädt. Für seine überragenden Spionageleistungen erhielt Karl Schulmeister von Napoleon neben Geld noch ein großes Gut und ein Schloss geschenkt, später nannte er sich Charles de Meinau.

Zahlreiche Aktivitäten Schulmeisters wären heute tatsächlich filmreif. Sie verraten, dass er sicherlich eiserne Nerven hatte und wirklich geistesgegenwärtig war. Um gefahrlos aus einer Stadt zu fliehen, ließ er sich einmal als Leiche schminken und herrichten. Dann wurde er in einen Sarg gelegt und pietätvoll aus der Stadt getragen. In einem anderen Fall jagte ihn die Polizei, ohne zu wissen, wie er wirklich aussah. Sie klopften an die Tür seines Hauses. Er erschien als Diener verkleidet, öffnete freundlich und meinte nur: „Kommen Sie herein, meine Herren, kommen Sie herein!" Dann schloss er die Tür von außen und türmte.

Bei kriegerischen Auseinandersetzungen unterhielt die österreichische Armee Greifkommandos für verdächtige Zivilisten. Einem dieser Kommandos fiel Schulmeister auf. Reiter folgten ihm und er floh in ein größeres Haus. Als die Soldaten gerade die Haustür eintreten wollten, erschien auf der Treppe ein Mann mit einem blutverschmierten Arztkittel, mit chirurgischen Geräten und einer verdreckten Schüssel. Es handelte sich um Schulmeister. In einem österreichischen Dialekt rief er ihnen angeblich zu: „Schnell, schnell! Nach oben! Das Schwein liegt auf dem Dachboden und kratzt ab." Die Soldaten stürmten die Treppen hoch. Er ging vor die Tür, jagte ihre Pferde weg und floh. Einmal wurde es für ihn, ebenfalls in Österreich, äußerst eng: Er saß gerade beim Friseur und ließ sich den Bart abrasieren, um sein Aussehen zu verändern. Plötzlich erschien die Polizei. Er sprang auf, warf dem Friseur eine Münze zu und verschwand mit einem halben Bart rasch durch eine Hintertür.

Sehr originell war seine Schmuggelidee mit einem Hund: Schulmeister wollte Geheimpapiere übergeben und zog einem kleinen Hund das Fell eines Pudels über. Zwischen Hundefell und Pudelfell hatte er die Papiere versteckt. Den vermutlich recht merkwürdig aussehenden Pudel führte er auf der Straße spazieren und überließ ihn unauffällig einem Kontaktmann.

Napoleon bereitete alle seine Feldzüge sehr penibel vor. Er beschäftigte einen Stab von Fachleuten, berechnete teilweise selbst Anmarschwege, organisierte die Versorgung und legte auch den Rückzug fest. Als er den großen Feldzug gegen Russland zu planen begann, wurde eigens ein Büro gegründet, um jede nur denkbare Information über das Land und seine Bewohner zu sammeln. Der französische Gesandte am Hof des Zaren, General Lauriston, erhielt weitere Mitarbeiter. Es waren hochkarätige Spione, die unter den unterschiedlichsten Vorwänden im Land ausschwärmten. Bald wurde während der Kriegsvorbereitungen ein Mangel an guten Karten über das weite Russische Reich deutlich. In abgestimmten Aktionen wurden deshalb Druckplatten für Landkarten direkt in Russland gestohlen und in einer lückenlosen Kurierstafette nach Frankreich geschafft.

Bevor die russische Polizei genau zu suchen anfing, waren die meist sperrigen Platten bereits jenseits der Grenzen. Dennoch hatte sich Napoleon verplant. Trotz aller sorgfältigen Vorbereitungen war der russische Feldzug für ihn eine Katastrophe und der Beginn seines Niedergangs.

Der Friede von Tilsit

Mit dem englischen Secret Service hatte Napoleons Geheimdienst beträchtliche Probleme. England verfügte mittlerweile über eine lange Erfahrung im Geheimdienst und wusste frühzeitig, dass eine Invasion von französischer Seite geplant war. Seine Niederlage in der Seeschlacht von Trafalgar hatte Napoleon jedoch gezeigt, dass er niemals in der Lage sein würde, in England mit einer Invasionsarmee zu landen. Er versuchte deshalb den Gegner durch einen Handelskrieg und eine Kontinentalsperre in die Knie zu zwingen. Ein durchschlagender Erfolg blieb allerdings aus. Die Kontinentalsperre war löchrig und schwer zu kontrollieren.

England führte gegen Napoleon verschiedene erfolgreiche Geheimdienstaktionen durch und eine davon betraf die Verhandlungen zum Frieden von Tilsit. Nachdem Napoleon Österreich und Preußen geschlagen hatte, war er zuletzt auch gegenüber Russland, dem wichtigsten Verbündeten der beiden besiegten Staaten erfolgreich. Der Zar willigte in Friedensverhandlungen ein, die in der Stadt Tilsit an dem Fluss Memel geführt wurden. Am 25. Juni 1807 trafen sich Napoleon und Zar Alexander I. erstmals auf einem in der Memel verankerten Floß. Dabei wurden auch geheime Zusätze zum offiziellen Friedensvertrag ausgehandelt. Der französische Kaiser und der Zar wollten von nun an Europa gemeinsam beherrschen, um England in die Knie zu zwingen. Tatsächlich trat Russland anschließend der Kontinentalsperre gegen England bei.

Zum geheimen Zusatzabkommen gehörte auch, die dänische Flotte gegen England einzusetzen. Dänemark war mit Frankreich verbündet und mit Hilfe seiner Flotte sollte die Ostsee zu einem französisch-russischen Meer gemacht werden, um dort den englischen Handel vollends zu verhindern. Doch England kam den Plänen zuvor. Ein englischer Flottenverband erschien überraschend vor Kopenhagen und beschoss die Stadt vier Tage lang. Große Teile der Stadt brannten ab, und die dänische Flotte war anschließend unbrauchbar.

Erst Jahrzehnte später wurde klar, dass England wahrscheinlich das geheime Zusatzabkommen zum Friedensvertrag von Tilsit kannte. Über die genaue Informationsquelle können auch heute nur Vermutungen geäußert werden. Wahrscheinlich hatte Graf Woronzow, ein Adjutant des Zaren, der die Bewachung des Floßes in Tilsit beaufsichtigt hatte, die Informationen weitergegeben. Woronzow war in England aufgewachsen und hegte für das Land viel Sympathie. Sein Vater war russischer Gesandter in London und hatte sich geweigert, nach seiner Abberufung nach Russland zurückzukehren. Er blieb als Kontaktperson in London. In einem Brief an seinen Sohn, teilte er während der Friedensverhandlungen seine Verachtung gegenüber Napoleon mit. Sir Robert Wilson, ein englischer Spion in russischen Diensten, war mit dem jungen Woronzow gut bekannt, und es ist denkbar, dass er von ihm die entscheidenden Hinweise erhielt. Nur kurze Zeit nach dem Treffen des Zaren und des französischen Kaisers auf dem Floß ging beim englischen Gesandten in Kopenhagen ein geheimes Schreiben ein, das umgehend zum englischen Außenminister weitergeleitet wurde, der sofort die Flotte alarmierte. Die anschließende Eile der englischen Flotte lässt ebenfalls vermuten, dass wichtige Spionageinformationen vorlagen.

Die Mission des Pater Robertson

In den von Frankreich besetzten Gebieten hatte der französische Geheimdienst alle Hände voll zu tun, denn die Staaten hatten zwar kapituliert, gaben sich aber dennoch nicht geschlagen. Es wurden Widerstandszentren gegründet, und in Spanien kam es sogar zu einem grausamen Partisanenkrieg. Prag und Karlsbad entwickelten sich zu Spionagestützpunkten. Englische Spione reisten meist über Schweden ein und wurden heimlich nach Böhmen gebracht, wo sie Geldmittel für den Widerstand verteilten. Nachrichtenkuriere mussten gefährliche Abenteuer bestehen. Norddeutsche und niederländische Schmuggler setzten sie häufig gegen gute Bezahlung bei Nacht an der englischen Küste ab oder nahmen sie dort auf. Andere Kuriere wählten einen weniger gefährlichen Weg durch das Osmanische Reich und übergaben in Malta der englischen Flotte ihre Meldungen. Da sich die englischen Papierformate von denen auf dem europäischen Kontinent unterschieden, mussten alle verschlüsselten Nachrichten beim Transport umgeschrieben und als Geschäftsbriefe getarnt werden. Als Vorposten für den Secret Service besetzten englische Marineeinheiten 1807 eigens die Insel Helgoland, die vorher zu Dänemark gehört hatte.

In Spanien griff die französische Besatzungsarmee gegen Aufständische äußerst brutal durch und es kam regelmäßig zu Massakern. Um die spanische Armee unter Kontrolle zu halten, wurden insbesondere Eliteeinheiten in andere Gebiete des Napoleonischen Reiches versetzt. Sie waren dort Fremde und konnten leicht beobachtet werden. Ein spanisches Elitekorps unter dem Kommando von General Marquis de la Romana wurde 1807 in Hamburg und Schleswig-Holstein stationiert und argwöhnisch von französischen Spionen überwacht.

Der schottische Pater und Doktor der Theologie James Robertson hatte lange Jahre in Regensburg gelebt und sprach fließend deutsch. Da er außerdem ein sehr mutiger Mann war, wählte ihn der englische Geheimdienst aus, mit Marquis de la Romana Kontakt aufzunehmen. Der englische Verbindungsmann zu dem Pater war General Arthur Wellesley, der später berühmte Herzog von Wellington.

Pater Robertson wurde nach einem Gespräch mit dem englischen Außenminister Canning zur Insel Helgoland gebracht und sollte dann heimlich von Schmugglern in Hamburg eingeschleust werden. Schriftliche Instruktionen erhielt er nicht und lernte deshalb alle Anweisungen auswendig. Ein Mister Mackenzie begleitete ihn auf Helgoland und war für seine Betreuung zuständig. Das Unternehmen war hoch riskant, denn die Elbmündung wurde von den Franzosen streng bewacht. Erst der zweite Versuch war deshalb erfolgreich. Pater Robertson nahm den Namen eines Deutschen an, der aus der Gegend stammte, aber in London verstorben war. Er ließ sich zunächst in Bremen als Sprachlehrer nieder. Später reiste er nach Hamburg und nahm mit einem spanischen Priester Verbindung auf, der erkrankte spanische Soldaten betreute. Wegen der Sprachprobleme unterhielten sie sich in Latein. Pater Robertson erfuhr, dass Marquis de la Romana auf die dänische Insel Fünen geschickt worden war. Er gründete deshalb ein Gewerbe als fahrender Händler, um Kleinwaren auf Fünen zu verkaufen. Der Pater verkaufte zu günstigen Preisen und gewann unter den Spaniern einige Freunde. An Tarnadressen schrieb er unterdessen Briefe und schilderte seine Reiseerlebnisse seiner „Ehefrau"; der Text war vordergründig harmlos, enthielt aber verschlüsselte Mitteilungen an den Geheimdienstmann Mackenzie. Mackenzie begab sich anschließend ebenfalls über verschlungene Wege zur Insel Fünen.

Pater Robertson hatte nun endlich ein Gespräch mit Marquis de la Romana erreicht, was sehr schwierig war, denn der spanische General hielt ihn lange für einen französischen Spitzel. Marquis de la Romana war mit dem englischen Gesandten in Spanien gut bekannt, und der Pater teilte nun sein vom englischen Geheimdienst mitgeteiltes Wissen über die Bekanntschaft zwischen den beiden mit. Marquis de la Romana verstand, um was es ging und wurde restlos überzeugt, als Pater Robertson noch eine Schriftprobe des Gesandten vorlegte. Der Pater trug nun den Plan des Secret Service vor und der war tollkühn: Die englische Flotte wollte die spanischen Truppen in Dänemark heimlich übernehmen und nach Spanien bringen, damit sie dort den Aufstand gegen die Franzosen unterstützen konnten. Marquis de la Romana stimmte zu und wollte den Plan noch mit seinen Offizieren besprechen. Pater Robertson fuhr zehn Tage nach dem Gespräch wieder nach Hamburg zurück und schrieb erneut einen verschlüsselten Brief. Er schickte an seine „Ehefrau" zehntausend Küsse, was bedeutete, dass der spanische General mit rund zehntausend Mann überlaufen wollte. Mackenzie beobachtete die Aktionen aus der Ferne und hielt mit der englischen Flotte Kontakt. Einzelne Verbände waren inzwischen in Alarmbereitschaft versetzt worden und sammelten sich weit vor der Küste von Fünen. Marquis de la Romana reiste unter verschiedenen Vorwänden mehrere Male nach Hamburg, um geheime Besprechungen zu führen. Einige seiner Offiziere sollten in Hamburg die Franzosen mit allen erdenklichen Mitteln von Inspektionen auf Fünen ablenken. Die französischen Spione, die auf die Spanier angesetzt waren, wurden inzwischen allerdings misstrauisch. Der französische Marschall Bernadotte vermutete geheime Absprachen und befahl, alle Post an die Spanier nicht mehr weiterzuleiten, sondern sie noch genauer als vorher zu begutachten. Marquis de la Romana hatte inzwischen eine zündende Idee zum Fluchttermin. Er wollte seine Truppen nahe der dänischen Festung Nyborg sammeln, um sie auf den Bruder Napoleons, der inzwischen neuer spanischer König geworden war, feierlich einzuschwören. Die noch ahnungslosen Franzosen stimmten zu. Der Termin wurde an die englische Flotte weitergeleitet, und Konteradmiral Keat zog drei große Linienschiffe und sechs Fregatten zusammen. In einer Blitzaktion stürmten rund 9000 Spanier die dänische Festung Nyburg und nahmen sie in Besitz, danach konfiszierten sie rund 59 dänische Schiffe, um zu den wartenden englischen Kriegsschiffen zu segeln. Rund 6000 spanische Soldaten waren bereits auf den Kriegsschiffen, als französische Truppen herbeieilten und zwei noch am Strand wartende spanische Regimenter gefangen nahmen. Konteradmiral Keat setzte sofort Segel und verschwand. Rund 35 spanische Offiziere, die in Hamburg die Aufgabe hatten, die Franzosen abzulenken, wurden von englischen Spionen über Antwerpen ausgeschleust.

Die spanischen Eliteeinheiten wurden von England aus nach Spanien gebracht und schlossen sich einem englischen Expeditionsheer von rund 8000 Mann an, das unter dem Kommando von General Wellesley bereits in Spanien gegen die Franzosen kämpfte und von zahlreichen einheimischen Partisanen unterstützt wurde. Den französischen Marschällen gelang es nicht, dieses Heer zu besiegen. Seine Erfolge ermunterten auch die Österreicher zu einem Aufstand, der allerdings niedergeschlagen wurde. Das Expeditionsheer wurde von der spanischen Bevölkerung breit unterstützt, so dass jederzeit bekannt war, von welcher Seite französische Truppen anrückten und wie stark sie waren.

Bei San Sebastian saß zum Beispiel an einer Heerstraße tagaus, tagein ein armer Schuster und flickte am Straßenrand alte Schuhe. Immer wenn eine französische Einheit vorbeimarschierte, machte er auf der Sohle einen Kreidestrich. Am Abend kamen regelmäßig andere Spanier bei ihm vorbei und kauften ihm die Schuhe ab. Es waren englische Spione. Der Schuster war ein bedeutender spanischer Edelmann, der sich als Spion hatte anwerben lassen.

Die Katastrophe von Waterloo

Der Secret Service konnte bei den Kämpfen in Spanien gute Erfahrungen über Spionageaktionen bei Feldzügen sammeln. General Wellesley erhielt Informationen aus unterschiedlichen Quellen und lernte vieles über die Koordination und Wertung von Nachrichten. Es kamen Nachrichten von den eigenen Patrouillen und der einheimischen Bevölkerung; daneben Meldungen von den Profis, den eigenen und fremden Spionen und insbesondere von den spanischen

Dorfpriestern sowie manchen Honoratioren, die Nachrichten aus französischen Garnisonen sammelten und an ihn weiterleiteten. Einer seiner wichtigsten Profis war Colquhoun Grant, einer der besten Männer des Secret Service, der zusätzlich noch ein eigenes Spionagenetz aus spanischen Mitarbeitern leitete. Als französische Soldaten ihn einmal gefangen nahmen, wussten sie bald, wie wichtig ihr Gefangener war und brachten ihn direkt ins Hauptquartier von Marschall Marmont. Ein Brief über die Spionagetätigkeit von Grant, der Marschall Marmont vorgelegt werden sollte, wurde allerdings von spanischen Partisanen abgefangen, so dass es lange nur Vermutungen über Grant gab. Grant konnte jedoch aus dem Hauptquartier des Marschalls fliehen und sich nach Paris durchschlagen, wo er von Helfern nach England ausgeschleust wurde. Später lieferte Colquhoun Grant entscheidende Informationen zum Sieg über Napoleon bei Waterloo. Ein anderer englischer Topspion behauptete nach seiner Festnahme geistesgegenwärtig, ein Überläufer zu sein. Marschall Masséna zeigte sich ihm gegenüber zunächst wohlwollend, doch ein Mitarbeiter von Marschall Junot erkannte ihn als Spion. Daraufhin sollte er am nächsten Tag hingerichtet werden. In der Nacht gelang es ihm, aus dem Zimmer zu fliehen, in das er eingesperrt worden war. Kaltblütig brach er noch in ein Büro von Marschall Masséna ein und stahl ein Notizbuch.

Nach seiner endgültigen Niederlage wurde Napoleon 1814 auf die Insel Elba verbannt. General Wellesley wurde zur gleichen Zeit wegen seiner Verdienste zum Herzog von Wellington geadelt. Bereits im Frühling 1815 kehrte Napoleon wieder nach Frankreich zurück und übernahm für 100 Tage erneut die Macht. Bei Waterloo in Belgien sollte es später zur Entscheidungsschlacht kommen. Wellington und sein preußischer Verbündeter Marschall Blücher wussten nicht, wo Napoleon angreifen würde und verteilten deshalb ihre Streitkräfte über eine Front von rund 250 Kilometer Länge. Die Truppen waren dadurch gefährlich ausgedünnt und möglicherweise einem Feldherrn wie Napoleon nicht gewachsen. Durch Spionage erfuhr Colquhoun Grant jedoch eine kriegsentscheidende Information: Spione aus Napoleons Hauptquartier meldeten, dass der Kaiser mit seinen Truppen in Richtung Brüssel marschiere und den Fluss Sambre bei Charleroi überqueren wolle. Grant beschloss sofort, die wichtige Nachricht persönlich zu überbringen und ritt in größter Eile direkt zu Wellington. Unterwegs hielt ihn die preußische Kavallerie an und wollte seine Nachricht zunächst nicht glauben. Erst verspätet konnte er weiterreiten. Jetzt konnten Engländer und Preußen ihre Kräfte gezielt konzentrieren und Napoleon schlagen. Nahezu im letzten Augenblick kam Blücher Wellington zu Hilfe, um das Kriegsglück zu wenden.

Nach seiner Verbannung auf Elba war Napoleon allerdings nicht mehr in Hochform und auch sein militärisches Genie hatte nachgelassen. Während seiner Glanzzeit hatte Napoleon 24 Stunden am Tag unter Dampf gestanden und war aktiv gewesen. Er konnte zu jeder Tageszeit essen und schlafen. Seine

Köche hielten stets Hähnchen auf dem Grill bereit, die er, immer wenn er Hunger hatte, zu den unmöglichsten Tageszeiten beim Studium von Dokumenten verschlang. Schlaf benötigte Napoleon kaum; angeblich genügten ihm fünf Stunden pro Nacht. Er war so geübt, dass er jederzeit und in allen Situationen innerhalb von Minuten in den Tiefschlaf fallen konnte. Um während einer Schlacht topfit zu sein, schlief er vor dem Angriff. Sogar wenn die Kanonen bereits donnerten, hatte er noch die Nerven, fünf oder zehn Minuten fest zu schlafen und war danach in Hochform.

Der König der Spürhunde –
Preußische Spione

Nach dem Untergang des Napoleonischen Reiches kam es in Deutschland im Rahmen der Friedensverhandlungen des Wiener Kongresses zu einer Neuordnung. Da die Fürsten und nicht die Vertreter der Bevölkerung verhandelt hatten, stand eine Restauration im Vordergrund. Zwar wurde das alte Deutsche Kaiserreich unter der Führung der Habsburger nicht wiederhergestellt, die Macht der ursprünglichen Herrscher wurde jedoch nur wenig angetastet. Große Teile der Bevölkerung, die sich an den Freiheitskämpfen gegen Napoleon beteiligt hatten, wurden um ihre Mühen und Opfer betrogen. Die alten Zustände kehrten zu einem großen Teil wieder zurück und führten zu Ernüchterungen und Enttäuschungen. Wie zur Zeit der absolutistischen Staaten wurde der Bürger erneut als nicht mündig angesehen. Fürsten handelten wie früher nach „Gottes Gnaden" und waren damit jenseits aller Kritik. Es ging in den Friedensverhandlungen nach Napoleons Untergang primär um ein Gleichgewicht zwischen den einzelnen Territorien und weniger um liberale und demokratische Ideen oder gar die Schaffung eines von vielen Bürgern gewünschten Nationalstaates.

Spannungen waren in der Bevölkerung somit absehbar und mussten unterdrückt werden. Dennoch konnten eine offizielle und auch eine geheime Polizei nicht verhindern, dass es weiter gärte und bald Revolutionen angesagt waren. Verbrechen zu bekämpfen und die Täter zu fassen war nur ein Teil der Aufgaben der Polizei. Weitaus wichtiger war jedoch, Bürger zu verfolgen, die in Opposition zum Staat standen. Viele Menschen zogen sich deshalb in ihre kleine innere Welt zurück, die später den Namen „Biedermeier" erhielt. Andere sehnten sich nach der kraftvollen Welt des Mittelalters und schufen die Romantik.

Auch territorial veränderte sich vieles: Der Deutsche Bund mit immerhin 39 souveränen Einzelstaaten entstand. Preußen rückte sehr stark in den Westen vor, erhielt das Rheinland sowie Westfalen und befand sich plötzlich in der Nachbarschaft zu Frankreich. Der Staat Preußen war in teilweise untereinander isolierte Territorien zersplittert und besaß zudem Gebiete innerhalb und außerhalb des Deutschen Bundes. Einzelne Teile des preußischen Staates zeichneten sich außerdem durch unterschiedliche Entwicklungsschwerpunkte aus. In den westlichen Staatsteilen begann bereits die Industrie zu blühen, während im Osten noch die Landwirtschaft vorherrschte. Die Suche nach einer Einheitlichkeit und die Überwindung dieser Zersplitterung waren deshalb zu erwarten. Zölle mussten abgeschafft werden, um den Handel zu stärken. Im deutschsprachigen Raum entwickelte sich außerdem ein Dualismus zwischen Preußen und Österreich, der 1866 in militärischen Auseinandersetzungen mündete. Dieser Krieg mit dem Sieg Preußens schuf die Voraussetzungen für einen deutschen Nationalstaat ohne Österreich.

Bismarck und Wilhelm Stieber

Der preußische Politiker und spätere Ministerpräsident Bismarck war ein geschickter und erfolgreicher Realpolitiker, dem die Größe und Macht eines Staates wichtiger waren, als die persönlichen Rechte der Staatsbürger. Er strebte einen deutschen Nationalstaat unter der Dominanz Preußens an, was ihm nach einem Krieg gegen Frankreich 1870/71 auch gelang. Bei den zahlreichen Auseinandersetzungen mit inneren und äußeren Gegnern griff die preußische Staatsführung gerne auf geheime Aktionen zurück. Ein Meisterspion war dabei der Jurist Dr. Wilhelm Stieber, den Bismarck den „König der Spürhunde" nannte.

Wilhelm Stieber, Sohn eines preußischen Beamten, wurde 1818 in Merseburg geboren und sollte nach dem Wunsch seines Vaters ursprünglich an der Berliner Universität Theologie studieren. Der Sohn entschied sich aber nur zum Schein für ein Theologiestudium und studierte in Wirklichkeit Jura. Um den Vater zu täuschen, legte er in seinem Studierzimmer sogar Manuskripte seiner angeblichen Predigten aus. Eltern und Verwandtschaft sahen ihn als einen zukünftigen Pastor. In der Berliner Hofkirche kam er deshalb einmal in eine schwierige Situation: Er sollte einen kranken Pastor vertreten und eine Predigt halten. An dem Gottesdienst nahmen nicht nur seine stolzen Eltern, sondern zu seinem Erstaunen auch König Friedrich Wilhelm IV. teil. Später berichtete Stieber, er habe den Eindruck gehabt, als hätte der König mit offenen Augen geschlafen. Nach seiner eindrucksvollen Predigt hatte der Vater Großes mit ihm vor, doch Wilhelm musste nun zugeben, dass er überhaupt nicht Theologie sondern Jura studierte. Der Vater wurde bitterböse und entzog ihm alle finanziellen Unterstützungen. Um sich den weiteren Verlauf seines Studiums zu sichern, nahm Wilhelm Stieber Schreiberdienste bei Berliner Polizeibehörden an und begleitete häufig Kriminalkommissare bei Aufklärungsarbeiten und Verhaftungen. Als er nach dem Examen Referendar am Berliner Kriminalgericht wurde, ließ er sich sogar 1844 beurlauben, um erfolgreich als Kriminalkommissar zu arbeiten. Durch seine Arbeit fiel er höheren Stellen auf und erhielt erstmals 1845 einen Geheimauftrag. In der Gegend von Hirschberg sollte er eine sozialistische Geheimgesellschaft ausheben, die einen Umsturz plante und reiche Bürger ermorden wollte. Da er vorzüglich zeichnen und malen konnte, tarnte er sich als

Bismarck begrüßt den Chef des preußischen Generalstabs Feldmarschall Graf von Moltke

Kunstmaler und reiste nach Schlesien. Er machte überall unauffällig künstlerische Skizzen und beobachtete dabei genau seine Umgebung. Seine Indizien reichten anschließend vor Gericht für Verhaftungen und Verurteilungen aus.

In den folgenden Jahren beschäftigte sich Stieber überwiegend als Strafverteidiger und als Zeitungskorrespondent für Kriminalfälle. Dabei baute er auch Kontakte zur Unterwelt auf, die ihm später nützlich waren. 1847 schied er aus dem Staatsdienst aus, nachdem ihm skrupellose Ermittlungsmethoden und das Fälschen von Beweisstücken vorgeworfen wurden. Beim folgenden Prozess wurde er jedoch aus Mangel an Beweisen freigesprochen. Während der Märzrevolution 1848 verteidigte er mit einigem Erfolg Angeklagte in politischen Prozessen. 1850 wurde er wieder in den Staatsdienst aufgenommen, nachdem sich angeblich der König für ihn eingesetzt hatte. Grund war die Flucht des prominenten Revolutionärs Gottfried Kinkel aus dem Spandauer Gefängnis. Der König warf der Berliner Polizei deshalb Unfähigkeit vor und soll die Meinung vertreten haben, dass nur noch Stieber in der Lage sei aufzuräumen.

In diesem Jahr 1850 erhielt Stieber vom preußischen Innenminister einen geheimen Auftrag, der ihn sogar in die Geschichtsbücher brachte. Offiziell hatte er den Auftrag, bei der Eröffnung einer Industrieausstellung in London teilzunehmen, inoffiziell sollte er allerdings den in London lebenden berühmten

Karl Marx ausspionieren. Er stellte sich bei Karl Marx als Redakteur einer medizinischen Zeitschrift vor, der wegen seiner Kommunistenfreundlichkeit aus Deutschland fliehen musste. Von Marx erhielt er zum Abschied ein signiertes Exemplar des „Kommunistischen Manifests", anschließend benutzte er die Unterschrift für Fälschungen. Schließlich gelang es ihm, an die Mitgliederliste des von Marx und Engels geleiteten „Bundes der Kommunisten" zu kommen. Karl Marx schrieb später, dass die Liste bei einem Einbruch in London gestohlen worden war. Eine Kopie dieser Namensliste gab Stieber nach Paris, wo umgehend eine kommunistische Organisation ausgehoben wurde. In Köln kam es aufgrund der Liste zu einem aufsehenerregenden Prozess mit zahlreichen Verurteilungen. Karl Marx tobte anschließend in einer Schrift über den Kölner Prozess, gab allerdings nicht zu, dass er von Stieber hereingelegt worden war. Stieber selbst wurde nach dem Prozess zum Polizeidirektor befördert.

In der folgenden Zeit war Stieber in Berlin in zahlreiche Affären verstrickt, wurde allerdings stets von höchster Ebene gedeckt. Er machte beispielsweise eine Bordellbesitzerin ausfindig, die minderjährige Mädchen an hohe Persönlichkeiten verkuppelte. Das Etablissement ließ er allerdings nicht auffliegen, sondern sammelte Informationen über hohe Beamte, die das Bordell besuchten. Eine Verhaftung wegen Amtsmissbrauch und Freiheitsberaubung wurde umgehend niedergeschlagen, als er drohte mit seinem Wissen auszupacken. Gleichzeitig verdiente er als Grundstücksspekulant viel Geld und war ein reicher Mann.

An dem berüchtigten Potsdamer Depeschenverrat war Stieber ebenfalls beteiligt. Der damalige Ministerpräsident Otto von Manteuffel hatte mit Wissen des Berliner Polizeipräsidenten Hinckeldey einen gewissen Techen beauftragt, Briefe an General von Gerlach und Kabinettsrat Niebuhr heimlich abzuschreiben und an ihn weiterzugeben; delikat wurde die Angelegenheit, als auch Berichte des preußischen Militärattachées aus St. Petersburg kopiert wurden. Mit den Briefen wollte von Manteuffel Intrigen spinnen und sich beim König beliebt machen. Techen war allerdings mit seiner Bezahlung unzufrieden und verkaufte die Kopien gleichzeitig für weitaus mehr Geld auch noch an den französischen und russischen Botschafter. Durch Geheimdienstinformationen flog die Angelegenheit zuletzt auf und Techen wurde nach längeren Beobachtungen und Ermittlungen von Stieber verhaftet. Im Auftrag des Königs kehrte Stieber anschließend die Beweise gegen von Manteuffel und Hinckeldey unter den Teppich, so dass alle Anschuldigungen an Techen hängen blieben.

Gleichzeitig arbeitete Stieber für den russischen Geheimdienst, um revolutionäre Exilrussen in Preußen zu überwachen. Bismarck war später über diese Tätigkeit informiert und duldete sie bis 1874.

Der große Aufstieg von Dr. Wilhelm Stieber begann im Herbst 1863. Sein Freund August Braß, Gründer der „Norddeutschen Allgemeinen Zeitung", stellte ihn Bismarck vor. Dabei wurde bekannt, dass Bismarck und Stieber in Berlin das gleiche Gymnasium besucht hatten. Sie hatten sich deshalb viel zu erzählen. Nur kurze Zeit später konnte sich Stieber bei Bismarck erneut in Erinnerung bringen. Er hatte über ausländische Kontakte erfahren, dass Anarchisten ein Attentat auf Bismarck planten. Er beschloss zu ihm zu fahren und ihn persönlich zu warnen. Er vereinbarte mit Bismarck, dass dieser täglich mit einer anderen Kutsche und auf einem anderen Weg zu seinem Büro fahren sollte. Gleichzeitig sollte eine Puppe mit der Kleidung von Bismarck in der offiziellen Kutsche täglich den sonst üblichen Weg fahren. Tatsächlich wurde später auf die Puppe geschossen, und die Kugel traf genau den Kopf. Das Attentat wurde der Öffentlichkeit verheimlicht und der Attentäter ohne Aufsehen nach Russland abgeschoben, wo er bereits gesucht wurde.

Anschließend traf sich das Kabinett und beauftragte Stieber zum Schutz des Königs und der Regierung eine eigene Geheimpolizei zu gründen. Diese Geheimpolizei erweiterte Stieber noch zu einer Geheimen Feldpolizei, die in Zukunft bei Kriegen eingesetzt werden sollte. Bezahlt wurde die Geheimpolizei aus Bismarcks so genannten Reptilienfonds, für die es keinerlei Kontrolle durch das Parlament gab. Sein erstes Spionagenetz baute Stieber in Österreich auf. Es war beim Krieg von 1866 gegen Österreich von großem Nutzen. Alle Spione wurden von ihm großzügig bezahlt, allerdings mit eigens gedrucktem österreichischem Falschgeld von höchster Qualität. Stieber hatte in den preußischen Gefängnissen die besten Fälscher zusammenlegen lassen und nutzte sie für seinen Dienst. Bismarck, Stieber und der Bankier Bleichröder arbeiteten von nun an hinter den Kulissen eng zusammen.

Der Krieg 1870/71

Sein nächstes Spionagenetz baute Stieber in Frankreich auf. Er knüpfte die Maschen besonders eng und beschränkte sich nicht auf einzelne gute Mitarbeiter, sondern wollte stets auf die Informationen von vielen Spionen zurückgreifen. Nur aus vielen Einzelinformationen konnte seiner Meinung nach ein unverfälschtes Bild der Realität gewonnen werden. Seine Spione unterteilte er in verschiedene Gruppen: Spione, die aus Geldgier arbeiteten; Spione, die aus Rache arbeiteten – sie hielt er für die besten; und Spione, die zur Spionage erpresst wurden – sie waren in seinen Augen zwar unzuverlässig, aber gut für Einzelbeobachtungen einsetzbar.

Im Mai 1867 begleitete Stieber den preußischen König und den russischen Zaren zur Weltausstellung nach Paris. Von seinem Geheimdienst erfuhr er bereits bei der Ankunft, dass ein polnischer Anarchist mit dem Namen Berezowski den Zaren während einer Parade erschießen wolle. Er gab die Informationen an die Leibwache des Zaren weiter. Der französische Kaiser Napoleon III. intervenierte allerdings und teilte mit, dass seine Behörden keine Hinweise auf ein Attentat besäßen. Napoleon III. schlug dem immer noch skeptischen Zaren vor, dass er zusammen mit ihm in seiner Kutsche die Parade abnehmen solle. Der Zar stimmte zu. Auf dem Rückweg von der Parade kam es tatsächlich zu einem Attentat. Jedoch traf die Kugel keinen Menschen, sondern den Kopf eines Pferdes der Eskorte.

Im November 1869 reiste Stieber erneut nach Paris, um dort Informationen seiner Spione über neue französische Waffen zu sammeln und auszuwerten. Wichtig waren Hinweise auf die *Mitrailleuse*, auch „Kugelspritze" genannt, die Vorläuferform des modernen Maschinengewehrs. Vergleiche mit dem deutschen Waffenstandard ergaben, dass die französische Armee den verschiedenen deutschen Armeen technisch nicht überlegen war. Über eine ähnliche Schnellfeuerwaffe wie die *Mitrailleuse* verfügte auch die bayerische Armee. Der Chef des deutschen Generalstabs, Feldmarschall Graf von Moltke, wurde über die Erkenntnisse informiert und die einzelnen deutschen Armeen trafen Vorbereitungen.

Unmittelbar nach der Mobilmachung begab sich Stieber in die neutrale Schweiz, um seinen französischen Spionen aktuelle Instruktionen zu erteilen und neueste Nachrichten zu empfangen. Das Verhalten im Kriegsverlauf wurde besprochen. Anschließend schloss er sich als Feldpolizeidirektor dem Großen Hauptquartier des Königs in Mainz an. Die Zahl seiner Spione wurde nun für Feldbeobachtungen noch einmal verstärkt. Allerdings gab es auch Spannungen mit den militärischen Geheimdiensten des Generalstabs und Rivalitäten um Zuständigkeiten.

Dank der guten Vorarbeiten des deutschen Generalstabes lief die Mobilmachung wie am Schnürchen, während die Franzosen zunächst Probleme hatten. Feldmarschall Graf von Moltke ließ die Truppen ausgeruht mit der Eisenbahn direkt zur Front bringen. Zunächst war das Kriegsglück wechselhaft. Wiederholt konnten Stiebers Spione militärische Entscheidungen beeinflussen. Durch sie erfuhr beispielsweise der deutsche Generalstab, dass die Armee des französischen Marschalls Mac-Mahon entlang der belgischen Grenze nach Metz vorstoßen wollte. Die deutschen Truppen konnten sich auf die Meldung einstellen, und es gelang, die Armee von Mac-Mahon bei Sedan einzukesseln. Diese Schlacht war kriegsentscheidend und die französische Armee kapitulierte zusammen mit Kaiser Napoleon III., der sich bei seinen Truppen befand.

Der Krieg selbst war allerdings noch nicht beendet. Die deutschen Armeen rückten nach Paris vor und schlossen am 19. September 1870 um die Stadt einen Belagerungsring. Die Hauptstadt selbst war schwer bewaffnet und verfügte über einen 60 Kilometer langen Gürtel von Schanzen und Forts sowie 40 Kilometer Umwallungen mit etwa 100 Bastionen. Dazu waren mindestens 2500 Geschütze mit ausreichender Munition und eigene Ringbahnen und Schienennetze für den Nachschub vorhanden. Regelmäßig lieferten sich Deutsche und Franzosen ausgiebige Artillerieduelle. Der deutsche Belagerungsring wurde immer dichter, denn die Stadt sollte ausgehungert werden. Stieber organisierte Schmuggelaktionen und ließ sich mit Pariser Zeitungen versorgen. In einzelnen

Frontabschnitten waren den Deutschen oft sogar die Parolen der Franzosen bekannt. Stieber erfuhr, dass Pariser Zeitungen zwei Millionen Franc für die Ermordung des preußischen Königs boten und eine Million Franc für die Ermordung von Bismarck. Daraufhin ließ er die Bewachung durch seine Geheime Feldpolizei noch einmal verstärken. Der deutsche Generalstab verlegte im Oktober 1870 sein Hauptquartier nach Versailles, so dass es für ihn noch mehr Arbeit gab. Ausbruchversuche der Verteidiger kamen nicht weit und konnten regelmäßig verhindert werden. Stieber erhielt das Eiserne Kreuz, weil er durch Razzien in den besetzten Vorstädten wiederholt Waffenlager für geplante Aufstände ausheben konnte. Bei einer anderen Razzia wurden mehr als 150 französische Spione festgenommen, die sich als Späher aus der belagerten Stadt herausgeschlichen hatten.

Während der Belagerung von Paris stiegen nahezu täglich Fesselballone mit Soldaten auf, um mit der Außenwelt zu kommunizieren, Post zu transportieren und gegebenenfalls Widerstand von außen zu organisieren. Manche der Ballone wurden abgeschossen, doch viele kamen zu den unbesetzten französischen Gebieten durch. Später stellte Krupp ein „Spezial-Ballon-Abwehrgeschütz" zur Verfügung. Jetzt gelang es, viele Ballone abzuschießen. Doch diese explodierten bereits in der Luft, so dass die Besatzungen nicht überlebten und deshalb auch nicht verhört werden konnten. An Weihnachten 1870 zeigte Stieber Großzügigkeit und ließ einige gefangene Ballonfahrer frei, die wahrscheinlich als Spione erschossen worden wären. Auch Schwärme von Brieftauben wurden von den Verteidigern ausgeschickt, um Nachrichten von Paris nach außen zu tragen. Stieber setzte sofort Falken ein, die viele der Tauben schlugen, so dass zahlreiche geheime Depeschen den Deutschen in die Hände fielen.

In der Stadt Paris herrschte in jedem Lokal und auf den Straßen Spionageverdacht. Jeder Fremde war verdächtig und Hysterie war die Folge. Bald breitete sich auch eine Hungersnot aus. Franzosen, die gut deutsch sprachen, ließen sich zur Spionage und für andere Geschäfte ausschleusen. Frauen mit einem zweifelhaften Ruf gingen bei den deutschen Vorposten einem uralten Gewerbe nach oder verkauften Pariser Zeitungen an die Belagerer. Deutsche, die gut französisch sprachen, wurden für Beobachtungen eingeschleust. Ein deutscher Spion wurde sogar von den Parisern als Held gefeiert. Er kam stets im Morgengrauen zu den französischen Vorposten zurück und zeigte deutsche Helme mit Einschusslöchern. Französische Soldaten, die ihn in der Nacht bei der Patrouille begleitet hatten, wurden dagegen regelmäßig von den Deutschen erschossen, was allerdings niemanden misstrauisch machte. Bald gewann er das Vertrauen der Franzosen und erfuhr manches. Die Einschusslöcher stammten allerdings nicht von ihm. Er hatte die Helme von den Belagerern erhalten, um sich bei den Parisern einzuschmeicheln.

Bald war der französischen Regierung klar, dass keine weitere Armee mehr aufgestellt werden konnte, um die Stadt zu befreien. Außenminister Jules

Favre begab sich deshalb zusammen mit seinem Schwiegersohn von Paris aus in das deutsche Hauptquartier in Versailles, um Friedensverhandlungen anzubieten. Ohne es zu wissen, wohnte er während dieser Zeit direkt in der Zentrale von Stiebers Geheimer Feldpolizei. Stieber hatte seinen Mitarbeitern befohlen, nur noch Zivilkleidung zu tragen, so dass eine Atmosphäre wie in einem Hotel herrschte. Er ließ den französischen Außenminister, der schon lange kein gutes Essen mehr gewöhnt war, hervorragend bewirten und bot beste Weine an. Um auf den Hunger in Paris hinzuweisen, ließ er einmal eine Herde mit rund 3000 Schafen vor dem Fenster des Zimmers von Favre vorbeitreiben. Briefe und Depeschen von Favre überwachte er persönlich und seine Spione spielten Kellner und Hauspersonal. Häufig saßen Bismarck und Favre über Stunden wie Freunde zusammen und besprachen die Friedensbedingungen.

Nach dem Friedensvertrag kehrte Stieber wieder nach Berlin zurück und erhielt die Aufgabe, hauptsächlich im Inland seinen Spionageaktivitäten nachzugehen. Schwerpunkt seiner Arbeit war von nun an die Überwachung der Sozialdemokraten. Nach dem Rücktritt von Bismarck wurde Stiebers Geheimpolizei zwar offiziell aufgelöst, das Netz der geheimen Informationsquellen blieb allerdings erhalten. Stieber zog sich ins Privatleben zurück und widmete sich nun seiner Familie. Während des russisch-türkischen Krieges von 1877/78 nahm die Regierung des Zaren mit ihm Kontakt auf und bat ihn, auch für die russische Armee eine geheime Feldpolizei zu organisieren. Doch Stieber litt stark an Gicht und fühlte sich insgesamt krank, das lukrative Angebot lehnte er ab. Insgesamt hatte Stieber während seiner beruflichen Laufbahn 27 Auszeichnungen und Orden erhalten, dennoch war sein Ruf in der Öffentlichkeit schlecht. Stieber galt als ehrlos und sogar Bismarck vermied jeden privaten Kontakt mit ihm.

Friedrich der Große und seine Spione

Lange vor Stieber hatte es bereits in der Armee von Friedrich dem Großen erfolgreiche Spione gegeben. Ehrenwerte Spione konnte sich der Preußenkönig allerdings nicht vorstellen. Für ihn waren sie gemeine Informationsverkäufer, die man benutzte, aber nicht schätzte. Dennoch hielt er ihre Arbeit für sehr wichtig. Als ein österreichischer General einmal prahlte, wie großzügig er sogar im Krieg lebe und wie viele Köche er bei einem Feldzug mit sich führe, antwortete Friedrich II. knapp, er würde im Feld nur einen Koch benötigen, dafür aber mindestens 100 gute Spione. Für diese Spione war der Preußenkönig bereit, große Geldmittel zu zahlen. Er hielt Freigebigkeit sogar für notwendig, denn Männer, die ihren Hals riskierten, verdienten seiner Meinung nach eine gute Belohnung. Unbedeutende Kundschafter entlohnte er meist mit kleinen Summen. Mit der Bedeutung des Spions stieg dann nach seiner Sicht auch dessen Wert. Bei einflussreichen Adeligen oder gar feindlichen Stabsoffizieren war der

Preußenkönig jederzeit bereit, hohe Summen zu zahlen. Doppelspione ließ er nicht immer enttarnen und hinrichten, sondern benutzte sie gern für gezielte Falschinformationen weiterhin. Unbescholtene Menschen zur Spionage zu erpressen, bezeichnete er zwar als grausam, aber zum Wohle des Staates für absolut notwendig.

Vor dem Beginn der kriegerischen Auseinandersetzungen mit Österreich war Graf de La Puebla der österreichische Gesandte in Berlin. Dieser Gesandte beschäftigte Maximilian von Weingarten als Sekretär und bezahlte ihn recht gut. Doch der Sekretär wollte mehr. Schließlich wurde seine Geldgier dem Preußenkönig bekannt, und er zahlte ihm 2000 Goldtaler für die Kopie der Korrespondenz seines Herrn. Friedrich II. erhielt auf diese Art Hinweise auf geheime Vertragsentwürfe zwischen Wien und Paris sowie zwischen Wien und St. Petersburg. Aus den Nachrichtenquellen wurde schließlich klar, dass in diesen drei Hauptstädten eine Koalition gegen Preußen geschmiedet wurde und Angriffe bevorstanden. Preußen ergriff deshalb die Initiative und löste den Krieg aus. Obwohl Friedrich II. Spione als Menschen verachtete, half er Weingarten dennoch nach dessen Enttarnung. Der Sekretär musste Hals über Kopf fliehen und erhielt vom Preußenkönig eine neue Identität. Anschließend lebte er unter falschem Namen in Kolberg.

Eine weitere wichtige Nachrichtenquelle fand Friedrich II. in Dresden. Dem preußischen Gesandten Graf Maltzan gelang es, den sächsischen Kanzleisekretär Friedrich Wilhelm Menzel mit hohen Summen zu bestechen. Dafür erhielt er Kopien von geheimen Korrespondenzen, Vereinbarungen und Verträgen. Besonders wichtig waren für den Preußenkönig die Abschriften der sächsisch-russischen Verträge sowie von streng vertraulichen Vereinbarungen zwischen Österreich und Russland. Menzel war mit der Zeit zu immer umfangreicheren Lieferungen bereit, denn der sächsische Hof bezahlte ihn sehr schlecht und dazu noch unregelmäßig. Stattdessen wurde das Geld vom sächsischen König für Luxus und große Feste ausgegeben. Preußische Spione hatten herausgefunden, dass Menzel über seine Verhältnisse lebte. Er hatte seinen väterlichen Erbteil bereits verbraucht und benötigte mehr Geld als er tatsächlich verdiente. Friedrich II. erkannte die für ihn vorteilhafte Situation und war bereit, große Summen zu zahlen. Als der Preußenkönig schließlich Dokumente erhielt, in denen Russland mitteilte, es dauere noch etwa ein Jahr bis zur vollständigen Mobilisierung seiner Armee, erkannte er die Gunst der Stunde und startete seine militärische Invasion gegen Sachsen mit einem Überraschungseffekt. Später verteidigte Friedrich II. nach der Auswertung aller Hinweise seiner Spione den Angriff als Präventivschlag. Sogar Flugblätter wurden verteilt, um der Bevölkerung den Grund des Krieges genau zu erläutern.

Während seiner späteren Feldzüge setzte Friedrich II. auch verurteilte Kriminelle als Spione ein und versprach ihnen dafür Straferlass und Geldgeschenke. Der in ganz Preußen bekannte Dieb Christian Käsebier wurde im Juni 1757 aus dem Gefängnis von Stettin geholt und zum Preußenkönig gebracht. Dort erhielt er das Angebot, in die von der preußischen Armee belagerte Stadt Prag eingeschleust zu werden, um zu erkunden, wie lange sich die Stadt wohl noch halten könne oder ob Wachen bestechlich wären. Die preußische Armee wollte die Stadt unbedingt erobern, denn der österreichische Feldherr Herzog Karl von Lothringen hatte sich mit Teilen seiner Armee nach Prag abgesetzt. Als Gegenleistung wurden Käsebier eine Begnadigung sowie ein Geldgeschenk in Aussicht gestellt. Gleichzeitig machte ihm der Preußenkönig klar, dass er ihn nur als ein Werkzeug sehe und dessen Tätigkeit prinzipiell verachte. Käsebier wurde nur ausgewählt, weil er in Prag bereits einmal abgeurteilt worden war und deshalb die Stadt kannte. Er musste somit in seinem Verhalten von vorneherein vorsichtig sein. Der Dieb Käsebier stimmte zu, verhielt sich allerdings anders als Friedrich II. vermutet hatte. Ihm war klar, dass die Preußen die Ankunft eines österreichischen Entsatzheeres fürchteten und Prag deshalb so rasch wie möglich erobern wollten.

In Prag wurde Käsebier bald von einer ihm früher bekannten Prostituierten erkannt. Sie gingen zusammen in ein Lokal, wo sie einem Polizeispitzel auffielen. Die Prostituierte machte den Polizeispitzel sogar auf Käsebier aufmerksam. Doch dieser verhaftete Käsebier nicht, sondern fragte nur nervös, ob es für ihn auch möglich wäre, in Zukunft für den Preußenkönig zu arbeiten. Er habe gehört, dass Prag wegen zu großer Verluste und der Hungersnot nicht mehr weiter von den Österreichern verteidigt werden solle und dass der Stadtkommandant bereit wäre, die Stadt Prag in den nächsten Tagen an die Preußen zu übergeben. Käsebier erkannte sofort seine Chance und ließ sich zum österreichischen Kommandanten führen. Er schilderte, was er vom Preußenkönig erfahren hatte und erklärte, dass die Preußen nicht mehr die Kraft hätten, die Stadt weiter zu belagern und sich vor dem angekündigten Entsatzheer fürchteten. Die Österreicher beschlossen, die geplante Kapitulation zu verschieben. Sie nahmen Käsebier allerdings in Haft, um zunächst seine Angaben zu überprüfen. Vier Tage später kam es zur Schlacht von Kolin und Friedrich II. musste die Belagerung von Prag abbrechen. Da seine Schilderungen der Wahrheit entsprochen hatten, erhielt Käsebier später von den Österreichern eine reiche Belohnung. Er kaufte sich davon in Sachsen einen Bauernhof, heiratete und wurde bürgerlich.

Die ruchlose Spionin –
Mata Hari und der Erste Weltkrieg

Nach der Gründung des Deutschen Reiches und der Aufwertung des Preußenkönigs zum Deutschen Kaiser gewann zwar das Militärwesen im Staat aufgrund der langen preußischen Tradition eine wichtige Bedeutung, der Aufbau eines zentralen militärischen Geheimdienstes aber wurde sträflich vernachlässigt. Die Herkunft des Reiches aus vielen einzelnen und vorher unabhängigen Staaten machte sich hier negativ bemerkbar. Jeweils eigene Geheimdienste unterhielten überwiegend nur einzelne Militärbehörden oder Armeeteile. Zwischen ihnen gab es jedoch kaum Vernetzungen, und sie führten häufig ein Einzeldasein. Jede Behörde wachte eifersüchtig über ihre Kompetenz, so dass nach der Reichsgründung die Erfahrungen im Zusammenspiel der Spionagearbeit insgesamt mangelhaft waren. Finanzmittel flossen überwiegend in die Rüstung und weniger in die Beobachtung potenzieller Feinde. Während des Krieges 1870/71 hatte Wilhelm Stieber mit seiner Geheimen Feldpolizei die Bedeutung einer guten Spionage für einen erfolgreichen Kriegsverlauf bewiesen. In Friedenszeiten jedoch zählten diese Erfahrungen nicht mehr, das Amt wurde wieder abgeschafft und geplante Spionageaktivitäten strengen Sparzwängen unterzogen. Bis ins frühe 20. Jahrhundert wurde der deutsche Geheimdienst nur sehr zögernd gefördert, was sich später als ein großer Nachteil erwies.

In England, Frankreich und Russland dagegen hatten Geheimdienste eine lange Tradition. Sie waren zentralisiert und erfahrener als vergleichbare Dienste in Deutschland. Als sich zu Beginn des 20. Jahrhunderts internationale Krisen häuften, erkannte der deutsche Große Generalstab diese Schwächen und ernannte für jedes Armeekorps besonders ausgebildete Nachrichtenoffiziere, die Geheimdienstaktivitäten professionell angingen und auch untereinander in Kontakt blieben. Oberstleutnant Walter Nicolai, Chef des deutschen Nachrichtendienstes im Ersten Weltkrieg, begann beispielsweise seine nachrichtendienstliche Tätigkeit erst 1906 beim I. Armeekorps in Königsberg. Er schuf zunächst einen Führungsstab und baute anschließend ein später erfolgreiches Spionagenetz in Russland auf. Andere Armeekorps in Grenznähe erhielten 1907 nach diesem Vorbild ebenfalls nachrichtendienstliche Führungsstäbe. Doch erst 1913 waren die Aufbauarbeiten soweit fortgeschritten, dass Nicolai die zentrale Nachrichtenabteilung im Großen Generalstab übernehmen und modernisieren konnte.

Die Abteilung III b des Großen Generalstabs war nun die Koordinationszentrale der deutschen Spionagetätigkeiten. Als 1914 der Erste Weltkrieg ausbrach, fehlten dem zentralen deutschen Geheimdienst allerdings immer noch Erfahrungen und Routine. Insbesondere mit den deutschen Botschaften im Ausland war die nachrichtendienstliche Zusammenarbeit sogar noch kurz vor Kriegsbeginn oft problematisch. Es fehlte die entschlossene Unterstützung, um in fremden Ländern Spionagenetze zu etablieren. Für viele amtliche Stellen blieb sogar die eigene Spionagearbeit ein schmutziges und wenig förderungswürdiges Geschäft. Nach Kriegsbeginn musste deshalb der deutsche Geheimdienst erst an Effektivität gewinnen und dabei so manchen Fehlgriff in Kauf nehmen. Vergangene Sparsamkeit am falschen Platz begann sich jetzt schnell zu rächen. Der Aufmarsch der französischen und russischen Armeen konnte zwar erkundet werden, aber es mangelte an detaillierten Informationen über Planungen und Absichten von militärischen Operationen.

Mata Hari, das „Auge der Morgenröte"

Als einzige deutsche Spionin des Ersten Weltkrieges ist heute Mata Hari in allgemeiner Erinnerung geblieben. Sie gilt sogar als die bekannteste Spionin aller Zeiten. Doch sie war wenig erfolgreich und ihr Bekanntheitsgrad gilt mehr ihrer Person und ihrem Lebenswandel als der Bedeutsamkeit ihrer geheimen Missionen. Dabei war Mata Hari noch nicht einmal deutsche Staatsbürgerin, sondern niederländischer Abstammung. Margaretha Geertruida Zelle, wie Mata Hari mit bürgerlichem Namen hieß, wurde 1876 als Tochter eines selbständigen Hutmachers in der niederländischen Provinz Friesland geboren. Der Vater ging mit seinem Geschäft allerdings Bankrott und da auch die Mutter früh starb, wurde Margaretha 1891 zu Verwandten nach Leiden und später Den Haag gegeben. Das junge Mädchen entwickelte sich bald zu einer großen Schönheit und hatte schon früh eine so erotische Figur, dass sogar ein Schuldirektor mit ihr anbändeln wollte. Mit 21 Jahren las sie in einer Zeitungsanzeige, dass ein Kolonialoffizier aus Holländisch-Ostindien eine junge Frau zwecks späterer Heirat suchte. Da sie Männer in schmucken Uniformen schon immer geschätzt hatte, antwortete sie und bereits einige Monate später war sie mit dem Offizier verheiratet. Der Ehemann, Rudolph MacLead, war schottischer Abstammung, als Hauptmann auf Java stationiert und rund 20 Jahre älter als sie. Er hatte sich aus Krankheitsgründen längere Zeit in den Niederlanden aufgehalten. Bald bekamen beide einen Sohn, und ihr Ehemann kehrte mit ihr in die Kolonien zurück. Auf Java fühlte sich Margaretha unwohl, sie vermisste das gesellschaftliche Leben Europas und litt unter der Eifersucht ihres Ehemannes. Bei Festlichkeiten war sie der Mittelpunkt unter seinen Offizierskollegen, was ihn störte. Auch die Geburt ihrer Tochter konnte die Spannungen in ihrer Ehe nicht mindern. Als schließlich ihr Sohn starb, gab ihr Ehemann den Militärdienst auf, und sie ließen

Mata Hari bei einer Tanzdarbietung

sich auf Java und später auf Sumatra nieder. Doch Margaretha wollte wieder nach Europa zurück. Nach seiner Pensionierung willigte der Ehemann ein und die Familie kehrte 1902 zurück in die Niederlande. Die Ehe aber war endgültig zerrüttet und wurde noch im gleichen Jahr geschieden. Margaretha erhielt zunächst das Sorgerecht für ihre Tochter, doch als ihr der Ehemann einen zweifelhaften Lebenswandel nachwies, wurde ihm das Mädchen zugesprochen; es sah seine Mutter nie wieder. Unterhaltszahlungen verweigerte der geschiedene Ehemann trotz Gerichtsbeschluss.

Margaretha hatte keine Berufsausbildung und wusste nur, dass sie gut aussah und auch gut bei Männern ankam. Mit 26 Jahren ging sie ohne ausreichende Geldmittel in ihre Traumstadt Paris und wollte dort als Aktmodell für Künstler arbeiten. Mit dem Verdienst konnte sie allerdings den angestrebten Lebensstil nicht finanzieren und kehrte enttäuscht zurück. Ein Jahr später ging sie wieder nach Paris und hatte dieses Mal Erfolg. Sie fand, da sie durch ihre Erfahrungen in den Kolonien gut mit Pferden umgehen konnte, eine Beschäftigung in einem Zirkus. Der Zirkusdirektor erkannte ebenfalls ihre Attraktivität und riet ihr, es einmal als Tänzerin zu versuchen. Margaretha verstand es gut, sich zu präsentieren, sie sprach die malaiische Sprache fließend und hatte oft hinterindische Tanzdarbietungen beobachtet. Sie unterstrich nun ihre exotische Wirkung, schuf sich einen eigenen so genannten orientalischen Tanzstil und trat als Lady MacLead auf.

Zur besseren Vermarktung verwob sie ihren Lebenslauf zu einer Legende, die sie hin und wieder wirkungsvoll variierte und neu vortrug: Sie war auf einmal die Tochter einer Brahmanenfamilie, die nach dem Tod der Mutter von Tempelpriestern aufgenommen worden war. Heimlich musste sie als junge Frau vor den Göttern tanzen und dabei die Götter symbolisch lieben. Irdische körperliche Liebe war ihr allerdings verwehrt. Als sie von einem englischen Kolonialoffizier verführt wurde, wurde sie deshalb verstoßen.

Ihr erster Auftritt war ein Triumph und sogar Zeitungen berichteten über ihre fremdartigen und exotischen Darbietungen. In Paris blühte um 1905 die *Belle Époque* und das verwöhnte Publikum verlangte nach immer stärkeren Sinneseindrücken. Bei einer Veranstaltung gewann sie schließlich einen besonderen Verehrer: Monsieur Guimet, ein schwerreicher Besitzer eines Industrieimperiums und anerkannter Sammler von hinterindischer Kunst, lud sie für ein exklusives privates Fest als Tänzerin ein. Ein luxuriöser Pavillon auf seinem Anwesen wurde zum orientalischen Tempel umfunktioniert und Lady MacLead, die sich nach einem Vorschlag von Guimet nun *Mata Hari* (malaiisch: Auge der Morgenröte) nannte, trat vor den Spitzen der Pariser Gesellschaft auf. Sie trug während des Tanzes durchsichtige Schleier, die sie nach und nach von sich warf. Zuletzt tanzte sie nackt und war nur mit einer sündhaft teuren Perlenkette bekleidet. Paris war zwar als Weltstadt der Unterhaltung einiges gewöhnt, doch ein Nackttanz vor Publikum war 1905 eine absolute Sensation. Anschließend stürzten die Angebote für Tanzdarbietungen nur so über sie herein. Sie gab 1905 über 30 Darbietungen in exklusiven Pariser Salons, darunter gleich drei bei privaten Festen im Haus des Bankiers Baron von Rothschild. Krönungen waren mehrere Auftritte im Trocadéro-Theater und im renommierten Olympia-Theater. Schwerreiche Lebemänner aus der ganzen Welt, die in Paris ihr Geld verjubelten, umringten sie jetzt und überhäuften sie mit Geschenken. Zeitungen berichteten über die freizügigen Tempeltänze einer fremdartigen und exotischen Schönheit, und sogar dem *New York Herald* war ihr Auftritt einen Artikel wert. Ihr geschiedener Ehemann war auf den Ruhm neidisch und verkündete nach einer Veranstaltung, sie habe Plattfüße.

Bereits im folgenden Jahr erhielt sie Angebote aus dem Ausland und tanzte in Monte Carlo sowie in Madrid, Berlin und Wien. In Wien lief die Kirche Sturm und sie durfte zum Leidwesen der besseren Herren nicht nackt auftreten, sondern musste ein hautenges Trikot tragen. In Berlin lernte sie 1906 den reichen Großgrundbesitzer und Leutnant Alfred Kiepert kennen. Mit ihm reiste sie nach Schlesien, trennte sich jedoch im nächsten Jahr wieder von ihm. Sie war nun auf dem Gipfel ihrer Popularität und die am höchsten bezahlte Tänzerin der Welt. Bilder von ihr erschienen als Werbung auf Postkarten, Zigarettenschachteln und in den Niederlanden sogar auf Keksdosen. Dennoch war sie meist knapp bei Kasse und als edle Kurtisane noch auf das Geld ihrer zahlreichen Liebhaber und Gönner angewiesen. Später lebte sie mit einem Börsenmakler auf einem Schloss an der Loire. Sogar von der Mailänder Scala kam 1911 ein Angebot. 1913 trat sie mit einer Revue in Paris in den *Folies Bergères* auf und sorgte für ein ständig ausverkauftes Haus.

Zu Kriegsbeginn war Mata Hari in Berlin, was später zu ihrem Nachteil ausgelegt werden sollte. Sie traf dort ihren ehemaligen Liebhaber Alfred Kiepert wieder und wurde sogar von einem hohen Beamten der Polizei zum Essen eingeladen. Ein vorgesehener Vertragsabschluss mit dem Berliner Metropol-Theater zerschlug sich jedoch wegen der politischen Lage. Da der Krieg ausgebrochen war, konnte sie nicht mehr direkt von Berlin nach Paris reisen und versuchte einen Umweg über die Schweiz. Allerdings wurde ihr die Durchreise verweigert und sie wählte schließlich den Weg über die Niederlande. In Amsterdam angekommen, wollte sie zunächst ihren alten Verehrer Baron van der Capellen treffen, doch es kam anders. Sie lernte den steinreichen Bankier Heinrich van der Schelk kennen, der sie großzügig unterstützte und die teuren Hotelkosten übernahm. Kurzzeitig wurde sie seine Geliebte. Da sie sich als Russin ausgab, zeigte er ihr die Niederlande, die sie jedoch besser kannte als er selbst. Der Bankier machte sie auch mit einem Herrn Werflein aus Brüssel bekannt, der mit der deutschen Besatzung in Belgien enge geschäftliche Verbindungen unterhielt und viel Geld verdiente. Ein Freund von Werflein war Konsul Karl H. Cramer, einer der Leiter des deutschen Konsulats in Amsterdam. Cramer war Spion des deutschen Geheimdienstes und Mata Hari machte nun seine Bekanntschaft. Sie blieb mit dem deutschen Konsul in einem lockeren Kontakt, was später zu einer Wende in ihrem Leben führen sollte.

Ende September 1914 bezog Mata Hari ein Haus in Den Haag, das ihr Gönner, Baron van der Capellen, für sie gemietet hatte. Am königlichen Theater erhielt sie ein Engagement, doch ihren gewohnten Lebensstil konnte sie nicht fortsetzen. Es herrschte Krieg, und all die reichen Liebhaber aus Paris fehlten ihr. Ihre Geldnot fiel schließlich einem ihrer stillen Bewunderer auf, Freiherr von Mirbach, ein Nachrichtenoffizier der Dritten Deutschen Armee. Von Mirbach wusste, dass viele ihrer Liebhaber in Paris inzwischen hohe Positionen in der französischen Armee innehatten und er vermutete in ihr eine gute Spionin für Deutschland. Wahrscheinlich im Spätherbst 1915 wurde Mata Hari vom deutschen Geheimdienst angeworben und erhielt den Code-Namen „H 21". Ihre Geldgier hatte gesiegt. Der Chef des deutschen Geheimdienstes Nicolai ordnete ihr Erscheinen in Köln an, was vermutlich ein Fehler war, denn Mata Hari war allgemein bekannt und fiel möglicherweise französischen Spionen in Deutschland auf. Sie durchlief eine Schnelleinweisung in ihre Geheimdienstarbeit und wurde für weitere Instruktionen nach Frankfurt geschickt. Ihr Quartier erhielt sie im Hotel „Frankfurter Hof", was wahrscheinlich eine weitere Schwachstelle für ihre spätere Geheimdienstarbeit bedeutete. Den Oberkellner des „Frankfurter Hofes" kannte sie aus Paris, er war dort Oberkellner im berühmten Hotel „Ritz" gewesen, ein Hotel, das ihr bestens vertraut war. Später meinte Mata Hari, der Oberkellner sei ihr sofort unheimlich vorgekommen, denn er habe sich viel zu ausführlich nach ihrem Wohlergehen erkundigt. Nach letzten Instruktionen über ihre zukünftigen Verbindungsleute reiste sie wieder nach Den Haag zurück.

In Den Haag wohnte sie erneut in dem Haus, das Baron van der Capellen für sie gemietet hatte. Sie bat Konsul Cramer zu sich, um von ihm das zugesagte Geld für einen Parisbesuch in Empfang zu nehmen. Sie wusste nicht, dass Cramer lückenlos von englischen Spionen überwacht wurde, und nun ging die Meldung ihres Kontaktes mit Cramer nach London. Cramer besuchte sie tatsächlich umgehend zu Hause und nicht an einem unverdächtigen Ort. Er gab ihr als Anzahlung 20 000 Francs sowie einige kleine Fläschchen mit geheimer unsichtbarer Tinte, die erst nach einer bestimmten chemischen Behandlung lesbar wurde. Als Verbindungsmann für Meldungen wurde ihr Major Arnold Kalle von der deutschen Botschaft in Madrid genannt. Um Nachrichten besser zu verschleiern, sollte ein Umweg über Spanien gewählt werden.

Im Dezember 1915 erreichte Mata Hari auf einem Umweg über London Paris und nahm sich im exklusiven „Grand Hotel" ein Zimmer. Sie traf zahlreiche alte Bekannte wie den ehemaligen Kriegsminister Adolphe Messimy und versuchte unter dem Einsatz von erotischen und nicht-erotischen Mitteln Informationen zu erhalten. Als Grund ihrer Reise nannte sie den Verkauf einiger ihrer in Paris eingelagerten Möbel. Aufgrund der Weihnachtszeit waren außerdem viele hohe französische und englische Offiziere in der Stadt, mit denen sie anzubändeln versuchte. In manchen Nächten erfuhr sie durch geschicktes Fragen einiges. Es wurde klar, dass an der Front keine französische Invasion bis zum Jahresende geplant war. Als die deutsche Oberste Heeresleitung diese Nachricht erhielt und durch andere Quellen bestätigen konnte, dass sie stimmte, wurden vorübergehend deutsche Truppen an der Front ausgedünnt. In anschließenden Täuschungsmanövern wurde bei den Franzosen der Eindruck erweckt, es sei eine deutsche Großoffensive im Elsass und in Flandern geplant. Die im Frühjahr vorgesehene Großoffensive auf Verdun konnte dadurch verschleiert werden und das Überraschungsmoment blieb erhalten.

Um diese brisante Nachricht nach Deutschland zu übermitteln, war Mata Hari über Umwege nach Spanien gereist und hatte in Madrid Major Kalle getroffen. Der Major war hellauf begeistert und setzte sofort einen Funkspruch für Konsul Kramer in Amsterdam ab. Er hatte dafür keinen wechselnden militärischen Geheimcode, sondern den Geheimcode des deutschen Auswärtigen Amtes benutzt. Diesen Geheimcode allerdings konnten die Engländer damals entschlüsseln und erfuhren dadurch den Code-Namen „H 21". Sie hatten in der deutschen Funkzentrale in Brüssel einen Spion platziert, der das Codebuch des Auswärtigen Amtes für den englischen Geheimdienst kopieren konnte. Alle Reisebewegungen zwischen Frankreich und Spanien wurden nun überprüft und es war zuletzt klar: Mata Hari ist H 21; sie war von den Engländern enttarnt worden. Nach ihren Gesprächen in Madrid fuhr Mata Hari über Portugal wieder nach Den Haag zurück.

Im Mai 1916 plante sie erneut eine Parisreise und erhielt auch prompt ein französisches Visum, das englische Visum aber wurde ihr sogar für die Durchreise verweigert. Erstaunlicherweise wurde sie nicht skeptisch, sondern reiste über Spanien nach Paris. An der spanisch-französischen Grenze hielt man sie überraschend ohne eine Stellungnahme fest und sie durfte erst mit einem Tag Verspätung weiterreisen. Das merkwürdige Verhalten der englischen und französischen Behörden machte sie dennoch nicht misstrauisch. Da sie längere Zeit in Paris bleiben wollte, mietete sie sich eine Wohnung und zog nicht in ein Hotel. Sie wollte endlich wieder ihre große Liebe treffen, den russischen Hauptmann Vadime von Massloff, der sich nach einer schweren Verwundung im Kurort Vittel in den Vogesen aufhielt. Vittel jedoch lag in einem militärischen Sperrgebiet und durfte nicht von Zivilpersonen besucht werden, sie benötigte dafür eine Sondererlaubnis.

Einen guten Bekannten, Leutnant Jean Hallaure vom Kriegsministerium, bat sie um Hilfe. Er gab ihr eine Adresse mit Zimmernummer und Mata Hari landete bei ihrer Anfrage aus unbekannten Gründen ausgerechnet bei Capitaine Georges Ladoux, dem Chef der französischen Spionageabwehr. Sie war zwar zunächst erstaunt, als Ladoux ihr mitteilte, dass er von ihren Beziehungen zu Männern wie von Massloff oder Hallaure wusste, aber sie verstand auch, dass er bestens informiert war, denn sie scherzte über ihre Dossiers beim Geheimdienst. Sie unterhielten sich anschließend eine Weile, bis Ladoux plötzlich vorbrachte, die Engländer würden sie für eine Spionin der Deutschen halten, was er aber nicht glaubte. Er habe deshalb auch die Grenzbehörden angewiesen, sie nach Frankreich einreisen zu lassen. Danach versicherte er ihr, sich um eine Erlaubnis für ihren Besuch bei von Massloff zu kümmern. Kurz vor ihrem Abschied fragte er sie direkt und unverblümt, ob sie Spionin für den französischen Geheimdienst werden wolle. Sie war überrascht und bat um Bedenkzeit.

Die Erlaubnis für ihren Besuch bei von Massloff erhielt Mata Hari umgehend und reiste für zwei Wochen in die Vogesen. Beide genossen ihre gemeinsame Zeit, hatten allerdings den Eindruck, ständig beobachtet zu werden. Ladoux ließ während ihrer Abwesenheit ihre Post scharf kontrollieren, fand aber keine Hinweise auf Spionageaktivitäten. Nach ihrer Rückkehr traf sich Mata Hari in Paris erneut mit Ladoux und stimmte einer Mitarbeit beim französischen Geheimdienst zu. Sie berichtete bereitwillig über ihre Kontakte in Brüssel und welche wichtigen Männer sie dort kannte. Als Honorar für ihre geplanten Spionageaktivitäten verlangte sie die horrende Summe von einer Million Francs. Ladoux wich aus und ließ die Antwort offen, er wollte zuerst Resultate sehen. Allerdings gab er ihr zu verstehen, dass sie für jeden in Belgien von ihr überführten deutschen Spion 25 000 Francs erhalten sollte. Ihr wurde angeblich sogar eine Namensliste überreicht, die später als eine Falle interpretiert wurde. Zum Abschluss des Gespräches empfahl ihr Ladoux, erneut über Spanien nach Den Haag zurückzukehren.

Im spanischen Hafen Vigo ging sie anschließend an Bord des Dampfers „Hollandia", wo für sie in französischem Auftrag eine Kabine reserviert worden war. Bei einem planmäßigen Zwischenaufenthalt im englischen Hafen Falmouth kamen jedoch Beamte von Scotland Yard auf das Schiff und verhafteten sie. Sie wurde nach London gebracht und verhört. Scotland Yard hatte sie, wie sich später herausstellte, mit der deutschen Spionin Clara Bendix verwechselt. Ihre Verhaftung war allerdings für die Engländer dennoch von Interesse, denn der Chef von Scotland Yard verhörte sie persönlich. Sie teilte ihm unverblümt und angeberisch mit, sie sei im Auftrag des französischen Geheimdienstes unterwegs, was, von ihr unbemerkt, großes Aufsehen erregte. Sir Basil Thomas, der Chef von Scotland Yard, fragte wegen dieser Antwort extra über ein Geheimtelegramm bei Ladoux in Paris nach. Ladoux war aufgebracht und schlug vor, Mata Hari wieder nach Spanien zurückzuschicken, denn sie sei seiner Meinung nach im Auftrag der Deutschen unterwegs.

In Madrid traf Mata Hari erneut Major Kalle und schilderte ihm ihre Beobachtungen und Erlebnisse. Gleichzeitig ging sie ihn um Geld an, das sie jetzt dringend benötigte. Major Kalle durfte ihr aber aus seinem Etat kein Geld auszahlen und funkte deshalb Konsul Cramer an, so dass der Code-Name H 21 erneut über den Äther ging. Konsul Cramer war über die Kontaktaufnahme entsetzt, denn der deutsche Geheimdienst hatte Hinweise auf undichte Stellen im eigenen Funksystem erhalten. Tatsächlich wurde der deutsche Funkverkehr zwischen Madrid und Amsterdam von einer sehr leistungsstarken Anlage direkt auf dem Pariser Eiffelturm überwacht und englische Spezialisten halfen bei der Entschlüsselung der Nachrichten. Da der enttarnte Code-Name H 21 gefallen war, war geklärt: Mata Hari war in Madrid angekommen.

Nach ihrer Besprechung mit Major Kalle verabredete sich Mata Hari mit Colonel Danvignes von der französischen Botschaft in Madrid. Der Colonel war gleichzeitig auch französischer Geheimdienstchef in Spanien. Sie trafen sich im feinen „Palace Hotel" und Mata Hari wurde sofort redselig; sie teilte mit, dass sie nur noch auf Anweisungen von Ladoux warten würde. Danvignes forderte sie auf, bei den Deutschen zu erkunden, was an folgender Geschichte dran sei: Deutsche U-Boote sollten angeblich Türken an der Küste von Marokko absetzen, um dort eine islamisch geprägte Rebellion gegen die französischen Kolonialherren anzuzetteln.

Mata Hari wurde anschließend sowohl von deutscher als auch französischer Seite beobachtet und bald hieß sie nur noch die „spionierende Kurtisane"; die Frau, die Männer im Bett zum Sprechen bringt. Einige Zeit später erhielt sie eine Nachricht von Major Kalle, der sie zum Tee einlud. Der Major war zurückhaltender als sonst und erzählte, dass die deutsche Abwehr einen Funkspruch der Franzosen abgefangen hätte, in dem von deutschen U-Booten an der marokkanischen Küste die Rede gewesen sei. Mata Hari war in eine Falle gelaufen: Der deutsche Geheimdienst hatte die Geschichte von den U-Booten erfunden und als ein Gerücht verbreitet, um Lücken in der eigenen Organisation sowie Reaktionen der Franzosen zu testen; und diese Reaktionen waren nun nach dem Kontakt der Franzosen mit Mata Hari erfolgt. Für den deutschen Geheimdienst ergab sich der Verdacht, dass Mata Hari eine Doppelspionin war. Dennoch erhielt sie von Major Kalle den Hinweis, dass sie in Paris 5000 Francs erhalten würde. Das Geld wurde nach einem Tipp der Deutschen völlig unverdächtig von ihrem niederländischen Gönner Baron van der Capellen ausgezahlt.

Anfang Januar 1917 fuhr Mata Hari mit dem Zug ohne Umwege direkt von Madrid nach Paris. Ein spanischer Freund warnte sie vorher und teilte ihr mit, ihm wäre die Freundschaft zu ihr verboten worden und ihr wären ständig französische Spione auf den Fersen. Doch Mata Hari hörte nicht auf ihn. In Paris wollte sie alte Freunde treffen, doch viele von ihnen hatten plötzlich keine Zeit mehr für sie. Capitaine Ladoux verhielt sich ihr gegenüber merkwürdig und fand kaum einen freien Termin, um sie zu empfangen. Hauptmann Vadime von Massloff, ihr so geschätzter russischer Geliebter, nahm nach einem Kurzaufenthalt in Paris mit ihr heimlich Kontakt auf und beschwor sie: Seine Vorgesetzten hätten ihm zu verstehen gegeben, er wäre mit einer Spionin befreundet. Er flehte Mata Hari an, sofort alle Kontakte abzubrechen und umgehend unterzutauchen. Um nicht aufzufallen, musste er anschließend wieder heimlich verschwinden. Mata Hari nahm die Warnungen nicht ernst, sondern zeigte sich nur enttäuscht. Anschließend tauchte sie in die wegen der Kriegszeiten stark reduzierten Vergnügungen von Paris ein.

Bereits im Februar 1917 wurde Mata Hari im „Elysées Palace Hotel" direkt an den Champs Elysées von gleich sechs Polizisten verhaftet. Sie kam ins Gefängnis und wurde monatelang verhört. Doch Auskunft über Strukturen des deutschen Geheimdienstes konnte sie nicht geben, sie kannte sie nicht. Die zahlreichen Legenden und Erfindungen in ihrem angeblich offiziellen Lebenslauf waren nun zu ihrem Nachteil. Ladoux entlastete sie nicht und bestritt, dass sie jemals für den französischen Geheimdienst gearbeitet habe. Nachgewiesene Geldzahlungen der Deutschen an sie, konnte sie jedoch lückenlos durch geleistete Liebesdienste erklären. Mata Hari war zwar verdächtig, doch alle Beweise für ihre Schuld, waren dürftig. Die Indizien der Polizei standen auf schwachen Füßen, bis im April 1917 deutsche Funksprüche abgefangen und entschlüsselt wurden: in ihnen war nach dem Verbleib von Spion H 21 gefragt worden. Jetzt waren die Indizien gerichtsfest, denn der englische Geheimdienst hatte bereits geklärt: Code-Name H 21 war Mata Hari.

Der Prozess begann am 24. Juli 1917 vor einem Pariser Militärgericht und fand unter Ausschluss der Öffentlichkeit statt. Nur zwei ehemalige Liebhaber versuchten sie zu entlasten, der Rest ihrer so einflussreichen Gönner hielt Abstand zu ihr. Margaretha Zelle, genannt Mata Hari, wurde zum Tode verurteilt. Juristisch stand das Urteil auf sehr wackeligen Füßen, doch die politische Situation verlangte vom Staat Erfolge. Englische und französische Großoffensiven gegen die Deutschen waren im Frühjahr 1917 zum Stehen gekommen, in Russland zeichnete sich eine Revolution ab, deutsche U-Boote hemmten die Versorgung und im 16. Französischen Armeekorps war es wegen enormer Verluste sogar zu Meutereien gekommen. Die französische Regierung brauchte Erfolge. Nachdem endlich eine deutsche „Meisterspionin" zur Strecke gebracht worden war, musste nun auch ein Exempel statuiert werden. Am 15. Oktober 1917 wurde Mata Hari am frühen Morgen auf dem Gelände einer Kaserne bei Paris erschossen. Es wurde später berichtet, dass einige der 12 Männer des Exekutionskommandos bewusst vorbeigeschossen hätten, denn ein Offizier schoss ihr nach der Hinrichtung noch einmal in den Kopf. Ihr Leben wurde nach ihrem Tod sofort zu einem Mythos. Sie war die „große Spionin" und *Femme fatale*", der Stoff für Legenden, Romane und Filme. Ihre Spionageleistungen selbst waren, wie sich später herausstellte, nicht wirklich von Bedeutung gewesen.

Ein erfolgreicher Spion

Das Deutsche Reich verfügte im Ersten Weltkrieg über einige recht erfolgreiche Spione, die zwar nicht so prominent wie Mata Hari waren, dafür aber vorzügliche Informationen lieferten. Einer von ihnen war Jules Crawford Silber. Er wurde nie enttarnt und arbeitete bei der Postzensur der englischen Spionageabwehr. Für seine gute Arbeit erhielt er nach Kriegsende sogar ein Dankesschreiben der englischen Behörden.

Jules Crawford Silber stammte aus Schlesien, wuchs allerdings bereits als Kind in Südafrika auf und sprach akzentfrei Englisch, Deutsch sowie die Sprache der Buren. Durch den Burenkrieg blieb ihm eine geplante Ausbildung als Arzt versagt, denn er musste sein Studium unterbrechen, um für die Engländer als Dolmetscher zu arbeiten. Beim Verhör von kriegsgefangenen Buren übersetzte er und führte Protokoll. Nach dem Ende des Burenkrieges siedelte er in die USA über. Kurz nach dem Beginn des Ersten Weltkrieges fühlte er eine alte Heimatverbundenheit und beschloss, als Spion für Deutschland zu arbeiten. Er nahm mit der deutschen Botschaft in den USA Kontakt auf und besprach mögliche Einsatzgebiete, daneben erhielt er eine Liste mit neutralen Adressen, über die er Verbindungen knüpfen konnte. Er bekam weder Anweisungen eines deutschen Führungsoffiziers, noch hatte er irgendwelche Helfer oder Unterstützer. Da er immer noch einen deutschen Pass hatte, konnte er sich jedoch nicht ohne weiteres in England Arbeit besorgen. Er entschied sich für einen Umweg über Kanada. Über Kontakte erhielt er gültige kanadische Papiere und reiste als Kanadier nach England.

Wegen seiner guten Sprachkenntnisse hatte er mit einer Bewerbung bei der englischen Zensurbehörde in London Erfolg. Die Überprüfung seiner Person verlief für ihn positiv. Außerdem besaß er Zeugnisse, die besagten, dass er bereits in Südafrika für die englische Armee gearbeitet hatte, und Rückfragen bestätigten ihm eine gute Arbeit. Jules Crawford Silber musste Briefe, die vom Ausland nach England kamen oder die von England ins Ausland geschickt wurden, öffnen, lesen und überprüfen. Nach seiner Kontrolle kamen die Briefe in einen amtlichen Umschlag und wurden weitergeleitet. Silber erfuhr manche wichtige Information, die er an unscheinbare Deckadressen schickte. Er fand auch Zugang zu Listen von für den englischen Geheimdienst verdächtigen Personen. Diese Listen schickte er über Umwege nach Deutschland, wo diese Personen dann ausgetauscht wurden. Nicht selten fand er in Briefen aus neutralen Ländern auch eine gewisse Deutschfreundlichkeit, die er ebenfalls weitermeldete. Während seiner Arbeit machte er sich keine verdächtigen Notizen, die Kollegen möglicherweise aufgefallen wären, sondern lernte viele Fakten auswendig, um sie später ohne Zeugen aufzuschreiben. Manchmal nahm er besonders wichtige Dokumente mit nach Hause, fotografierte sie und schickte das Original erst am nächsten Tag weiter. Die Fotos sandte er regelmäßig an geheime Deckadressen.

Um nicht aufzufallen, mietete er sich weitab von seiner eigenen Wohnung ein kleines Zimmer, in dem er die Abende mit seiner Kopierarbeit und beim Fotografieren verbrachte. In seiner Wohnung hinterließ er jeweils Kartenteile für Theateraufführungen, Konzerte oder Tanzveranstaltungen, um bei einer überraschenden Kontrolle zu belegen, wo er seine Abende verbrachte. Im Badezimmer besaß er eine Dunkelkammer, denn er konnte beweisen, dass er Fotoamateur war.

Für längere Zeit wurde er wegen seiner guten Deutschkenntnisse auch für die Bearbeitung der Post von deutschen Kriegsgefangenen herangezogen. Unauffällig konnte er dann bereits kontrollierten Postumschlägen weitere Mitteilungen beifügen, die in Deutschland ausgewertet wurden.

Sein größter Erfolg gelang ihm 1915. In einem Brief an ihre Schwester in Kanada hatte ein junges Mädchen geschrieben, dass ihr Bruder einen Orden erhalten habe und jetzt auf Heimaturlaub sei. Er würde auf einem besonderen Schiff dienen, das gut die deutschen U-Boote bekämpfen könne. Silber meldete den Text weiter, und die Familie des Mädchens erhielt eine amtliche Verwarnung. Um die Verwarnung zu verdeutlichen, durfte er zum Wohnort des Mädchens in eine englische Hafenstadt reisen und bei der Familie vorsprechen. Mit einem Fernglas beobachtete er im Hafen erstmals eines der hoch geheimen Q-Schiffe. Kleine unscheinbare Frachter hatten Kanonen erhalten, die in einer harmlosen Ladung an Deck versteckt waren. Die Besatzung trug keine Uniform, sondern Zivilkleidung. Auf See führten die Schiffe eine Handelsflagge und nicht die englische Kriegsflagge. Diese setzten sie erst unmittelbar vor Gefechten. Aufgabe der Q-Schiffe war es, deutsche U-Boote zu ködern. Um die teuren Torpedos zu sparen, tauchten die U-Boote bei kleineren Schiffen oft auf. Nachdem die Besatzung in die Rettungsboote gegangen war, versenkten sie die Schiffe, mit der schiffseigenen Artillerie. Bei den Q-Schiffen ging die Besatzung zur Tarnung und um Zeit zu gewinnen ebenfalls in die Rettungsboote. Einige Besatzungsmitglieder blieben jedoch versteckt zurück und hoben, sobald sich das U-Boot über Wasser näherte, mit einer Hydraulik die getarnten Kanonen aus der angeblichen Ladung. Das aufgetauchte U-Boot war an Feuerkraft unterlegen, wurde sofort beschossen und versenkt. Über Schweden und die Niederlande schickte Silber einen ausführlichen Bericht über die Q-Schiffe an die deutsche Admiralität. Deutsche U-Bootbesatzungen erhielten anschließend eine spezielle Schulung, wie sie sich gegenüber möglichen Q-Schiffen zu verhalten hatten, so dass der Erfolg dieser englischen Geheimwaffe recht begrenzt blieb.

Nachwort

Über Jahrhunderte dominierten Abenteuer und Nervenkitzel die Welt der Spione und ihrer Spionageaktivitäten. Tollkühne Männer und Frauen wagten sich in die „Höhle des Löwen" vor, um ihn unbemerkt auszuspähen. Viel „Action" war notwendig, um etwa geheime Pläne zu stehlen oder schnelle Bildskizzen und Fotos zu machen. Manche spannende Geschichte, gleichgültig ob wahr oder erfunden, lebt noch heute von dieser Art von „Action". Heute dagegen ist in der realen Welt der Spionage der Mut für „Action" immer weniger gefragt. James Bond beherrscht zwar den Film, aber dieser steht weit entfernt von der Wirklichkeit der Spione.

In der modernen Welt der Spionage muss das Abenteuer oft der Wissenschaft und Technik weichen. Manche technische Entwicklung geht sogar auf die Aktivität von Erfindern zurück, die ursprünglich für Spionagedienste gearbeitet haben. Ein Beispiel bietet die Weltraumtechnik. Nachdem die Sowjetunion erstmals 1957 einen Satelliten in eine Erdumlaufbahn geschossen hatte, ergaben sich sofort für die Spionage neue Möglichkeiten, die umgehend genutzt wurden. Zuerst waren es sowohl Russen als auch Amerikaner, die eigens Spionagesatelliten konstruierten, die aus sicherer Entfernung und gefahrlos gegnerische Gebiete überwachen konnten. Später kamen noch weitere Nationen hinzu. Spionagesatelliten waren ein bewährtes Werkzeug des Kalten Krieges und sind auch heute noch im Einsatz.

Den ersten Spionagesatelliten starteten die Amerikaner 1961. Er war gegenüber den heutigen technischen Möglichkeiten außergewöhnlich altmodisch, denn fotografische Aufnahmen der überflogenen Gebiete wurden nicht digital zur Erde gesendet, sondern zuerst, wie bei einem ganz gewöhnlichen Foto, auf einem Film fixiert. Dieser Film wurde danach sicher verpackt abgeworfen und musste erst zeitaufwändig gesucht werden. Während des arabisch-israelischen Sechs-Tage-Krieges von 1967 wurden unterschiedliche Spionagesatelliten zwar aktiv, aber die gestochen scharfen Bilder ihrer Fotoausrüstungen lagen erst vor, nachdem der Krieg schon vorüber war. Bevor besondere Sucheinheiten die Filme gefunden hatten und die Bilder in den USA und vielleicht auch in der Sowjetunion entwickelt und ausgewertet worden waren, hatten die Israelis bereits den Krieg gewonnen.

Der amerikanische Satellit KH-11 von 1976 wies solche Schwächen nicht mehr auf. Er arbeitete nicht mehr mit Filmen, sondern alle Aufnahmen wurden umgehend digitalisiert und die extrem scharfen Bilder direkt an Bodenstationen übertragen. Aus einer Höhe von 322 Kilometern konnten beispielsweise noch Gegenstände bis zu einer Seitenlänge von 15 Zentimetern abgebildet werden. Vom Rande der Erdatmosphäre aus konnten somit sogar Automobile identifiziert und auch größere Beschriftungen gelesen werden. Kein Spion musste mehr unter dem Einsatz seines Lebens über hohe Mauern klettern, um neue Waffenentwicklungen oder geheime Flugzeuge und Schiffe zu fotografieren, sondern alle Aufnahmen waren praktisch gefahrlos vom Weltraum aus möglich. Durch Computerbearbeitungen konnte schließlich die Bildauswertung noch weiter verbessert werden, so dass bald Nummernschilder von Automobilen lesbar waren. Nachteile gab es nur bei einem wolkenbedeckten Himmel. 1988 wurde deshalb ein Satellit mit dem Codenamen Lacrosse gestartet, der mit Hilfe von Radar durch dichte Wolken „schauen" konnte und auch bei schlechtem Wetter noch in der Lage war, vergleichsweise kleine Details zu erkennen. Jetzt setzte nur noch die Dunkelheit Grenzen. 1989 kam eine Infrarotversion zur Überwachungspalette hinzu. Nun war es möglich, Gebiete, die der Satellit überflog, auch bei Nacht zu beobachten. Dabei können Dinge wie etwa Wärmeabstrahlungen erkannt werden, die für das menschliche Auge unsichtbar sind. Beim Golfkrieg 1990/91 waren zum Beispiel alle irakischen Waffensysteme vorher den Amerikanern bekannt. Sie waren vom Rande der Erdatmosphäre aus beobachtet und analysiert worden.

Der Rhyolith-Satellit, der erstmals Mitte der Siebziger Jahre von den USA in Dienst gestellt wurde, verfügt schließlich über ganz außergewöhnliche „Ohren". Werden beispielsweise Funkmeldungen von einem geheimen Sender zu einem geheimen Empfänger übermittelt, können aus technischen Gründen minimale „Streusendungen" niemals ausgeschlossen werden. Diese Funkmeldungen richten sich nicht nach dem vorgegebenen Weg, sondern werden in alle Richtungen und unter anderem auch nach oben „verstreut". Der Rhyolith-Satellit besitzt nun die Fähigkeit, diese „Streusendungen" direkt unterhalb seiner Position noch in einem Umkreis von 35 000 Kilometern zu empfangen und sie zur Auswertung an eine Bodenstation zu übermitteln. Der Satellit kann somit tief im Hinterland eines Gegners den Funkverkehr mithören, und der Spion muss weder Abenteuer bestehen, noch Tarnen und Täuschen.

Dennoch, Spionagetechniken sind nur so sicher und so gut, wie die Menschen, die mit ihnen arbeiten. 1977 kam es in den USA zu einem Spionageskandal. Ein Mitarbeiter einer amerikanischen Satellitenfirma sowie ein Freund von ihm waren in akuten Geldnöten. Ein uraltes Motiv der Spionage, die Geldgier, holte plötzlich die Technik wieder ein. Beide verkauften ihr Wissen an den sowjetischen Geheimdienst, der sofort reagieren konnte und eine neue Stufe in der Entwicklung neuer Spionagetechniken und ihrer Abwehr einleitete.

Literatur

Barring, L.
Geheimagenten und Spione
Bayreuth 1968

Bibliothek der alten Kulturen, Bd. 1–6
Wien 1979

Binder, G.
Spione, Verräter, Patrioten.
Nachrichtendienste im Schatten der
Politik
Herford 1986

Brunner, H., Flessel, K., Hiller, F. (Hrsg.)
Lexikon Alte Kulturen, Bd. 1–3
Mannheim 1993

Burckhardt, J.
Die Kultur der Renaissance in Italien
Stuttgart 1987

Delbrück, H.
Geschichte der Kriegskunst, Bd. 1–4
Berlin 2000

Dersin, D. (Hrsg.)
Wie sie damals lebten ...
Im Römischen Reich
Amsterdam 1997

Dersin, D. (Hrsg.)
Wie sie damals lebten ...
Im Europa des Mittelalters
Amsterdam 1997

Dersin, D. (Hrsg.)
Wie sie damals lebten ...
Im Griechenland der Antike
Amsterdam 1998

Dersin, D. (Hrsg.)
Wie sie damals lebten ...
Im Byzantinischen Reich
Amsterdam 1998

Dersin, D. (Hrsg.)
Wie sie damals lebten ...
Im Elisabethanischen England
Amsterdam 1998

Dersin, D. (Hrsg.)
Wie sie damals lebten ...
Im Italien der Renaissance
Amsterdam 1999

Dersin, D. (Hrsg.)
Wie sie damals lebten ...
Im Russland der Zaren
Amsterdam 1999

Dersin, D. (Hrsg.)
Wie sie damals lebten ...
Im Frankreich der Aufklärung
Amsterdam 1999

Du Ry van Beest, G. (Hrsg.)
Das Bild der Menschheit, Bd. 1–9
Baden-Baden 1976

Fischer Weltgeschichte, Bd. 1–36
Frankfurt 1965

Foote, A.
Handbuch für Spione
Darmstadt 1954

Haidacher, A.
Geschichte der Päpste
Heidelberg 1965

Haussig, H.W.
Byzantinische Geschichte
Stuttgart 1969

Henkel, R.
Was treibt den Spion?
Berlin 2001

Höhne, H.
Der Krieg im Dunkeln. Die Geschichte der
deutsch-russischen Spionage
München 1985

Krieger, W. (Hrsg.)
Geheimdienste in der Weltgeschichte. Spionage
und verdeckte Aktionen von der Antike bis
zur Gegenwart
München 2003

Kupferman, F.
Mata Hari. Träume und Lügen
Berlin 1992

Liston, R.
Spione und Spionage
Genf 1971

Melton, H.K.
Die Welt der Spione.
Im Auftrag der Geheimdienste
München 1996

Natan, A.
Graue Eminenzen – Geheime Berater im
Schatten der Macht.
Freiburg 1967

Newman, B.
Spionage. Mythos und Wirklichkeit
München-Esslingen 1962

Noetzel, T.
Die Faszination des Verrats
Hamburg 1989

Pethö, A.
Agenten für den Doppeladler
Graz 1998

Piekalkiewicz, J.
Weltgeschichte der Spionage.
Agenten, Systeme, Aktionen
München 1988

Polmar, N., Allen, T.B.
The Encyclopedia of Espionage
New York 1997

Reitz, M.
Alltag im Alten Ägypten
Augsburg 1999

Reitz, M.
Die geraubte Mona Lisa
Frankfurt 2002

Reitz, M.
Auf der Fährte der Zeit
Weinheim 2003

Robinson, A.
Die Geschichte der Schrift
Bern-Stuttgart-Wien 1996

Schreiber, H., Schreiber, G.
Geheimbünde. Von der Antike bis zur Gegen-
wart
München 2000

Seibert, J.
Forschungen zu Hannibal
Darmstadt 1993

Singer, K.
Die größten Spioninnen der Welt
Bern 1954

Stehle, H.
Graue Eminenzen – Dunkle Existenzen
Düsseldorf 1998

Thubron, C.
Die Venezianer
Amsterdam 1981

Viscount Montgomery of Alamein
Kriegsgeschichte. Weltgeschichte der Schlach-
ten und Kriegszüge.
Frechen o. J.

Walker, B.
Die Armada
Amsterdam 1982

Whipple, A.B.C.
Krieg unter Segeln
Amsterdam 1979

Wiesehöfer, J.
Das antike Persien
Zürich 1998

Will, W.
Alexander der Große
Stuttgart 1986

Zierer, O.
Kultur- und Sittenspiegel, Bd. 1–4
Stuttgart-Salzburg 1969